시민 교양 강좌

헌법 I

———— 헌법의 기본원리 ————

시민 교양 강좌

헌법 I

—— 헌법의 기본원리 ——

정만희 지음

mediazoom

차례

머리말   06
대한민국헌법   12

제1부

헌법의 기초이론

제1장 헌법이란 무엇인가?   30
제2장 헌법의 제정과 개정의 기본문제   52
제3장 헌법의 수호자와 헌법수호의 방법   75
제4장 헌법의 근본이념으로서 기본권 보장   93

제2부

대한민국 헌법사

제1장 대한민국헌법의 제정   136
제2장 헌법개정의 역사   152

제3부

대한민국헌법의 기본원리

제1장 헌법 전문	176
제2장 국민주권의 원리	183
제3장 자유민주주의	201
제4장 권력분립의 원리	220
제5장 법치주의	241
제6장 국제평화주의와 평화통일주의	266
제7장 사회국가원리	283
제8장 문화국가원리	300

머리말

　이번의 신간 『시민 교양 강좌 헌법』은 헌법을 처음 접하거나 헌법에 관심 있는 일반 시민들을 위한 헌법 입문서이다. 이 책은 저자가 대학에서 헌법학 교수로 재직 중에 저술한 헌법 교과서나 전문 학술서 등과는 그 성격과 형태를 달리한다.

　저자는 2019년 8월 정년퇴직 후 일반 시민들을 위한 헌법 교양강좌를 몇 차례 진행하면서 우리 국민이 '대한민국헌법'을 직접 읽고 그 뜻을 쉽게 이해할 수 있는 교양서가 필요하다는 생각을 하게 되었다. 이를 실천하기 위한 첫 단계 작업으로 2021년 9월 대한민국헌법 조문(전문과 본문 130개 조항)의 의미를 비교적 상세하게 해설한 『우리에게 헌법이란 무엇인가』 초판을 발간하였으며, 2022년 10월에는 제2판을 냈다. 이 책은 헌법에 관심 있는 일반 시민들이 비교적 쉽게 접근할 수 있도록 하면서도, 학자적 양심에 따라 정치적 이념 성향으로부터 중립적인 입장에서 헌법이론에 바탕한 체계적인 해석서라는 점에서 의미 있는 출판이었다고 생각한다.

　다만 헌법학자로서 다룰 수밖에 없는 헌법 전반의 여러 논점에 관한 이론과 학설을 충실히 설명하고 관련 판례들을 언급하다 보니 결과적으로 일반 독자들에게는 부담스러운 분량의 책이 되었고 불필요하게 여길 수 있는 내용들도 포함된 것 같아 아쉬움이 남는다.

그리하여 이번에는 헌법 입문자의 이해도를 높여 주면서도 독자들이 좀 더 편하게 읽을 수 있는 책을 만들어보겠다는 뜻으로 『시민 교양 강좌 헌법』을 집필하게 되었다. 이 책은 헌법조문 해설서의 형식이 아니고, 헌법 전반에 걸친 주요 논점을 주제별로 체계화하였으며, 헌법의 방대한 분야를 단권으로 하기에는 볼륨이 너무 커서 전 3권으로 나누어 편집하였다. 제1권은 '대한민국헌법의 기본원리'를 내용으로 한다. 헌법에 관한 기초이론을 먼저 설명하고 대한민국헌법의 제정과 개정 과정의 역사를 개관한 후, 우리 헌법의 기본원리로서 국민주권원리, 자유민주주의, 법치주의, 권력분립원리, 국제평화주의, 사회국가원리 등을 상세히 기술하였다.

제2권은 우리 헌법의 '권력구조'에 관한 것이다. 권력구조의 근본이념과 기본원리를 언급하고, 대의제 원리를 구현하는 선거제도와 정당제도에 관하여 상세하게 기술하였다. 선거제도와 정당은 우리 국민의 정치생활과 불가분의 관계에 있으므로 이에 관한 헌법문제들을 중점적으로 다루고 있다. 그리고 정부형태론으로서 대통령제, 의원내각제, 이원정부제의 원리 등을 자세히 설명하고, 헌법상의 통치기구로서 국회, 대통령과 정부, 법원, 헌법재판소의 기능과 권한 행사 및 의무 등을 다루고 있다. 제3권은 '기본권'(국민의 자유와 권리) 분야를 다루고 있는데, 추후 가까운 시일 내에 출간될 예정이다.

저자는 평소 우리 대한민국 입헌정치의 선진화를 위해서는 기본적으로 우리 국민이 헌법을 잘 알고 있어야 한다는 강한 신념을 갖고 있다. 민주국가에 있어서 헌법은 과거처럼 전제국가나 권위주의 체제 하에서의 권력적 지배를 정당화하는 '권력자의 것'이 아니라, 국민의 의사에 따라 국가권력을 제한하고 통제함으로써 국민의 기본권을 실현하는 최고규범이다.

국민의 이름으로 제정된 헌법은 항상 국민의 편에서 권력을 억제하는 권력제한규범이며, 국민의 자유와 권리를 보장하는 기본권보장규범으로 기능한다. 따라서 주권자인 국민은 헌법에 대한 올바른 의식을 가질 때 국가기관과 권력담당자를 강하게 비판하고 민주적 통제를 가할 수 있으며, 권력자는 비로소 국민을 두려워하고 국민을 위한 정치를 할 수밖에 없게 된다. 권력기관이 헌법이 명령하는 바에 따라 국정을 수행하지 않는다면 국민은 최후의 '헌법 수호자'의 지위에서 헌법상 정치적 기본권 행사를 통해 그 권력을 비판하고 통제할 수 있어야 하며, 공권력의 행사로 국민의 자유·권리를 침해하거나 국민의 자유·권리를 실현하기 위한 공권력의 행사가 이루어지지 않는다면 국민은 헌법재판이라는 제도적 장치를 통해 공권력 행사의 위헌 여부를 심사하여 국민의 권리를 구제하고 권력기관의 작위의무 이행을 요구할 수 있는 것이다.

    국민이 주기적인 선거를 통해 또는 일상적인 정치활동 등을 통해 대통령이나 국회의원들에 대한 심판과 평가를 하는 경우에도 그들 정치인에 대한 평가 기준은 헌법의 이념과 정신을 존중하고 충실히 실천하고 있는가를 보고 냉정하게 판단할 수 있어야지, 대중적 선동이나 포퓰리즘에 이끌려서는 곤란하다. 국민의 폭넓은 헌법 지식에 기반한 의식수준이 향상될수록 그에 상응하여 헌법의 지배를 받는 권력자들과 정치인들의 수준도 같이 높아질 수밖에 없을 것이다.

    물론 입헌주의헌법 하에서 헌법의 제1차적 수범자인 모든 권력담당자는 헌법을 준수하고 수호하면서 공권력을 행사해야 하므로 마땅히 헌법의 내용을 제대로 숙지하고 있어야 하며, 일반 국민보다 훨씬 강한 '헌법에의 의지'가 확고해야 하는 것이다. 여기서 권력자의 헌법에의 의지를 확인하고 그들에게 헌법을 준수하도록 만드는 것은 바로 국민의 헌법의식의 정도에 달려 있다.

헌법학자가 저술한 헌법 입문서는 아무리 쉽게 쓴다고 해도 법서(法書)의 냄새를 없앨 수 없다. 이 책의 경우에도 지면(紙面) 관계와 능력 부족 등으로 모든 헌법용어와 법률용어를 풀어서 쓰지 못하는 현실적 제약 때문에 일반 독자들에게는 독해에 어려움이 있을 것으로 추측된다. 헌법재판소 판례의 결정문을 소개한 부분도 난해한 문장들이 있을 것이다. 그렇더라도 처음 일독으로 이해되지 않는 부분은 그대로 두고 헌법의 전반적 체계와 맥락을 이해하면서 읽다 보면 헌법 개념의 윤곽이 잡힐 것으로 본다.

이 책의 출판은 부산광역시 문화재단의 지원에 의해 이루어졌음을 밝혀둔다. 작년의 제66회 부산광역시 문화상 수상자들에게 지급된 창작활동 지원금으로 『시민 교양 강좌 헌법』 I, II가 세상에 빛을 보게 되었기에 부산광역시와 부산광역시 문화재단에 감사의 뜻을 전한다.

끝으로 이 책의 기획 및 편집·교정 작업에 정성을 다해준 미디어줌 출판사 박미화 대표와 직원 여러분께 고마움을 표한다.

2024. 9. 부산 남구 용호동 서재에서

저자 씀

대한민국헌법

[시행 1988. 2. 25.] [헌법 제10호, 1987. 10. 29., 전부개정]

전문

유구한 역사와 전통에 빛나는 우리 대한국민은 3·1운동으로 건립된 대한민국임시정부의 법통과 불의에 항거한 4·19민주이념을 계승하고, 조국의 민주개혁과 평화적 통일의 사명에 입각하여 정의·인도와 동포애로써 민족의 단결을 공고히 하고, 모든 사회적 폐습과 불의를 타파하며, 자율과 조화를 바탕으로 자유민주적 기본질서를 더욱 확고히 하여 정치·경제·사회·문화의 모든 영역에 있어서 각인의 기회를 균등히 하고, 능력을 최고도로 발휘하게 하며, 자유와 권리에 따르는 책임과 의무를 완수하게 하여, 안으로는 국민생활의 균등한 향상을 기하고 밖으로는 항구적인 세계평화와 인류공영에 이바지함으로써 우리들과 우리들의 자손의 안전과 자유와 행복을 영원히 확보할 것을 다짐하면서 1948년 7월 12일에 제정되고 8차에 걸쳐 개정된 헌법을 이제 국회의 의결을 거쳐 국민투표에 의하여 개정한다.

1987년 10월 29일

제1장 총강

제1조 ①대한민국은 민주공화국이다.
②대한민국의 주권은 국민에게 있고, 모든 권력은 국민으로부터 나온다.

제2조 ①대한민국의 국민이 되는 요건은 법률로 정한다.
②국가는 법률이 정하는 바에 의하여 재외국민을 보호할 의무를 진다.

제3조 대한민국의 영토는 한반도와 그 부속도서로 한다.

제4조 대한민국은 통일을 지향하며, 자유민주적 기본질서에 입각한 평화적 통일정책을 수립하고 이를 추진한다.

제5조 ①대한민국은 국제평화의 유지에 노력하고 침략적 전쟁을 부인한다.
②국군은 국가의 안전보장과 국토방위의 신성한 의무를 수행함을 사명으로 하며, 그 정치적 중립성은 준수된다.

제6조 ①헌법에 의하여 체결·공포된 조약과 일반적으로 승인된 국제법규는 국내법과 같은 효력을 가진다.
②외국인은 국제법과 조약이 정하는 바에 의하여 그 지위가 보장된다.

제7조 ①공무원은 국민전체에 대한 봉사자이며, 국민에 대하여 책임을 진다.
②공무원의 신분과 정치적 중립성은 법률이 정하는 바에 의하여 보장된다.

제8조 ①정당의 설립은 자유이며, 복수정당제는 보장된다.
②정당은 그 목적·조직과 활동이 민주적이어야 하며, 국민의 정치적 의사형성에 참여하는데 필요한 조직을 가져야 한다.
③정당은 법률이 정하는 바에 의하여 국가의 보호를 받으며, 국가는 법률이 정하는 바에 의하여 정당운영에 필요한 자금을 보조할 수 있다.
④정당의 목적이나 활동이 민주적 기본질서에 위배될 때에는 정부는 헌법재판소에 그 해산을 제소할 수 있고, 정당은 헌법재판소의 심판에 의하여 해산된다.

제9조 국가는 전통문화의 계승·발전과 민족문화의 창달에 노력하여야 한다.

제2장 국민의 권리와 의무

제10조 모든 국민은 인간으로서의 존엄과 가치를 가지며, 행복을 추구할 권리를 가진다. 국가는 개인이 가지는 불가침의 기본적 인권을 확인하고 이를 보장할 의무를 진다.

제11조 ①모든 국민은 법 앞에 평등하다. 누구든지 성별·종교 또는 사회적 신분에 의하여 정치적·경제적·사회적·문화적 생활의 모든 영역에 있어서 차별을 받지 아니한다.
②사회적 특수계급의 제도는 인정되지 아니하며, 어떠한 형태로도 이를 창설할 수 없다.
③훈장등의 영전은 이를 받은 자에게만 효력이 있고, 어떠한 특권도 이에 따르지 아니한다.

제12조 ①모든 국민은 신체의 자유를 가진다. 누구든지 법률에 의하지 아니하고는 체포·구속·압수·수색 또는 심문을 받지 아니하며, 법률과 적법한 절차에 의하지 아니하고는 처벌·보안처분 또는 강제노역을 받지 아니한다.
②모든 국민은 고문을 받지 아니하며, 형사상 자기에게 불리한 진술을 강요당하지

아니한다.

③체포·구속·압수 또는 수색을 할 때에는 적법한 절차에 따라 검사의 신청에 의하여 법관이 발부한 영장을 제시하여야 한다. 다만, 현행범인인 경우와 장기 3년 이상의 형에 해당하는 죄를 범하고 도피 또는 증거인멸의 염려가 있을 때에는 사후에 영장을 청구할 수 있다.

④누구든지 체포 또는 구속을 당한 때에는 즉시 변호인의 조력을 받을 권리를 가진다. 다만, 형사피고인이 스스로 변호인을 구할 수 없을 때에는 법률이 정하는 바에 의하여 국가가 변호인을 붙인다.

⑤누구든지 체포 또는 구속의 이유와 변호인의 조력을 받을 권리가 있음을 고지받지 아니하고는 체포 또는 구속을 당하지 아니한다. 체포 또는 구속을 당한 자의 가족 등 법률이 정하는 자에게는 그 이유와 일시·장소가 지체없이 통지되어야 한다.

⑥누구든지 체포 또는 구속을 당한 때에는 적부의 심사를 법원에 청구할 권리를 가진다.

⑦피고인의 자백이 고문·폭행·협박·구속의 부당한 장기화 또는 기망 기타의 방법에 의하여 자의로 진술된 것이 아니라고 인정될 때 또는 정식재판에 있어서 피고인의 자백이 그에게 불리한 유일한 증거일 때에는 이를 유죄의 증거로 삼거나 이를 이유로 처벌할 수 없다.

제13조 ①모든 국민은 행위시의 법률에 의하여 범죄를 구성하지 아니하는 행위로 소추되지 아니하며, 동일한 범죄에 대하여 거듭 처벌받지 아니한다.

②모든 국민은 소급입법에 의하여 참정권의 제한을 받거나 재산권을 박탈당하지 아니한다.

③모든 국민은 자기의 행위가 아닌 친족의 행위로 인하여 불이익한 처우를 받지 아니한다.

제14조 모든 국민은 거주·이전의 자유를 가진다.

제15조 모든 국민은 직업선택의 자유를 가진다.

제16조 모든 국민은 주거의 자유를 침해받지 아니한다. 주거에 대한 압수나 수색을 할 때에는 검사의 신청에 의하여 법관이 발부한 영장을 제시하여야 한다.

제17조 모든 국민은 사생활의 비밀과 자유를 침해받지 아니한다.

제18조 모든 국민은 통신의 비밀을 침해받지 아니한다.

제19조 모든 국민은 양심의 자유를 가진다.

제20조 ①모든 국민은 종교의 자유를 가진다.

②국교는 인정되지 아니하며, 종교와 정치는 분리된다.

제21조 ①모든 국민은 언론·출판의 자유와 집회·결사의 자유를 가진다.

②언론·출판에 대한 허가나 검열과 집회·결사에 대한 허가는 인정되지 아니한다.

③통신·방송의 시설기준과 신문의 기능을 보장하기 위하여 필요한 사항은 법률로 정한다.

④언론·출판은 타인의 명예나 권리 또는 공중도덕이나 사회윤리를 침해하여서는 아니된다. 언론·출판이 타인의 명예나 권리를 침해한 때에는 피해자는 이에 대한 피해의 배상을 청구할 수 있다.

제22조 ①모든 국민은 학문과 예술의 자유를 가진다.

②저작자·발명가·과학기술자와 예술가의 권리는 법률로써 보호한다.

제23조 ①모든 국민의 재산권은 보장된다. 그 내용과 한계는 법률로 정한다.
②재산권의 행사는 공공복리에 적합하도록 하여야 한다.
③공공필요에 의한 재산권의 수용·사용 또는 제한 및 그에 대한 보상은 법률로써 하되, 정당한 보상을 지급하여야 한다.

제24조 모든 국민은 법률이 정하는 바에 의하여 선거권을 가진다.

제25조 모든 국민은 법률이 정하는 바에 의하여 공무담임권을 가진다.

제26조 ①모든 국민은 법률이 정하는 바에 의하여 국가기관에 문서로 청원할 권리를 가진다.
②국가는 청원에 대하여 심사할 의무를 진다.

제27조 ①모든 국민은 헌법과 법률이 정한 법관에 의하여 법률에 의한 재판을 받을 권리를 가진다.
②군인 또는 군무원이 아닌 국민은 대한민국의 영역 안에서는 중대한 군사상 기밀·초병·초소·유독음식물공급·포로·군용물에 관한 죄중 법률이 정한 경우와 비상계엄이 선포된 경우를 제외하고는 군사법원의 재판을 받지 아니한다.
③모든 국민은 신속한 재판을 받을 권리를 가진다. 형사피고인은 상당한 이유가 없는 한 지체없이 공개재판을 받을 권리를 가진다.
④형사피고인은 유죄의 판결이 확정될 때까지는 무죄로 추정된다.
⑤형사피해자는 법률이 정하는 바에 의하여 당해 사건의 재판절차에서 진술할 수 있다.

제28조 형사피의자 또는 형사피고인으로서 구금되었던 자가 법률이 정하는 불기소처분을 받거나 무죄판결을 받은 때에는 법률이 정하는 바에 의하여 국가에 정당한 보상을 청구할 수 있다.

제29조 ①공무원의 직무상 불법행위로 손해를 받은 국민은 법률이 정하는 바에 의하여 국가 또는 공공단체에 정당한 배상을 청구할 수 있다. 이 경우 공무원 자신의 책임은 면제되지 아니한다.
②군인·군무원·경찰공무원 기타 법률이 정하는 자가 전투·훈련등 직무집행과 관련하여 받은 손해에 대하여는 법률이 정하는 보상 외에 국가 또는 공공단체에 공무원의 직무상 불법행위로 인한 배상은 청구할 수 없다.

제30조 타인의 범죄행위로 인하여 생명·신체에 대한 피해를 받은 국민은 법률이 정하는 바에 의하여 국가로부터 구조를 받을 수 있다.

제31조 ①모든 국민은 능력에 따라 균등하게 교육을 받을 권리를 가진다.
②모든 국민은 그 보호하는 자녀에게 적어도 초등교육과 법률이 정하는 교육을 받게 할 의무를 진다.
③의무교육은 무상으로 한다.
④교육의 자주성·전문성·정치적 중립성 및 대학의 자율성은 법률이 정하는 바에 의하여 보장된다.
⑤국가는 평생교육을 진흥하여야 한다.
⑥학교교육 및 평생교육을 포함한 교육제도와 그 운영, 교육재정 및 교원의 지위에

관한 기본적인 사항은 법률로 정한다.

제32조 ①모든 국민은 근로의 권리를 가진다. 국가는 사회적·경제적 방법으로 근로자의 고용의 증진과 적정임금의 보장에 노력하여야 하며, 법률이 정하는 바에 의하여 최저임금제를 시행하여야 한다.

②모든 국민은 근로의 의무를 진다. 국가는 근로의 의무의 내용과 조건을 민주주의원칙에 따라 법률로 정한다.

③근로조건의 기준은 인간의 존엄성을 보장하도록 법률로 정한다.

④여자의 근로는 특별한 보호를 받으며, 고용·임금 및 근로조건에 있어서 부당한 차별을 받지 아니한다.

⑤연소자의 근로는 특별한 보호를 받는다.

⑥국가유공자·상이군경 및 전몰군경의 유가족은 법률이 정하는 바에 의하여 우선적으로 근로의 기회를 부여받는다.

제33조 ①근로자는 근로조건의 향상을 위하여 자주적인 단결권·단체교섭권 및 단체행동권을 가진다.

②공무원인 근로자는 법률이 정하는 자에 한하여 단결권·단체교섭권 및 단체행동권을 가진다.

③법률이 정하는 주요방위산업체에 종사하는 근로자의 단체행동권은 법률이 정하는 바에 의하여 이를 제한하거나 인정하지 아니할 수 있다.

제34조 ①모든 국민은 인간다운 생활을 할 권리를 가진다.

②국가는 사회보장·사회복지의 증진에 노력할 의무를 진다.

③국가는 여자의 복지와 권익의 향상을 위하여 노력하여야 한다.

④국가는 노인과 청소년의 복지향상을 위한 정책을 실시할 의무를 진다.

⑤신체장애자 및 질병·노령 기타의 사유로 생활능력이 없는 국민은 법률이 정하는 바에 의하여 국가의 보호를 받는다.

⑥국가는 재해를 예방하고 그 위험으로부터 국민을 보호하기 위하여 노력하여야 한다.

제35조 ①모든 국민은 건강하고 쾌적한 환경에서 생활할 권리를 가지며, 국가와 국민은 환경보전을 위하여 노력하여야 한다.

②환경권의 내용과 행사에 관하여는 법률로 정한다.

③국가는 주택개발정책등을 통하여 모든 국민이 쾌적한 주거생활을 할 수 있도록 노력하여야 한다.

제36조 ①혼인과 가족생활은 개인의 존엄과 양성의 평등을 기초로 성립되고 유지되어야 하며, 국가는 이를 보장한다.

②국가는 모성의 보호를 위하여 노력하여야 한다.

③모든 국민은 보건에 관하여 국가의 보호를 받는다.

제37조 ①국민의 자유와 권리는 헌법에 열거되지 아니한 이유로 경시되지 아니한다.

②국민의 모든 자유와 권리는 국가안전보장·질서유지 또는 공공복리를 위하여 필요한 경우에 한하여 법률로써 제한할 수 있으며, 제한하는 경우에도 자유와 권리의 본

질적인 내용을 침해할 수 없다.

제38조 모든 국민은 법률이 정하는 바에 의하여 납세의 의무를 진다.

제39조 ①모든 국민은 법률이 정하는 바에 의하여 국방의 의무를 진다.

②누구든지 병역의무의 이행으로 인하여 불이익한 처우를 받지 아니한다.

제3장 국회

제40조 입법권은 국회에 속한다.

제41조 ①국회는 국민의 보통·평등·직접·비밀선거에 의하여 선출된 국회의원으로 구성한다.

②국회의원의 수는 법률로 정하되, 200인 이상으로 한다.

③국회의원의 선거구와 비례대표제 기타 선거에 관한 사항은 법률로 정한다.

제42조 국회의원의 임기는 4년으로 한다.

제43조 국회의원은 법률이 정하는 직을 겸할 수 없다.

제44조 ①국회의원은 현행범인인 경우를 제외하고는 회기 중 국회의 동의없이 체포 또는 구금되지 아니한다.

②국회의원이 회기 전에 체포 또는 구금된 때에는 현행범인이 아닌 한 국회의 요구가 있으면 회기 중 석방된다.

제45조 국회의원은 국회에서 직무상 행한 발언과 표결에 관하여 국회 외에서 책임을 지지 아니한다.

제46조 ①국회의원은 청렴의 의무가 있다.

②국회의원은 국가이익을 우선하여 양심에 따라 직무를 행한다.

③국회의원은 그 지위를 남용하여 국가·공공단체 또는 기업체와의 계약이나 그 처분에 의하여 재산상의 권리·이익 또는 직위를 취득하거나 타인을 위하여 그 취득을 알선할 수 없다.

제47조 ①국회의 정기회는 법률이 정하는 바에 의하여 매년 1회 집회되며, 국회의 임시회는 대통령 또는 국회재적의원 4분의 1 이상의 요구에 의하여 집회된다.

②정기회의 회기는 100일을, 임시회의 회기는 30일을 초과할 수 없다.

③대통령이 임시회의 집회를 요구할 때에는 기간과 집회요구의 이유를 명시하여야 한다.

제48조 국회는 의장 1인과 부의장 2인을 선출한다.

제49조 국회는 헌법 또는 법률에 특별한 규정이 없는 한 재적의원 과반수의 출석과 출석의원 과반수의 찬성으로 의결한다. 가부동수인 때에는 부결된 것으로 본다.

제50조 ①국회의 회의는 공개한다. 다만, 출석의원 과반수의 찬성이 있거나 의장이 국가의 안전보장을 위하여 필요하다고 인정할 때에는 공개하지 아니할 수 있다.

②공개하지 아니한 회의내용의 공표에 관하여는 법률이 정하는 바에 의한다.

제51조 국회에 제출된 법률안 기타의 의안은 회기 중에 의결되지 못한 이유로 폐기되지 아니한다. 다만, 국회의원의 임기가 만료된 때에는 그러하지 아니하다.

제52조 국회의원과 정부는 법률안을 제출할 수 있다.

제53조 ①국회에서 의결된 법률안은 정부에 이송되어 15일 이내에 대통령이 공포한다.

②법률안에 이의가 있을 때에는 대통령은 제1항의 기간내에 이의서를 붙여 국회로 환부하고, 그 재의를 요구할 수 있다. 국회의 폐회 중에도 또한 같다.
③대통령은 법률안의 일부에 대하여 또는 법률안을 수정하여 재의를 요구할 수 없다.
④재의의 요구가 있을 때에는 국회는 재의에 붙이고, 재적의원 과반수의 출석과 출석의원 3분의 2 이상의 찬성으로 전과 같은 의결을 하면 그 법률안은 법률로서 확정된다.
⑤대통령이 제1항의 기간 내에 공포나 재의의 요구를 하지 아니한 때에도 그 법률안은 법률로서 확정된다.
⑥대통령은 제4항과 제5항의 규정에 의하여 확정된 법률을 지체없이 공포하여야 한다. 제5항에 의하여 법률이 확정된 후 또는 제4항에 의한 확정법률이 정부에 이송된 후 5일 이내에 대통령이 공포하지 아니할 때에는 국회의장이 이를 공포한다.
⑦법률은 특별한 규정이 없는 한 공포한 날로부터 20일을 경과함으로써 효력을 발생한다.

제54조 ①국회는 국가의 예산안을 심의·확정한다.
②정부는 회계연도마다 예산안을 편성하여 회계연도 개시 90일 전까지 국회에 제출하고, 국회는 회계연도 개시 30일 전까지 이를 의결하여야 한다.
③새로운 회계연도가 개시될 때까지 예산안이 의결되지 못한 때에는 정부는 국회에서 예산안이 의결될 때까지 다음의 목적을 위한 경비는 전년도 예산에 준하여 집행할 수 있다.
1. 헌법이나 법률에 의하여 설치된 기관 또는 시설의 유지·운영
2. 법률상 지출의무의 이행
3. 이미 예산으로 승인된 사업의 계속

제55조 ①한 회계연도를 넘어 계속하여 지출할 필요가 있을 때에는 정부는 연한을 정하여 계속비로서 국회의 의결을 얻어야 한다.
②예비비는 총액으로 국회의 의결을 얻어야 한다. 예비비의 지출은 차기국회의 승인을 얻어야 한다.

제56조 정부는 예산에 변경을 가할 필요가 있을 때에는 추가경정예산안을 편성하여 국회에 제출할 수 있다.

제57조 국회는 정부의 동의 없이 정부가 제출한 지출예산 각항의 금액을 증가하거나 새 비목을 설치할 수 없다.

제58조 국채를 모집하거나 예산 외에 국가의 부담이 될 계약을 체결하려 할 때에는 정부는 미리 국회의 의결을 얻어야 한다.

제59조 조세의 종목과 세율은 법률로 정한다.

제60조 ①국회는 상호원조 또는 안전보장에 관한 조약, 중요한 국제조직에 관한 조약, 우호통상항해조약, 주권의 제약에 관한 조약, 강화조약, 국가나 국민에게 중대한 재정적 부담을 지우는 조약 또는 입법사항에 관한 조약의 체결·비준에 대한 동의권을 가진다.
②국회는 선전포고, 국군의 외국에의 파견 또는 외국군대의 대한민국 영역 안에서의 주류에 대한 동의권을 가진다.

제61조 ①국회는 국정을 감사하거나 특정한 국정사안에 대하여 조사할 수 있으며, 이에 필요한 서류의 제출 또는 증인의 출석과 증언이나 의견의 진술을 요구할 수 있다.
②국정감사 및 조사에 관한 절차 기타 필요한 사항은 법률로 정한다.

제62조 ①국무총리·국무위원 또는 정부위원은 국회나 그 위원회에 출석하여 국정처리상황을 보고하거나 의견을 진술하고 질문에 응답할 수 있다.
②국회나 그 위원회의 요구가 있을 때에는 국무총리·국무위원 또는 정부위원은 출석·답변하여야 하며, 국무총리 또는 국무위원이 출석요구를 받은 때에는 국무위원 또는 정부위원으로 하여금 출석·답변하게 할 수 있다.

제63조 ①국회는 국무총리 또는 국무위원의 해임을 대통령에게 건의할 수 있다.
②제1항의 해임건의는 국회재적의원 3분의 1 이상의 발의에 의하여 국회재적의원 과반수의 찬성이 있어야 한다.

제64조 ①국회는 법률에 저촉되지 아니하는 범위 안에서 의사와 내부규율에 관한 규칙을 제정할 수 있다.
②국회는 의원의 자격을 심사하며, 의원을 징계할 수 있다.
③의원을 제명하려면 국회재적의원 3분의 2 이상의 찬성이 있어야 한다.
④제2항과 제3항의 처분에 대하여는 법원에 제소할 수 없다.

제65조 ①대통령·국무총리·국무위원·행정각부의 장·헌법재판소 재판관·법관·중앙선거관리위원회 위원·감사원장·감사위원 기타 법률이 정한 공무원이 그 직무집행에 있어서 헌법이나 법률을 위배한 때에는 국회는 탄핵의 소추를 의결할 수 있다.
②제1항의 탄핵소추는 국회재적의원 3분의 1 이상의 발의가 있어야 하며, 그 의결은 국회재적의원 과반수의 찬성이 있어야 한다. 다만, 대통령에 대한 탄핵소추는 국회재적의원 과반수의 발의와 국회재적의원 3분의 2 이상의 찬성이 있어야 한다.
③탄핵소추의 의결을 받은 자는 탄핵심판이 있을 때까지 그 권한행사가 정지된다.
④탄핵결정은 공직으로부터 파면함에 그친다. 그러나, 이에 의하여 민사상이나 형사상의 책임이 면제되지는 아니한다.

제4장 정부
제1절 대통령
제66조 ①대통령은 국가의 원수이며, 외국에 대하여 국가를 대표한다.
②대통령은 국가의 독립·영토의 보전·국가의 계속성과 헌법을 수호할 책무를 진다.
③대통령은 조국의 평화적 통일을 위한 성실한 의무를 진다.
④행정권은 대통령을 수반으로 하는 정부에 속한다.

제67조 ①대통령은 국민의 보통·평등·직접·비밀선거에 의하여 선출한다.
②제1항의 선거에 있어서 최고득표자가 2인 이상인 때에는 국회의 재적의원 과반수가 출석한 공개회의에서 다수표를 얻은 자를 당선자로 한다.
③대통령후보자가 1인일 때에는 그 득표수가 선거권자 총수의 3분의 1 이상이 아니면 대통령으로 당선될 수 없다.

④대통령으로 선거될 수 있는 자는 국회의원의 피선거권이 있고 선거일 현재 40세에 달하여야 한다.
⑤대통령의 선거에 관한 사항은 법률로 정한다.

제68조 ①대통령의 임기가 만료되는 때에는 임기만료 70일 내지 40일 전에 후임자를 선거한다.
②대통령이 궐위된 때 또는 대통령 당선자가 사망하거나 판결 기타의 사유로 그 자격을 상실한 때에는 60일 이내에 후임자를 선거한다.

제69조 대통령은 취임에 즈음하여 다음의 선서를 한다.
"나는 헌법을 준수하고 국가를 보위하며 조국의 평화적 통일과 국민의 자유와 복리의 증진 및 민족문화의 창달에 노력하여 대통령으로서의 직책을 성실히 수행할 것을 국민 앞에 엄숙히 선서합니다."

제70조 대통령의 임기는 5년으로 하며, 중임할 수 없다.

제71조 대통령이 궐위되거나 사고로 인하여 직무를 수행할 수 없을 때에는 국무총리, 법률이 정한 국무위원의 순서로 그 권한을 대행한다.

제72조 대통령은 필요하다고 인정할 때에는 외교·국방·통일 기타 국가안위에 관한 중요정책을 국민투표에 붙일 수 있다.

제73조 대통령은 조약을 체결·비준하고, 외교사절을 신임·접수 또는 파견하며, 선전포고와 강화를 한다.

제74조 ①대통령은 헌법과 법률이 정하는 바에 의하여 국군을 통수한다.
②국군의 조직과 편성은 법률로 정한다.

제75조 대통령은 법률에서 구체적으로 범위를 정하여 위임받은 사항과 법률을 집행하기 위하여 필요한 사항에 관하여 대통령령을 발할 수 있다.

제76조 ①대통령은 내우·외환·천재·지변 또는 중대한 재정·경제상의 위기에 있어서 국가의 안전보장 또는 공공의 안녕질서를 유지하기 위하여 긴급한 조치가 필요하고 국회의 집회를 기다릴 여유가 없을 때에 한하여 최소한으로 필요한 재정·경제상의 처분을 하거나 이에 관하여 법률의 효력을 가지는 명령을 발할 수 있다.
②대통령은 국가의 안위에 관계되는 중대한 교전상태에 있어서 국가를 보위하기 위하여 긴급한 조치가 필요하고 국회의 집회가 불가능한 때에 한하여 법률의 효력을 가지는 명령을 발할 수 있다.
③대통령은 제1항과 제2항의 처분 또는 명령을 한 때에는 지체없이 국회에 보고하여 그 승인을 얻어야 한다.
④제3항의 승인을 얻지 못한 때에는 그 처분 또는 명령은 그때부터 효력을 상실한다. 이 경우 그 명령에 의하여 개정 또는 폐지되었던 법률은 그 명령이 승인을 얻지 못한 때부터 당연히 효력을 회복한다.
⑤대통령은 제3항과 제4항의 사유를 지체없이 공포하여야 한다.

제77조 ①대통령은 전시·사변 또는 이에 준하는 국가비상사태에 있어서 병력으로써 군사상의 필요에 응하거나 공공의 안녕질서를 유지할 필요가 있을 때에는 법률이 정하는 바에 의하여 계엄을 선포할 수 있다.

②계엄은 비상계엄과 경비계엄으로 한다.
③비상계엄이 선포된 때에는 법률이 정하는 바에 의하여 영장제도, 언론·출판·집회·결사의 자유, 정부나 법원의 권한에 관하여 특별한 조치를 할 수 있다.
④계엄을 선포한 때에는 대통령은 지체없이 국회에 통고하여야 한다.
⑤국회가 재적의원 과반수의 찬성으로 계엄의 해제를 요구한 때에는 대통령은 이를 해제하여야 한다.

제78조 대통령은 헌법과 법률이 정하는 바에 의하여 공무원을 임면한다.
제79조 ①대통령은 법률이 정하는 바에 의하여 사면·감형 또는 복권을 명할 수 있다.
②일반사면을 명하려면 국회의 동의를 얻어야 한다.
③사면·감형 및 복권에 관한 사항은 법률로 정한다.
제80조 대통령은 법률이 정하는 바에 의하여 훈장 기타의 영전을 수여한다.
제81조 대통령은 국회에 출석하여 발언하거나 서한으로 의견을 표시할 수 있다.
제82조 대통령의 국법상 행위는 문서로써 하며, 이 문서에는 국무총리와 관계 국무위원이 부서한다. 군사에 관한 것도 또한 같다.
제83조 대통령은 국무총리·국무위원·행정각부의 장 기타 법률이 정하는 공사의 직을 겸할 수 없다.
제84조 대통령은 내란 또는 외환의 죄를 범한 경우를 제외하고는 재직 중 형사상의 소추를 받지 아니한다.
제85조 전직대통령의 신분과 예우에 관하여는 법률로 정한다.

제2절 행정부

제1관 국무총리와 국무위원
제86조 ①국무총리는 국회의 동의를 얻어 대통령이 임명한다.
②국무총리는 대통령을 보좌하며, 행정에 관하여 대통령의 명을 받아 행정각부를 통할한다.
③군인은 현역을 면한 후가 아니면 국무총리로 임명될 수 없다.
제87조 ①국무위원은 국무총리의 제청으로 대통령이 임명한다.
②국무위원은 국정에 관하여 대통령을 보좌하며, 국무회의의 구성원으로서 국정을 심의한다.
③국무총리는 국무위원의 해임을 대통령에게 건의할 수 있다.
④군인은 현역을 면한 후가 아니면 국무위원으로 임명될 수 없다.

제2관 국무회의
제88조 ①국무회의는 정부의 권한에 속하는 중요한 정책을 심의한다.
②국무회의는 대통령·국무총리와 15인 이상 30인 이하의 국무위원으로 구성한다.
③대통령은 국무회의의 의장이 되고, 국무총리는 부의장이 된다.
제89조 다음 사항은 국무회의의 심의를 거쳐야 한다.

1. 국정의 기본계획과 정부의 일반정책
2. 선전·강화 기타 중요한 대외정책
3. 헌법개정안·국민투표안·조약안·법률안 및 대통령령안
4. 예산안·결산·국유재산처분의 기본계획·국가의 부담이 될 계약 기타 재정에 관한 중요사항
5. 대통령의 긴급명령·긴급재정경제처분 및 명령 또는 계엄과 그 해제
6. 군사에 관한 중요사항
7. 국회의 임시회 집회의 요구
8. 영전수여
9. 사면·감형과 복권
10. 행정각부간의 권한의 획정
11. 정부 안의 권한의 위임 또는 배정에 관한 기본계획
12. 국정처리상황의 평가·분석
13. 행정각부의 중요한 정책의 수립과 조정
14. 정당해산의 제소
15. 정부에 제출 또는 회부된 정부의 정책에 관계되는 청원의 심사
16. 검찰총장·합동참모의장·각군참모총장·국립대학교총장·대사 기타 법률이 정한 공무원과 국영기업체관리자의 임명
17. 기타 대통령·국무총리 또는 국무위원이 제출한 사항

제90조 ①국정의 중요한 사항에 관한 대통령의 자문에 응하기 위하여 국가원로로 구성되는 국가원로자문회의를 둘 수 있다.
②국가원로자문회의의 의장은 직전대통령이 된다. 다만, 직전대통령이 없을 때에는 대통령이 지명한다.
③국가원로자문회의의 조직·직무범위 기타 필요한 사항은 법률로 정한다.

제91조 ①국가안전보장에 관련되는 대외정책·군사정책과 국내정책의 수립에 관하여 국무회의의 심의에 앞서 대통령의 자문에 응하기 위하여 국가안전보장회의를 둔다.
②국가안전보장회의는 대통령이 주재한다.
③국가안전보장회의의 조직·직무범위 기타 필요한 사항은 법률로 정한다.

제92조 ①평화통일정책의 수립에 관한 대통령의 자문에 응하기 위하여 민주평화통일자문회의를 둘 수 있다.
②민주평화통일자문회의의 조직·직무범위 기타 필요한 사항은 법률로 정한다.

제93조 ①국민경제의 발전을 위한 중요정책의 수립에 관하여 대통령의 자문에 응하기 위하여 국민경제자문회의를 둘 수 있다.
②국민경제자문회의의 조직·직무범위 기타 필요한 사항은 법률로 정한다.

제3관 행정각부
제94조 행정각부의 장은 국무위원 중에서 국무총리의 제청으로 대통령이 임명한다.

제95조 국무총리 또는 행정각부의 장은 소관사무에 관하여 법률이나 대통령령의 위임 또는 직권으로 총리령 또는 부령을 발할 수 있다.
제96조 행정각부의 설치·조직과 직무범위는 법률로 정한다.

제4관 감사원
제97조 국가의 세입·세출의 결산, 국가 및 법률이 정한 단체의 회계검사와 행정기관 및 공무원의 직무에 관한 감찰을 하기 위하여 대통령 소속하에 감사원을 둔다.
제98조 ①감사원은 원장을 포함한 5인 이상 11인 이하의 감사위원으로 구성한다.
　　　②원장은 국회의 동의를 얻어 대통령이 임명하고, 그 임기는 4년으로 하며, 1차에 한하여 중임할 수 있다.
　　　③감사위원은 원장의 제청으로 대통령이 임명하고, 그 임기는 4년으로 하며, 1차에 한하여 중임할 수 있다.
제99조 감사원은 세입·세출의 결산을 매년 검사하여 대통령과 차년도국회에 그 결과를 보고하여야 한다.
제100조 감사원의 조직·직무범위·감사위원의 자격·감사대상공무원의 범위 기타 필요한 사항은 법률로 정한다.

제5장 법원

제101조 ①사법권은 법관으로 구성된 법원에 속한다.
　　　②법원은 최고법원인 대법원과 각급법원으로 조직된다.
　　　③법관의 자격은 법률로 정한다.
제102조 ①대법원에 부를 둘 수 있다.
　　　②대법원에 대법관을 둔다. 다만, 법률이 정하는 바에 의하여 대법관이 아닌 법관을 둘 수 있다.
　　　③대법원과 각급법원의 조직은 법률로 정한다.
제103조 법관은 헌법과 법률에 의하여 그 양심에 따라 독립하여 심판한다.
제104조 ①대법원장은 국회의 동의를 얻어 대통령이 임명한다.
　　　②대법관은 대법원장의 제청으로 국회의 동의를 얻어 대통령이 임명한다.
　　　③대법원장과 대법관이 아닌 법관은 대법관회의의 동의를 얻어 대법원장이 임명한다.
제105조 ①대법원장의 임기는 6년으로 하며, 중임할 수 없다.
　　　②대법관의 임기는 6년으로 하며, 법률이 정하는 바에 의하여 연임할 수 있다.
　　　③대법원장과 대법관이 아닌 법관의 임기는 10년으로 하며, 법률이 정하는 바에 의하여 연임할 수 있다.
　　　④법관의 정년은 법률로 정한다.
제106조 ①법관은 탄핵 또는 금고 이상의 형의 선고에 의하지 아니하고는 파면되지 아니하며, 징계처분에 의하지 아니하고는 정직·감봉 기타 불리한 처분을 받지 아니한다.
　　　②법관이 중대한 심신상의 장해로 직무를 수행할 수 없을 때에는 법률이 정하는 바

에 의하여 퇴직하게 할 수 있다.

제107조 ①법률이 헌법에 위반되는 여부가 재판의 전제가 된 경우에는 법원은 헌법재판소에 제청하여 그 심판에 의하여 재판한다.

②명령·규칙 또는 처분이 헌법이나 법률에 위반되는 여부가 재판의 전제가 된 경우에는 대법원은 이를 최종적으로 심사할 권한을 가진다.

③재판의 전심절차로서 행정심판을 할 수 있다. 행정심판의 절차는 법률로 정하되, 사법절차가 준용되어야 한다.

제108조 대법원은 법률에 저촉되지 아니하는 범위 안에서 소송에 관한 절차, 법원의 내부규율과 사무처리에 관한 규칙을 제정할 수 있다.

제109조 재판의 심리와 판결은 공개한다. 다만, 심리는 국가의 안전보장 또는 안녕질서를 방해하거나 선량한 풍속을 해할 염려가 있을 때에는 법원의 결정으로 공개하지 아니할 수 있다.

제110조 ①군사재판을 관할하기 위하여 특별법원으로서 군사법원을 둘 수 있다.

②군사법원의 상고심은 대법원에서 관할한다.

③군사법원의 조직·권한 및 재판관의 자격은 법률로 정한다.

④비상계엄하의 군사재판은 군인·군무원의 범죄나 군사에 관한 간첩죄의 경우와 초병·초소·유독음식물공급·포로에 관한 죄 중 법률이 정한 경우에 한하여 단심으로 할 수 있다. 다만, 사형을 선고한 경우에는 그러하지 아니하다.

제6장 헌법재판소

제111조 ①헌법재판소는 다음 사항을 관장한다.
  1. 법원의 제청에 의한 법률의 위헌여부 심판
  2. 탄핵의 심판
  3. 정당의 해산 심판
  4. 국가기관 상호간, 국가기관과 지방자치단체간 및 지방자치단체 상호간의 권한쟁의에 관한 심판
  5. 법률이 정하는 헌법소원에 관한 심판

②헌법재판소는 법관의 자격을 가진 9인의 재판관으로 구성하며, 재판관은 대통령이 임명한다.

③제2항의 재판관중 3인은 국회에서 선출하는 자를, 3인은 대법원장이 지명하는 자를 임명한다.

④헌법재판소의 장은 국회의 동의를 얻어 재판관 중에서 대통령이 임명한다.

제112조 ①헌법재판소 재판관의 임기는 6년으로 하며, 법률이 정하는 바에 의하여 연임할 수 있다.

②헌법재판소 재판관은 정당에 가입하거나 정치에 관여할 수 없다.

③헌법재판소 재판관은 탄핵 또는 금고 이상의 형의 선고에 의하지 아니하고는 파면되지 아니한다.

제113조 ①헌법재판소에서 법률의 위헌결정, 탄핵의 결정, 정당해산의 결정 또는 헌법소원에

관한 인용결정을 할 때에는 재판관 6인 이상의 찬성이 있어야 한다.
②헌법재판소는 법률에 저촉되지 아니하는 범위 안에서 심판에 관한 절차, 내부규율과 사무처리에 관한 규칙을 제정할 수 있다.
③헌법재판소의 조직과 운영 기타 필요한 사항은 법률로 정한다.

제7장 선거관리

제114조 ①선거와 국민투표의 공정한 관리 및 정당에 관한 사무를 처리하기 위하여 선거관리위원회를 둔다.
②중앙선거관리위원회는 대통령이 임명하는 3인, 국회에서 선출하는 3인과 대법원장이 지명하는 3인의 위원으로 구성한다. 위원장은 위원 중에서 호선한다.
③위원의 임기는 6년으로 한다.
④위원은 정당에 가입하거나 정치에 관여할 수 없다.
⑤위원은 탄핵 또는 금고 이상의 형의 선고에 의하지 아니하고는 파면되지 아니한다.
⑥중앙선거관리위원회는 법령의 범위 안에서 선거관리·국민투표관리 또는 정당사무에 관한 규칙을 제정할 수 있으며, 법률에 저촉되지 아니하는 범위 안에서 내부규율에 관한 규칙을 제정할 수 있다.
⑦각급 선거관리위원회의 조직·직무범위 기타 필요한 사항은 법률로 정한다.

제115조 ①각급 선거관리위원회는 선거인명부의 작성 등 선거사무와 국민투표사무에 관하여 관계 행정기관에 필요한 지시를 할 수 있다.
②제1항의 지시를 받은 당해 행정기관은 이에 응하여야 한다.

제116조 ①선거운동은 각급 선거관리위원회의 관리하에 법률이 정하는 범위 안에서 하되, 균등한 기회가 보장되어야 한다.
②선거에 관한 경비는 법률이 정하는 경우를 제외하고는 정당 또는 후보자에게 부담시킬 수 없다.

제8장 지방자치

제117조 ①지방자치단체는 주민의 복리에 관한 사무를 처리하고 재산을 관리하며, 법령의 범위 안에서 자치에 관한 규정을 제정할 수 있다.
②지방자치단체의 종류는 법률로 정한다.

제118조 ①지방자치단체에 의회를 둔다.
②지방의회의 조직·권한·의원선거와 지방자치단체의 장의 선임방법 기타 지방자치단체의 조직과 운영에 관한 사항은 법률로 정한다.

제9장 경제

제119조 ①대한민국의 경제질서는 개인과 기업의 경제상의 자유와 창의를 존중함을 기본으로 한다.
②국가는 균형있는 국민경제의 성장 및 안정과 적정한 소득의 분배를 유지하고, 시장

의 지배와 경제력의 남용을 방지하며, 경제주체간의 조화를 통한 경제의 민주화를 위하여 경제에 관한 규제와 조정을 할 수 있다.

제120조 ①광물 기타 중요한 지하자원·수산자원·수력과 경제상 이용할 수 있는 자연력은 법률이 정하는 바에 의하여 일정한 기간 그 채취·개발 또는 이용을 특허할 수 있다.

②국토와 자원은 국가의 보호를 받으며, 국가는 그 균형있는 개발과 이용을 위하여 필요한 계획을 수립한다.

제121조 ①국가는 농지에 관하여 경자유전의 원칙이 달성될 수 있도록 노력하여야 하며, 농지의 소작제도는 금지된다.

②농업생산성의 제고와 농지의 합리적인 이용을 위하거나 불가피한 사정으로 발생하는 농지의 임대차와 위탁경영은 법률이 정하는 바에 의하여 인정된다.

제122조 국가는 국민 모두의 생산 및 생활의 기반이 되는 국토의 효율적이고 균형있는 이용·개발과 보전을 위하여 법률이 정하는 바에 의하여 그에 관한 필요한 제한과 의무를 과할 수 있다.

제123조 ①국가는 농업 및 어업을 보호·육성하기 위하여 농·어촌종합개발과 그 지원등 필요한 계획을 수립·시행하여야 한다.

②국가는 지역간의 균형있는 발전을 위하여 지역경제를 육성할 의무를 진다.

③국가는 중소기업을 보호·육성하여야 한다.

④국가는 농수산물의 수급균형과 유통구조의 개선에 노력하여 가격안정을 도모함으로써 농·어민의 이익을 보호한다.

⑤국가는 농·어민과 중소기업의 자조조직을 육성하여야 하며, 그 자율적 활동과 발전을 보장한다.

제124조 국가는 건전한 소비행위를 계도하고 생산품의 품질향상을 촉구하기 위한 소비자보호운동을 법률이 정하는 바에 의하여 보장한다.

제125조 국가는 대외무역을 육성하며, 이를 규제·조정할 수 있다.

제126조 국방상 또는 국민경제상 긴절한 필요로 인하여 법률이 정하는 경우를 제외하고는, 사영기업을 국유 또는 공유로 이전하거나 그 경영을 통제 또는 관리할 수 없다.

제127조 ①국가는 과학기술의 혁신과 정보 및 인력의 개발을 통하여 국민경제의 발전에 노력하여야 한다.

②국가는 국가표준제도를 확립한다.

③대통령은 제1항의 목적을 달성하기 위하여 필요한 자문기구를 둘 수 있다.

제10장 헌법개정

제128조 ①헌법개정은 국회재적의원 과반수 또는 대통령의 발의로 제안된다.

②대통령의 임기연장 또는 중임변경을 위한 헌법개정은 그 헌법개정 제안 당시의 대통령에 대하여는 효력이 없다.

제129조 제안된 헌법개정안은 대통령이 20일 이상의 기간 이를 공고하여야 한다.

제130조 ①국회는 헌법개정안이 공고된 날로부터 60일 이내에 의결하여야 하며, 국회의 의

결은 재적의원 3분의 2 이상의 찬성을 얻어야 한다.
②헌법개정안은 국회가 의결한 후 30일 이내에 국민투표에 붙여 국회의원선거권자 과반수의 투표와 투표자 과반수의 찬성을 얻어야 한다.
③헌법개정안이 제2항의 찬성을 얻은 때에는 헌법개정은 확정되며, 대통령은 즉시 이를 공포하여야 한다.

부칙 <제10호, 1987. 10. 29.>

제1조 이 헌법은 1988년 2월 25일부터 시행한다. 다만, 이 헌법을 시행하기 위하여 필요한 법률의 제정·개정과 이 헌법에 의한 대통령 및 국회의원의 선거 기타 이 헌법시행에 관한 준비는 이 헌법시행 전에 할 수 있다.

제2조 ①이 헌법에 의한 최초의 대통령선거는 이 헌법시행일 40일 전까지 실시한다.
②이 헌법에 의한 최초의 대통령의 임기는 이 헌법시행일로부터 개시한다.

제3조 ①이 헌법에 의한 최초의 국회의원선거는 이 헌법공포일로부터 6월 이내에 실시하며, 이 헌법에 의하여 선출된 최초의 국회의원의 임기는 국회의원선거후 이 헌법에 의한 국회의 최초의 집회일로부터 개시한다.
②이 헌법공포 당시의 국회의원의 임기는 제1항에 의한 국회의 최초의 집회일 전일까지로 한다.

제4조 ①이 헌법시행 당시의 공무원과 정부가 임명한 기업체의 임원은 이 헌법에 의하여 임명된 것으로 본다. 다만, 이 헌법에 의하여 선임방법이나 임명권자가 변경된 공무원과 대법원장 및 감사원장은 이 헌법에 의하여 후임자가 선임될 때까지 그 직무를 행하며, 이 경우 전임자인 공무원의 임기는 후임자가 선임되는 전일까지로 한다.
②이 헌법시행 당시의 대법원장과 대법원판사가 아닌 법관은 제1항 단서의 규정에 불구하고 이 헌법에 의하여 임명된 것으로 본다.
③이 헌법 중 공무원의 임기 또는 중임제한에 관한 규정은 이 헌법에 의하여 그 공무원이 최초로 선출 또는 임명된 때로부터 적용한다.

제5조 이 헌법시행 당시의 법령과 조약은 이 헌법에 위배되지 아니하는 한 그 효력을 지속한다.

제6조 이 헌법시행 당시에 이 헌법에 의하여 새로 설치될 기관의 권한에 속하는 직무를 행하고 있는 기관은 이 헌법에 의하여 새로운 기관이 설치될 때까지 존속하며 그 직무를 행한다.

제1장
헌법이란 무엇인가?

제2장
헌법의 제정과 개정의 기본문제

제3장
헌법의 수호자와 헌법수호의 방법

제4장
헌법의 근본이념으로서 기본권 보장

제1부 헌법의 기초이론

제1장

헌법이란 무엇인가?

헌법과 국가

국가의 기본법이며 최고규범으로서 헌법

　　헌법이란 무엇인가? 한마디로 말하면 헌법이란 국가의 기본법이다. 국가의 구성과 조직에 관한 기본적인 틀을 정하고 국가에 대한 국민의 지위를 형성하는 것은 헌법에 의해 이루어진다. 헌법은 국가의 조직과 체계, 작용 등에 관한 기본적 사항을 정하고 국민의 기본권을 보장하는 국가의 근본규범을 의미한다. 즉 국가의 근본체제 내지 기본질서에 관한 기초적인 규율을 내용으로 하는 규범이 헌법이다.

　　국가의 기본법인 헌법은 동시에 국가의 법체계에 있어 최상위에 위치하는 최고규범으로서의 효력을 갖는다. 국가의 운영에는 많은 법규범이 존재하게 되는데, 먼저 국가의 구성과 조직, 작용과 국민의 국가에 대한 지위 등에 관한 기본적 사항은 국가의 주권자인 국민의 합의에 의해 최고규범인 헌법을 제정한다. 이 헌법을 근거로 하여 국민의 자유와 권리를 보장하고 공동체의 질서유지 등을 위하여 헌법의 하위규범으로 각종 법률이 국민의 대의기관에 의해 제정된다. 그 다음 단계의 하위규범으로 명령, 규칙(대통령령, 총리령, 부령과 국회규칙, 대법원규칙, 헌법재판소규칙 등)이 있으며, 마지막 단계에 지방자치단체의 조례와 규칙이 있다. 이러한 법규범들은 최고규범인 헌법을 정점으로 하는 위계질서를 이루게 된다.

따라서 법률은 헌법에 위배되어서는 안 되고, 헌법위반의 법률은 헌법재판을 통해 무효가 되며, 명령·규칙 등도 상위법인 헌법과 법률에 저촉되어서는 안 된다. 국가의 최고규범으로서의 헌법은 그 제정과 개정 과정이 주권자인 국민의 근본적인 정치적 결단으로 특별한 절차(국민투표)에 따라 이루어지지만, 헌법의 하위규범인 법률은 국민의 위임을 받은 대의기관(의회)에 의해 제정되고 개정된다.

헌법 개념의 전제로서 국가

국가의 기본법으로서 헌법은 국가와 불가분의 관계에 있으므로 헌법의 이해는 곧 국가 개념의 이해에서부터 출발하게 된다. 헌법의 개념을 파악하기 위해서는 먼저 국가의 개념을 이해할 필요가 있다. 헌법은 국가를 전제로 하여 국가를 창설하는 규범이며, 국가는 헌법에 의해 창설되는 것이기 때문이다. 국가란 무엇인가에 관한 학계의 다양한 논의가 있지만, 일반적으로 전통적인 개념 정의에 의하면 국가란 일정한 지역을 토대로 하여 존립하는 일정한 범위의 사람들의 조직화된 정치단체 내지 '정치적 통일체'라 할 수 있다. 다시 말하면 국가란 일정한 지역을 기반으로 하는 지역적 공동사회이며, 그 사회공동체의 모든 구성원의 공동이익과 행복추구를 실현하고 사회질서와 사회평화의 확립을 목적으로 하는 정치공동체를 의미한다. 이러한 정치공동체의 고유한 목적을 달성하기 위해서는 '통치권력'이라는 국가의 공적 강제력이 요구되므로 국가는 '권력적 공동사회'를 의미하게 된다. 여기서 국가를 구성하는 본질적 요소로서 일정한 지역적 기반으로서의 '영토'와, 공동체의 인적 구성원으로서의 '국민', 국가목적을 달성하기 위한 수단으로서 '국가권력'이 존재하게 된다.

국가의 구성요소

국가의 구성요소로서 국가권력이란 주권과 통치권을 포함하는 개념이다. 주권(主權)은 국가의사를 결정하는 최고권력이며 모든 권력의 원천을 의미하지만, 통치권은 현실적으로 국가적 조직을 유지하고 국가목적을 실현하기 위한 구체적 권력을 의미한다. 과거의 절대군주제 시대에는 군주가 곧 국가이며 주권자였지만 근대 시민혁명 이후 각국 헌법은 주권이 전체 국민에 귀속된다는 국민주권을 최고이념으로 하게 되었다. 국민은 공동체에 항구적으로 정주하는 주민을 말하며, 해당 국가의 국적을 취득하여 공동체를 형성하는 인간집단을 의미한다. 전체 국민은 통일체로서 주권의 주체가 되며, 개인으로서의 국민은 국가에 의해 보장되는 기본권의 주체임과 동시에 공의무의 주체가 된다. 영토는 국가권력이 배타적으로 지배하는 일정한 범위를 차지하는 지리적 공간을 의미한다.

우리 헌법은 제1장 총강(總綱)에 국가의 기본형태와 구성요소에 관한 규정을 두고 있다. 헌법 제1조 제1항은 "대한민국은 민주공화국이다"라고 하여 국가형태로서 민주공화국을 천명하고 있으며, 제2항은 "대한민국의 주권은 국민에게 있고 모든 권력은 국민으로부터 나온 다"라고 하여 주권과 통치권을 규정하고, 주권의 주체가 국민임을 선언하고 있다. 제2조 제1항에는 "대한민국의 국민이 되는 요건은 법률로 정한다"라고 하여 국민의 요건에 관하여 국적법정주의를 규정하고 있으며, 제3조에는 "대한민국의 영토는 한반도와 그 부속도서로 한다"라고 하여 영토를 규정하고 있다.

국가의 성립 기원에 관한 사회계약설

국가의 성립 기원에 관한 고전적 이론으로 신의설, 실력설, 가족설, 계급국가설 등의 학설이 있다. 신의설(神意說)에 의하면 국가는 신의 뜻에 의해 창조되었다고 본다. 실력설 또는 정복설은 원시사회의 단계에서 특정 민족의 타민족에 대한 실력에 의한 정복과 지배로부터 국가가 성립하게 되었다고 본다. 가족설에 의하면 가족이 씨족으로, 씨족이 부족으로 되고, 부족이 확대되는 과정에서 국가가 성립하게 되었다는 것이다. 계급국가설에 의하면 국가는 사유재산제가 형성되고 노예제가 성립하는 과정에서 자유인과 지배계급이 노예와 피지배계급을 착취하고 억압하기 위한 수단으로 형성된 것이라고 한다.

그러나 근대적 국가이론의 기초로서는 사회계약설(social contract)이 지배적 학설로 정립되어 있다. 사회계약설은 사회의 구성원인 인민의 동의에 의한 사회계약으로 국가가 성립되었다는 이론이다. 여기서 사회계약이란 실제로 존재한 역사적 사실을 말하는 것이 아니고 국가성립에 관한 이론 구성을 말한다. 근대적 의미의 국가는 16세기 이후 종교적 진리로부터 독립된 새로운 정치질서의 기반 위에서 주권의 개념에 기초한 절대국가에서 탄생했는데, 이러한 절대국가의 정치적 이데올로기로서 형성된 것이 초기의 사회계약설이다. 홉스(Thomas Hobbes)의 국가이론과 사회계약설에 의하면 국가 이전의 자연상태는 "만인의 만인에 대한 투쟁상태"이므로 인민의 자기보전과 평화를 위하여 인민이 가지는 주권을 국가에 양도하는 복종계약을 체결하여 국가가 성립하게 되었다는 것이다. 복종계약에 의해 국가는 외적인 평화와 내적인 안전을 보장하여 대외적으로 독립되고 내부적으로 최고의 권력인 주권을 가지는 강력한 주권국가 내지 절대국가가 된다는 것이다.

그렇지만 이러한 절대국가는 국민을 효과적으로 보호할 수 있는 반면에 절대권력에 의해 국민을 쉽게 억압할 수 있기 때문에 국가권력을 제한할 필요성과 함께 개인의 자유 보장이 요구되었다. 그리하여 국가는 근대 시민혁명 이후 개인의 자유보장을 위하여 존재하는 정치적 지배의 형태가 된 것이다. 1789년의 프랑스 인권선언(제2조)에 "국가는 천부적이고 선국가적인 개인의 권리와 자유를 보장하기 위한 정치적 지배의 조직"이라고 선언하고 있는 것도 이를 말해주는 부분이다.

로크와 루소의 사회계약론

로크(J. Locke), 루소(J.J. Rousseau) 등에 의해 주창된 사회계약설은 시민혁명의 과정에서 절대군주제에 대항하여 국가의 기원을 사회구성원인 인민의 동의에서 구하면서, 국가의 목적은 개인의 자유와 재산을 수호하는 데 있다고 주장한다. 특히 로크의 사회계약론은 근대 입헌주의 사상과 미국헌법의 제정에 결정적 영향을 미쳤다. 그 주요 골자는, 국가 이전의 자연상태에서 인간은 자유와 평등의 평화로운 상태에서 자연권을 누릴 수 있었으나 사회공동체(society)가 발전함에 따라 본래의 자연상태에서 누릴 수 있었던 자연권(natural rights)으로서 생명·자유와 재산권은 불완전한 것이 되고 그들 스스로 자연권을 수호하기가 어렵게 됨에 따라 사회구성원인 인민 사이의 계약을 통해 국가를 형성하고 자연상태에서 존재하지 않았던 입법권과 집행권, 재판권을 창설하여 국가에 위임·신탁하고 국민은 국가로부터 생명·자유와 재산권을 보호받는다는 것이다. 그러나 만일 국가의 통치권자가 사회계약의 조건을 위배하여 국가권력의 남용으로 국민의 자유와 권리를 침해하는 경우에는 국민은 그 권력에 복종할 의무가 없으며 '저항권'을 행사하여 그 권력담당자를 교체·변경할 수 있다는 것이다. 로크에 의해 체계화된 저항권(right of resistance)이론은 신탁계약 내지 위임계약과 자연권이론에 근거한 것으로, 국가가 인민의 신탁 또는 위임의 정신을 망각하여 그 신탁의 범위를 넘어 불법적 지배를 행하는 경우에는 인민은 이에 저항할 수 있는 자연법적 권리를 가진다고 한다.[1]

루소의 사회계약론을 이해하기 위해서는 그가 『사회계약론』(1762) 저술에 앞서 인간의 자연상태에서의 자유를 강조하기 위해 발표한 『인간불평등기원론』(1754)의 내용을 살펴볼 필요가 있다. 루소는 인간의 자연상태를 인간 상호 간의 계속적 교류가 결여된 상태, 즉 사회적 유대로부터 단절된 상태라고 상정하면서 그러한 자연상태에서 인간의 본성은 '의사의 자유'와 '자기완성능력'이라는 두 가지 특성을 갖는다고 한다. 의사의 자유는 인간의 본성적 자유성의 기초이며, 자기완성능력은 인간의 역사적 발전의 계기가 된다고 한다. 그리고 자유의 본질적 요소는 외부의 속박으로부터의 해방이며, 외부의 속박은 타인에 대한 의존성에서 발생한다고 한다. 또한 자유의 본질은 자기의 의사에 따라 행동하는 것이라기보다는 타인의 의사에 굴복하지 않는 것에 있다고 강조한다. 이처럼 자유의 본질이 타인에 의존·종속하지 않는 데 있기 때문에, 고립된 자연상태에서 인간의 존재가 자유인 것은 자명하다고 한다. 말하자면 인간을 독립된 개인으로서 관념지으면 자유는 그 개인 속에 논리필연적으로 내포된다는 것이다. 그러나 인간이 개인적 독립성을 버리고 타인과의 교류상태 내지 사회적 유대를 갖게 되면서 인간은 타인의 속박을 받게 되고 불평등한 지위에 놓이게 되었다는 것이다.[2]

루소의 사회계약론은 로크의 이론과 마찬가지로 사회구성원 상호 간 합의에 의한 계약을 통해 국가를 창설하고 그 국가에 의해 개인의 자유를 보호받는다는 것을 내용으로 하는 점에서 국가의 정당성의 근거이론으로서의 성격을 갖지만, 루소에 의하면 국가의 최대 임무는 개인의 자유 회복에 있으며, 자유를 회복하기 위해서는 자유를 부정하는 근본 요인인 타인에의 의존·속박관계를 타파하지 않으면 안 되므로 그것을 타파하기 위한 방법으로 사회계약에 의한 '일반의사'의 지배를 강조한 점이 특징적이다.

인간이 본래의 자연 상태에서의 자유를 보호받기 위해서는 인민 상호 간 계약에 의해 건설한 국가에 자연적 자유를 모두 양도하고 그 대신 국가로부터 시민적 자유를 보호받게 되는데, 국가에 양도한 자유와 국가로부터 받는 자유는 동일하며 오히려 국가에 의해 보장받는 자유가 자연상태에서의 자유보다 더욱 확실하다는 것이다. 여기서 자유의 전면적 양도는 자유의 포기가 아니라 역사적으로 확대되어 온 불평등을 해소하기 위하여 각인의 정당한 몫을 전체 구성원의 상호 승인으로 국가로부터 실효적으로 획득하기 위한 절차로 이해한다. 국가가 행사하는 권력은 주권자인 인민의 '일반의사' 내지 '총의'(總意)에 근거한 것이며, 인민이 이에 복종하는 것은 타인에 의한 타율적 지배에 의한 것이 아니라 인민 자신에 의한 자기지배라고 한다. 그리고 통치권자가 인민의 일반의사에 반하여 행동하는 경우 인민은 언제든지 그를 파면할 수 있다는 것이다. 여기서 일반의사란 자기이익만을 추구하는 개인의 특수의사와 구별되고, 특수의사의 단순한 집합에 불과한 전체 의사와도 구별된다. 루소에 의하면 일반의사란 공통의 이익만을 추구하는 것으로 오류를 범할 수 없는 것이라고 한다.

사회계약에 의해 창설된 국가의 본질

이와 같이 국가는 사회공동체의 구성원 간 사회계약에 의해 창설된 것으로서 국가의 본질은 그 사회공동체의 존속·유지와 그 구성원의 자유·권리를 실현하기 위한 통치조직으로 파악할 수 있다. 여기서 국가는 곧 통치조직으로서의 정부(government)를 의미하며, 국가를 정부의 의미로 사용하는 경우 국가는 사회(society)와 구별되는 것이다. 국가가 통치권력이라는 공적 강제력의 조직인 것에 반하여, 사회는 공동체 구성원들의 사적 자치를 기반으로 하는 자율적 조직을 의미한다. 국가를 창설하기 이전에 인간은 자율적인 사회의 구성원인 개인으로서 존재하며 각자 자기의 삶을 스스로 영위해 왔으나, 그 사회공동체의 자율성을 유지하고 존속시키기 위해서 국가권력이라는 공적 강제력의 메커니즘을 필요로 하게 된 것이다. 이처럼 국가는 공적 강제력이라는 통치권력을 본질적 요소로 하게 되며, 국가의 본질로서 공적 강제력은 공동체의 존속과 평화를 유지하고 공동체 구성원의 공동이익과 행복추구를 실현하는 목적을 달성하기 위한 수단이다. 따라서 국가는 이러한 목적을 달성하기 위한 수단으로서만 정당화되며 자기목적인 존재가 될 수 없다. 이렇게 볼 때 국가는 어떠한 경우에도 사회공동체와 그 구성원을 국가의 수단으로 삼을 수 없고 국가에 종속되게 할 수 없다. 이 점에서 전체주의 국가는 부정되는 것이다. 국가는 공동체의 구성원인 개인을 위해 존재하는 것이지 개인이 국가를 위해 존재하는 것은 아니기 때문이다.

근대 입헌주의헌법의 탄생

헌법 개념의 역사적 전개 과정

앞에서 언급한 바와 같이 헌법은 정치적 통일체인 국가의 구성과 조직·작용 및 국가와 국민과의 관계에 관한 기본적인 사항을 규율하는 것을 내용으로 하는 국가의 기본법을 말한다. 즉 헌법은 국가공동체의 법적 기본질서로서, 국가권력의 정치적 지배를 정당화하는 동시에 국가권력을 제한하는 국가의 근본규범이다. 헌법은 또한 국가의 정치적 지배가 준수해야 하는 규칙을 정하는 최고규범을 의미한다.

헌법이란 말의 외국어 표기인 'constitution', 'Verfassung'의 사전적 의미가 구성, 조직, 구조라는 것에서 알 수 있듯이 국가의 조직과 구성에 관한 기본법을 뜻한다. 다시 말하면 국가 통치체제의 기본사항을 정한 법으로서 국가기관의 조직과 권한, 국가기관 상호 간의 관계, 국가와 국민의 관계를 정한 국가의 기본법이 곧 헌법이다. 이러한 국가적 조직의 기본법으로서의 헌법은 '고유한 의미의 헌법'으로서 시대를 막론하고 그 형식에 관계없이 모든 국가에 반드시 존재하게 된다. 헌법의 개념은 그 역사적 발전단계에 따라 고유한 의미의 헌법에서 근대 입헌주의헌법으로 변화하고, 근대 입헌주의헌법 개념은 오늘날 현대 복지국가헌법 내지 사회국가헌법의 개념으로 변질된다.

근대 시민혁명의 산물로서 입헌주의헌법

17, 18세기의 근대적 시민혁명을 거치면서 헌법 개념은 고유한 의미의 헌법으로서 국가 통치체제의 기본법에 그치는 것이 아니라, 거기에다 국가적 공동체의 기본적 가치질서 내지 국민의 기본권 보장을 포함하는 것으로 이해하게 된다. 즉 헌법개념이 역사적으로 고유한 의미의 헌법에서 근대적 입헌주의(立憲主義)헌법으로 발전하면서 헌법개념도 변화하게 된다. 따라서 근대 시민혁명의 산물인 입헌주의헌법 시대 이후의 헌법개념은 국가의 존재 형태 및 통치구조의 기본원리를 정할 뿐만 아니라 공동체의 기본적 가치질서와 국민의 기본권을 보장하는 것을 본질적 내용으로 하게 된다.

입헌주의헌법은 서구에서의 근대 시민혁명 이후 구체제의 전제군주제가 타파됨에 따라 새롭게 채택된 시민국가적 헌법을 의미한다. 입헌주의헌법은 역사적으로 1776년의 미국독립선언 직후의 버지니아주헌법을 비롯한 각 주의 성문헌법에서 그 효시를 찾을 수 있으며, 그 후 1787년의 '미합중국헌법'과 1789년 프랑스혁명의 산물인 1791년의 '프랑스헌법' 등이 가장 오래된 입헌주의헌법에 해당한다. 그리하여 19세기의 서구 민주주의국가는 보편적으로 입헌주의헌법을 채택함에 따라 성문헌법시대가 꽃을 피우게 되었다.

서구에서 최초의 시민혁명은 영국에서 그 기원을 찾을 수 있다. 1628년의 국왕에 대한 의회의 권리청원(Petition of Right), 1642년부터 시작된 영국의 내전과 청교도혁명, 1649년 국왕 찰스 1세의 처형과 왕정 폐지, 1653년 크롬웰의 공화정과 1660년의 왕정복고, 1688년의 명예혁명을 거치면서 영국의 절대왕정은 무너지게 되고 입헌주의사상의 권력분립에 입각한 의회의 국왕에 대한 권력적 통제와 함께 시민의 자유보장이 이루어지게 되었다. 영국은 불문헌법국가로서 성문헌법전이 없을 뿐이지 인권보장을 위한 권력의 제한을 내용으로 하는 의회제정법과 관습헌법 등에 의한 통치가 일찍부터 행해진 입헌주의사상의 선구자인 것이다.[3] 특히 당시 로크의 사회계약론과 자연권에 관한 정치사상은 영국의 입헌주의가 형성되고 발전할 수 있는 이론적 기초가 되었다.

입헌주의헌법의 본질로서 자유 보장과 권력분립원리의 채택

입헌주의헌법은 국민의 자유와 권리보장을 목적으로 국가권력의 행사에 의해 개인의 자유와 권리가 침해되지 않도록 권력을 통제하기 위한 제도적 장치로서 권력분립원리가 채택된 헌법을 말한다. 여기서 입헌주의(constitutionalism)란 '헌법에 의한 통치의 원리'를 의미하는 것으로, 국민의 기본권을 보장하고 권력분립제를 규정한 헌법에 의하여 국가의 통치가 이루어질 것을 요구하는 정치원리를 뜻한다. 그러므로 기본권보장과 권력통제를 위한 권력분립원리는 입헌주의헌법의 본질적 구성요소가 된다. 즉 입헌주의헌법은 국민적 합의에 의해 정립된 헌법으로서, 그것은 헌법에 의한 통치의 원리를 내용으로 한다. 따라서 입헌주의헌법 하에서의 모든 국가권력은 그 권력의 조직과 행사의 근거로서의 헌법에 구속되며, 헌법이 정한 권력행사의 범위를 벗어나 헌법이 보장하는 국민의 자유와 권리를 침해하는 권력행사는 허용되지 않는다. 이러한 입헌주의헌법은 국민주권원리를 이념적 기초로 하면서 기본권보장주의, 법치주의, 권력분립원리, 성문헌법주의와 경성헌법주의 등을 그 기본원리로 한다. 1789년 프랑스 인권선언 제16조에 "권리의 보장이 확보되지 아니하고 권력분립이 채택되지 아니한 사회는 헌법을 가진 것이라 할 수 없다"고 규정한 것도 근대 입헌주의헌법의 개념을 명확하게 정의한 것으로 간주된다.

요컨대 입헌주의헌법은 군주주권을 부정하고 국민주권을 사상적 기반으로 하면서 인간의 존엄과 가치를 실현하기 위하여 천부적 인권으로서 국민의 자유와 권리를 보장하고, 국가권력에 대한 통제장치로서 권력분립원리를 채택한 헌법을 의미한다. 따라서 근대 시민혁명 이후의 서구 민주주의국가의 헌법은 곧 입헌주의헌법과 동일한 의미로 이해된다. 이러한 입헌주의헌법은 통치체제의 기본법으로서 국가권력을 규정함과 동시에, 국민의 자유와 권리보장을 필수적 요소로 하는 점에서, 프랑스의 유명한 헌법학자 앙드레 오류(Andre Hauriou)의 표현처럼 그것은 한마디로 "권력과 자유의 조화의 기술"을 의미한다고 할 수 있다.

현대의 사회국가(복지국가)헌법

입헌주의헌법의 개념은 20세기 이후 현대의 복지국가 내지 사회국가의 이념과 원리를 바탕으로 하는 새로운 헌법개념으로 발전하게 된다. 오늘날 사회국가헌법 또는 복지국가헌법으로 일컫는 현대국가의 헌법은, 근대 입헌주의헌법의 자유주의적 원리를 계승하면서 사회공동체 구성원 모두의 인간다운 생활 보장과 복지증진을 위하여 사회정의의 이념을 실현하는 것을 헌법의 기본원리로 채택하고 있다. 따라서 사회국가원리에 의해 국민은 종전의 '국가로부터의 자유'라는 소극적 지위에서 벗어나 국가에 대하여 적극적 급부와 배려를 요구하는 것을 헌법상의 기본권으로 보장받게 된다. 사회국가헌법은 고전적인 자유권 중심의 기본권보장을 보완하고 실질화하기 위해 사회적 기본권을 채택하게 되고, 경제영역에 있어서 전통적인 자본주의적 자유시장경제질서를 기반으로 하면서 자본주의의 사회적 폐해와 모순을 극복하기 위하여 사회주의적 계획경제적 요소를 가미하게 된다.[4] 이러한 경제질서를 '사회적 시장경제질서'라고 규정할 수 있고, 달리 표현하면 '수정자본주의 경제질서'라고 할 수 있다. 1919년 바이마르헌법은 서구에서 최초로 사회적 기본권과 사회적 시장경제질서가 명문화된 것으로 그 상징적 의미가 크다.

사회국가의 원리는 입헌주의헌법의 자유주의와 법치국가적 방법으로 '사회정의'의 이념을 실현하는 것을 목표로 한다. 여기서 사회정의의 실현이란 곧 사회공동체의 '정의로운 사회질서의 형성'을 말하며, 정의로운 사회질서의 형성은 헌법의 최고이념인 인간의 존엄성 존중을 바탕으로 모든 국민이 자신의 자유를 실질적으로 행사할 수 있는 사회적 조건을 형성하는 것을 의미한다. 이러한 사회적 조건을 형성하기 위해서는 모든 국민의 복지가 균등하게 추구되며, 개인에게 적정수준의 경제적·문화적 생활을 보장하는 공정한 분배가 실현되어야 한다. 요컨대 사회정의의 실현을 이념으로 하는 사회국가의 원리란 사회적 약자의 실질적 자유와 평등의 실현을 통해 모든 국민에게 생활의 기본적 수요를 충족시켜 줌으로써 건강하고 문화적인 생활을 영위할 수 있도록 하는 것이 국가의 책임이면서 그것에 대한 요구가 국민의 권리로서 인정되는 국가원리를 말한다.[5]

또한 현대국가의 헌법은 국민주권원리를 실질화하기 위하여 직접민주제적 요소를 가미하여 대의제 민주주의를 보완하고 있으며, 권력통제와 기본권보장을 강화하기 위하여 헌법재판제도를 채택하는 것이 일반적인 경향이라고 할 수 있다.

헌법규범과 헌법현실의 일치 여부

오늘날 세계 각국의 헌법을 놓고 분류할 때 뢰벤슈타인(K.

Loewenstein)의 '존재론적 헌법분류'(ontological classification) 이론이 중요한 의미를 갖는다. 그에 의하면 헌법규범(norms of the constitution)과 권력 과정의 현실(reality of the power process)의 일치 여부를 기준으로 하여 헌법규범과 권력 과정의 현실 내지 헌법현실이 일치되어 헌법이 최고규범으로서의 실효성을 발휘하고 있는 것을 '규범적 헌법'(normative constitution)이라 하고, 일치되지 않는 헌법을 명목적 헌법과 장식적 헌법으로 분류한다. 명목적 헌법(nominal constitution)은 정치현실이 헌법규범의 이념에 따르지 못하고 헌법이 규범으로서 기능을 하지 못하는 헌법으로 서구로부터 수입한 아시아, 아프리카 후진국 헌법을 말한다. 장식적 헌법(semantic constitution)은 헌법이 하나의 장식물에 불과하며 현재 권력을 장악하고 있는 자의 지배를 정당화시키고 영구화하는 수단에 불과하게 된다. 독재국가, 공산주의국가의 헌법이 이에 해당한다.

뢰벤슈타인은 정치현실과 헌법규범의 관계를 사람의 신체와 의복에 비유하여 규범적 헌법은 신체에 잘 맞고 실제로 입고 다니는 옷과 같으며, 명목적 헌법은 옷이 신체에 맞지 않아서 그 옷을 신체에 맞을 때까지 옷장 속에 보관해 두고 있는 것과 같고, 장식적 헌법은 생활 속에서 입고 다니는 옷이 아니라 단지 가장무도회복과 같은 것이라고 하였다.[6]

이러한 뢰벤슈타인의 분류론에 따를 때 우리 대한민국 헌법은 과연 규범적 헌법의 범주에 속한다고 할 수 있는가에 관하여 생각해 볼 필요가 있다. 한국 헌정사를 볼 때 1948년 제헌헌법 이래 1987년 개정된 현행 헌법 이전까지의 시대는 군사독재와 권위주의체제로 이어지면서 명목적 헌법의 범주를 벗어나기 어려웠다고 할 수 있다. 그러나 1987년 국민적 합의에 의해 현행 헌법이 채택되고 시행되는 과정에서 우리 헌법도 규범적 헌법에 상당 부분 접근하게 되었다는 긍정적인 평가가 가능하다. 현행 헌법의 근본이념과 가치로서 국민주권과 자유민주주의는 과거 군사독재시대나 권위주의체제의 헌법에 비해 그 구현의 정도와 수준이 상당한 진전을 보게 되었다고 할 수 있다. 우리 국민은 인간의 존엄과 가치에 바탕한 개인의 불가침의 천부인권을 향유하는 것을 당연하다고 인식하고 있으며, 헌법수호기관인 헌법재판소의 도입으로 권력에 대한 통제장치가 실질적으로 기능함으로써 권력자의 독주나 권한남용은 쉽게 허용될 수 없게 되었다고 할 수 있다. 다만 현행 헌법상 대통령제의 문제점으로 지적되는 제왕적 대통령제의 폐해에 대한 우려는 여전히 불식되지 못하고 있음을 부정하기 어렵다. 국민에 의해 선출된 대통령이 국민과의 소통을 멀리하고 국민의 의사를 존중하지 않는 독선적인 통치 스타일을 보이는 등의 정치현실은, 헌법의 근본정신과 가치로서의 국민주권과 자유민주주의에 부합되는지에 대해 의문이 제기될 수 있다.

헌법의 특성

일반 법률과 구별되는 헌법의 특성

헌법은 국가공동체의 전체 질서를 규율의 대상으로 하고 있기 때문에 국가기관의 조직과 구성, 작용뿐만 아니라 국가공동체 내에서 이루어지는 국민생활의 전체적 질서를 규율하게 된다. 그렇지만 국가공동체의 모든 생활영역에 대해 헌법이 구체적이고 세세한 내용까지 빠짐없이 규정할 수 없으므로, 헌법은 공동체 생활의 많은 영역에 대하여 추상적인 원칙 규정만을 둘 수밖에 없다. 이와 같은 헌법의 추상성은 그 구조에 있어 공동체와 그 구성원의 지위 및 국가의 기본적인 사항에 관한 골격과 윤곽을 정할 뿐이므로 일반적인 법률이나 명령과 같이 세세하고 구체적으로 정하지 않는 것이 특징이다. 이러한 헌법규범의 추상성이라는 구조적 특성은 헌법을 실제로 적용하는 데 있어 '헌법의 해석'을 통해 그 의미나 내용을 보충해야 하는 필요성이 법률의 경우에 비해 훨씬 크다.

또한 헌법은 그 규율 대상인 사회공동체의 변화와 국내외적 환경의 변화에 대응해야 하기 때문에 헌법의 내용에 있어 한 번의 결정으로 공동체에 관한 모든 사항을 완결적으로 규정할 수 없는 '미완성성'을 특질로 한다. 국민의 기본권보장의 경우 헌법 제정 당시 국민의 자유와 권리를 정했다고 하더라도 사회 변화에 따라 새로운 헌법상의 권리가 등장할 수 있으므로, 이러한 부분은 개방된 상태로 두게 된다. 여기에서 헌법은 동시에 '개방성'을 특성으로 하게 된다. 예컨대 우리 헌법 제37조 제1항에서 "국민의 자유와 권리는 헌법에 열거되지 아니한 이유로 경시되지 아니한다"라고 규정하고 있는 것이라든지, 헌법 제23조 제1항에 "모든 국민의 재산권은 보장된다. 그 내용과 한계는 법률로 정한다"라고 규정하여 재산권의 내용을 직접 헌법이 정하지 않고 개방해 놓은 상태에서 구체적 내용의 형성을 전적으로 법률에 맡기는 경우 등은 헌법의 미완성성과 개방성을 보여주는 사례이다. 그러나 헌법이 개방성을 지닌다고 해서 국가의 구조나 국가기관의 권한의 배분과 행사 등에 관하여 불확정적이고 개방된 상태로 두는 것은 아니며, 국가권력의 행사에 관한 절차규정은 명확하게 그 적법성을 보장해야 하므로 이 점에서 헌법의 개방성은 한계를 가지게 된다.

헌법의 정치성과 이념성

헌법은 공동체의 정치적 합의나 타협의 산물을 의미한다. 공동체의 정치적 대립이 타협을 이루지 못하고 극단적인 투쟁으로 나가는 경우, 헌법은 그 정치적 투쟁에서 승리한 자들의 가치와 의사로 나타난다. 이 점에서 헌법은 정치적 투쟁 과정에서 승리한 자들의 '정치적 결단'의 산물을 의미한다. 독일의 헌법학자 칼 슈미트(Carl Schmitt)에 의하면 헌법이란 "정치적 통일체의 종류와 형태에 관한 헌법제정권자의 근본적 결단"으로 보고 이러한 정치적 결단 내지 정치적 의지 그 자체에 의해 헌법이 정당화된다고 하였다.[7] 이처럼 헌법은 그 생성과 개정 과정 자체가 정치성을 띠게 되므로 다른 법규범과는 달리 '정치적 법'(political law)으로서의 성격이 강하게 나타난다. 정치적 투쟁 과정에서 만들어진 헌법은 다시 정치를 규율대상으로 하게 된다. 헌법은 정치권력에 대한 접근과 정치권력의 행사 방법 등을 규율대상으로 하므로, 헌법은 언제나 정치적 갈등 영역 속에 존재하게 된다. 이처럼 헌법은 다른 규범에 비하여 상대적으로 정치성이 강하므로 헌법의 운용에서도 보다 다양한 논의의 장과 정치적 판단의 가능성이 있고 헌법을 개정하지 않고도 현실의 변화에 대응할 수 있는 힘을 가진다. 그러나 헌법이 정치성을 가진다고 하더라도 법규범으로서의 본질적 속성은 그대로 갖고 있는 것이므로 헌법의 해석에 있어 정치적 이해관계에 따라 아무렇게나 이해될 수는 없다. 특히 국가권력 작용에 관해서는 엄격하게 해석되어야 한다.

헌법은 국가형태와 정치체제에 관한 근본적 정치적 결단을 의미할 뿐만 아니라 정치공동체가 지향하는 일정한 가치체계 내지 이념을 담고 있다. 헌법은 헌법제정 당시의 정치공동체의 지배적 이념을 반영하고 있으므로 헌법에는 가치지향적이고 가치구속적인 헌법질서를 확립하는 것을 기본원리로 하게 된다. 우리 헌법은 제10조에 '인간의 존엄과 가치'를 최고의 헌법이념으로 규정하고 있으며, 인간의 존엄성을 실현하기 위한 필수적 수단으로서 기본권보장과 자유민주적 기본질서를 채택하고 있다. 인간의 존엄성 조항은 국민의 기본권보장의 이념적 전제가 되며, 국가와 개인의 관계에 관한 결정적인 방향 설정을 의미한다. 우리 헌법이 채택한 핵심적 가치질서는 인간의 존엄성을 최고이념으로 하는 자유민주적 기본질서라고 할 수 있다.

헌법은 스스로 그 효력을 보장해야 하는 규범이다

헌법은 국가의 최고규범이지만 놀랍게도 법률이나 명령 등 다른 법규범과는 달리 그 효력을 보장해 줄 수 있는 국가권력에 의한 강제수단이 없는 것이 문제이다. 헌법 이외의 다른 법들은 국가권력이라는 막강한 강제수단이 그 효력을 보장해 준다. 그러나 헌법은 국가기관을 구성하고 국가권력을 부여하는 수권규범임과 동시에 국가권력 자체를 통제하고 구속하는 권력제한규범이지만, 국가권력이 스스로 헌법을 지키지 않는 경우 이를 강제하기 어렵게 된다. 따라서 헌법은 자기 자신을 스스로 보장하지 않으면 안 된다. 이를 헌법의 '자기보장규범성'이라고 한다.

물론 헌법은 국가권력 상호 간의 견제와 균형을 위한 제도적 장치를 통해 그 실효성을 보장하려고 할 뿐만 아니라, 공권력 행사의 위헌 여부를 심사하는 헌법재판제도를 통해 헌법의 효력을 관철시키고자 한다. 그러나 이러한 장치들은 헌법의 효력을 보장하기에 충분하지 않으며 현실적 상황에 따라 제 기능을 발휘하지 못하는 경우가 적지 않게 된다. 특히 헌법재판기관은 어떤 법률이나 특정 기관의 행위가 헌법에 위반된다는 판단을 할 수 있을 뿐 그 결정을 강제집행할 수 있는 권한이나 수단을 가지고 있지 않다.

따라서 헌법의 규범력과 실효성의 확보를 위해서는 최후의 헌법수호자인 국민의 '헌법에의 의지'가 중요하다. 여기에서 국민의 헌법에의 의지는 헌법규정의 내용이 국민에 의해 승인되고 시대의 공감대적 가치에 부합되는 것이 전제되어야 한다. 즉 헌법의 규범력은 우선 헌법 내용의 실현가능성에 달려있다고 할 수 있다. 헌법의 규정들이 역사적 상황의 조건과 결부되면 될수록 그 규범적 효력이 잘 발휘될 수 있으며, 그 반대로 헌법이 시대의 역사적·정신적 상황을 제대로 반영하지 못한 경우에는 규범력을 갖지 못하게 된다.

주

1) 로크(1632~1704)가 주장한 사회계약론의 배경은 그가 생존했던 시기인 17세기 영국의 격동기 정치사에 있어 내란과 혁명이라는 혼란과 무질서의 역사적 경험이 그의 확고한 정치사상을 형성하는 데 큰 영향을 끼치게 되었다고 볼 수 있다. 국왕 찰스 1세의 처형(1649)에 의한 크롬웰의 공화정과 독재(1649~1660), 왕정복고(1660)와 명예혁명(1688) 등의 정치과정을 지켜보면서 전제적 권력의 압제로부터의 '자유'와 함께 내전의 혼란으로부터 '질서'의 중요성을 배우게 된 그는 1689년의 논문 「시민정부론」을 통해 '자유의 확보를 위한 질서의 확립'을 테마로 하면서 사회계약론을 발표한 것이다.

2) 루소(1712~1778)는 인간 사회의 역사적 발전 과정을 다섯 단계(가족의 형성, 가족 간의 교류, 전쟁상태, 국가의 형성, 전제상태)로 고찰하면서 인간 사회가 추락하게 되는 근본 요인이 재산 소유(권)의 무제약적 확대에 있다고 분석하였다. 이러한 루소의 관점에서는, 역사적으로 확대되어 온 사회적 불평등을 전제로 하여 그 불평등을 유지하고 고정화하기 위해 성립된 국가는 바로 '비참의 근원'으로 간주되었던 것이다. 그리하여 루소는 인간이 본성적으로 자유의 존재이며 자유의 본질적 요소가 타인의 구속으로부터의 해방이라는 것, 그리고 사회적 불평등의 고착화와 소유권의 무제약적 승인은 인간에게는 비참한 결과로 나타난다는 것을 논증하려고 저술한 것이 바로 『인간불평등기원론』이다.

3) 입헌주의의 모국인 영국이 불문헌법국가인 이유는 영국의 헌정사적 배경에서 찾아볼 수 있다. 1653년 크롬웰의 혁명에 의해 '통치법전'(Instrument of Government)이 발포됨으로써 불완전하나마 최초의 근대적 의미의 성문헌법이 제정되었다고 볼 수 있으나, 1660년 찰스 2세의 왕정복고에 의해 그것이 소멸되고 다시 관습헌법체제로 복귀하게 되었다. 그 후 1688년 명예혁명에 의해 권리장전이 채택됨에 따라 '법의 지배'와 함께 '의회주권'(Sovereignty of Parliament)의 원칙이 확립됨으로써 영국에서는 의회제정법인 법률에 우월한 성문헌법전의 제정의 방향으로 입헌주의가 발전하기 어렵게 된 것이다.

4) 사회국가의 원리는 사회주의국가와 엄격히 구별되는 개념이다. 사회국가는 자본주의의 구조적 모순을 극복하기 위하여 기존의 입헌민주주의와 자본주의 경제질서를 유지하면서 점진적 사회개량의 방법을 채택한 국가임에 반하여, 사회주의국가는 기존의 자본주의질서를 전면적으로 부정하는 사회혁명의 방법을 선택한 공산주의국가를 의미한다. 사회국가는 복지국가의 이념을 바탕으로 국가가 적극적으로 국민의 인간다운 생활보장과 복지향상을 위하여 사회적·경제적 영역에 개입할 수 있지만 자유시장경제질서를 원칙으로 한다. 반면에 사회주의국가는 사유재산제가 전면 부정되고 국가권력에 의한 전면적인 계획경제질서를 원칙으로 한다는 점에서 사회국가와 구별되는 것이다.

5) 한국 헌법에 있어서 최초로 '사회정의'의 개념을 명문으로 규정한 것은 1948년 건국헌법이다. 건국헌법은 경제질서의 기본원칙으로 사회적 시장경제질서를 강조하여 제84조에 "대한민국의 경제질서는 모든 국민에게 생활의 기본적 수요를 충족할 수 있게 하는 사회정의의 실현과 균형있는 국민경제의 발전을 기함을 기본으로 삼는다. 각인의 경제상의 자유는 이 한도 내에서 보장된다"라고 하여 사회정의의 실현을 "모든 국민에게 생활의 기본적 수요를 충족하게 하는 것"으로 규정했음을 볼 수 있다. 그 후 제3공화국헌법(1962년)은 경제헌법의 기본원칙조항인 제111조 제1항에 "대한민국의 경제질서는 개인의 경제상의 자유와 창의를 존중함을 기본으로 한다"라고 규정하면서 제2항에 "국가는 모든 국민에게 생활의 기본적 수요를 충족시키는 사회정의의 실현과 균형있는 국민경제의 발전을 위하여 필요한 범위 안에서 경제에 관한 규제와 조정을 한다"고 규정하였으며 이러한 규정은 1980년 헌법까지 그대로 유지되었으나, 1987년 현행 헌법에 와서 '사회정의'의 표현이 사라지고 "적정한 소득의 분배를 유지하고"라는 표현으로 바뀌게 되었다.

6) K. Loewenstein, Political Power and the Governmental Process, 2nd ed., The University of Chicago Press, 1965, pp. 147~150.

7) 칼 슈미트(1888~1985)는 독일의 저명한 헌법학자로서 그의 결단주의 헌법이론에 의하면 헌법제정권자의 근본결단의 산물인 헌법(Verfassung)을 절대적 헌법이라고 하고, 이를 근거로 효력을 발생하는 헌법규정의 집합이 '상대적 헌법으로서의 헌법률'(Verfassungsgesetz)을 구성한다고 한다. 그는 헌법제정권력의 정당성을 국민의 입헌 의지나 헌법제정행위의 혁명적 성격에서 찾으면서 그 제정권력의 한계를 인정하지 않는다. 그러나 이 이론은 헌법제정권자의 헌법제정에 대한 의지나 결단이 헌법제정권력과 헌법을 정당화시킨다는 점에서 비판을 받게 된다. 정치적 결단을 중요시한 나머지 결단의 내용을 중시하지 않기 때문에 독재정권에 의해 악용될 위험성이 있기 때문이다. 결국 슈미트는 나치스에 협력한 죄과 때문에 제2차 대전 후에는 대학에서 추방되고 고향에서 은둔생활을 하다가 1985년 그곳에서 작고하였다.

제2장

헌법의 제정과 개정의 기본문제

헌법제정권력 이야기

프랑스혁명과 시에예스의 헌법제정권력 이론

근대적 헌법학의 이론적 출발점은 "누가 어떻게 헌법을 제정할 것인가?"라는 헌법제정권력의 이론에서 시작된다. 18세기 말 프랑스의 시민혁명은 인간과 시민의 권리보장을 선언하고 신분제 사회를 타파함으로써 근대 시민사회의 기폭제가 되었다. 아울러 프랑스혁명에 의해 구 체제의 군주주권과 전제군주정이 부정되고 새로운 국민주권론에 입각한 입헌민주주의 헌법이 채택되는 과정에서 헌법제정권력이론이 현실적인 헌법문제로 등장하게 되었다. 당시 프랑스의 성직자이며 최고 지식인인 시에예스(E.J. Siéyès)는 1789년 1월 『제3신분이란 무엇인가』라는 저서를 출판하였는데, 이 책은 프랑스대혁명의 정당화를 위한 이론적 기초를 부여했으며 대혁명의 실천적 방법을 제시한 불후의 명저가 되었다. 그는 이 책에서 헌법을 제정하는 권력은 군주나 성직자·귀족 계급이 가지는 것이 아니라, 제3계급인 국민만이 주권자로서 헌법제정권력의 주체가 된다고 주장하였다. 시에예스는 성직자와 귀족은 어떠한 사회적 유용성도 갖지 못한다고 하면서, 제3신분에 의해 노동, 산업, 상업, 또는 개별적 활동과 개인에게 직접적으로 유용하거나 즐거움을 주는 서비스 등 모든 일들이 유지되고 있기 때문에 제3신분만이 완전한 사회적 유용성을 갖는다고 기술하였다. 따라서 제3신분이야말로 프랑스의 전부이며 하나의 완벽한 '국민'(Nation)을 구성한다고 하였다. 여기서 국민은 "공통의 법률하에서 살아가는 구성원 단체"이며, 귀족은 전체 국민과 유리되어 있고 일반이익이 아니라 특정 이익을 보호하기 위한 존재이므로 국민 속에 포함되지 않는다고 강조하였다. 성직자는 귀족과 달리 하나의 직업이고 사회 제도에 속하기는 하나 신분으로 보기 어려우며, 결국 제3신분만이 전체 국민이라는 것이다. 당시 이러한 시에예스의 대담한 주장은 수개월 후 프랑스혁명의 원칙으로 자리잡게 된다.[1]

여기서 국민은 특권계급을 제외한 모든 시민 전체를 포함하는 추상적 개념이므로, 주권자로서 국민의 일반의사는 그 대표에 의해 형성된다고 한다. 그리고 시에예스는 국민만이 가지는 헌법제정권력은 오직 자연법에 근거한 것으로 실정법적 근거 없이 스스로 생성하여 존재하는 시원적 권력이라고 했다. 이러한 그의 이론은 국민주권이론의 헌법적 기초를 제공하였으며, 제헌의회에 의한 헌법제정권력의 행사방법을 제시하였다는 점에서 그는 대의민주제의 사상적 선구자가 되었다.

시에예스는 『제3신분이란 무엇인가』 출판으로 몇 주 만에 프랑스 사회의 저명인사가 되었다. 1789년 5월 루이 16세에 의해 삼부회가 소집되었으나 시에예스의 제안에 따라 6월 17일 제3신분의 대표들만으로 국민의회가 구성되었다. 시에예스는 1789년 8월 프랑스 인권선언 초안 작성에도 참여하였으며 1790년 6월 국민의회 의장으로 잠시 활동했다. 그의 헌법사상은 1791년 헌법제정에 결정적으로 영향을 미치게 되었다.[2]

헌법제정권력 이론의 전개

프랑스혁명 과정에서 탄생한 헌법제정권력이론은 그 후 칼 슈미트(Carl Schmitt)에 의해 더욱 발전적으로 체계화되었다. 칼 슈미트는 헌법의 정치성을 강조하는 입장에서 헌법제정권력의 개념을 정의하고 있다. 즉 헌법제정권력이란 "고유한 정치적 실존의 종류와 형태에 관하여 구체적인 근본적 결단을 내릴 수 있는 권력이나 권위를 가진 정치적 의사"라고 본 것이다. 그리하여 헌법제정권력의 주체가 내린 근본적 정치적 결단의 산물이 헌법이라고 하였다. 그리고 헌법제정권력의 주체는 군주제 국가에서는 국왕이며 공화제 국가에서는 국민이 그 주체가 된다고 하였다.

슈미트의 이론에 의하면 헌법제정권력에 의해 헌법을 창조하고, 이렇게 창조된 헌법에 의해 헌법개정권력과 국가권력이 만들어지므로 헌법제정권력은 헌법개정권력과 국가권력(통치권)을 창설하는 힘으로 존재한다. 따라서 의회 같은 대의기관이 행사하는 입법권은 국가 내의 권력으로 그러한 대의기관은 헌법제정권력을 행사할 수 없다. 헌법제정권력은 외부의 다른 존재에서 나온 것이 아니라 스스로 생성하여 존재하는 '시원성'(始原性)과 어떤 외부의 법질서에 구속되지 않는 '자율성'을 가진다. 이 점에서 헌법제정권력은 본질적으로 시원적 헌법형성권력이고,

제도화된 헌법형성권력인 헌법개정권력과 구별된다. 헌법제정권력은 국가가 성립하기 이전에 존재하는 '초국가적 권력'인 데 비해 국가권력은 헌법에 의하여 만들어진 권력으로서 '국가내의 권력'을 의미한다.

이처럼 시민혁명의 과정에서 탄생하여 칼 슈미트에 의해 발전된 헌법제정권력이론에 의할 때 헌법제정권력은 모든 국가권력의 포괄적 기초가 되며 분할될 수 없는 권력을 의미하며, 특히 오늘날 국민주권국가에 있어서 헌법제정권력은 오로지 국민만이 보유하는 것이자 다른 어떤 존재에게 양도할 수 없는 것으로 주권과 동일한 개념으로 이해된다.

국민은 헌법제정권력을 어떻게 행사하는가?

앞에서 기술한 바와 같이 헌법제정권력의 주체에 관해서는 시민혁명 과정에서 국민만이 그 주체가 되는 것으로 확인된 이래, 오늘날 국민주권원리에 기초한 입헌주의헌법에 있어서 헌법제정권력의 주체는 당연히 국민이다. 역사적으로 볼 때 국민이 헌법제정권력의 주체가 되는 것은 국가의 주권원리가 군주주권원리에서 국민주권원리로 변경되는 과정에서의 논리필연적 귀결을 의미한다. 헌법제정권력은 국민이 독점적으로 보유하기는 하나, 현실적으로 국민이 헌법제정권력의 행사를 그 대표기관에 위임할 수 있다. 예컨대 헌법제정회의에 의한 헌법제정이 그러한 경우에 해당한다.

따라서 헌법제정권력의 행사 방법으로는 국민에 의해 선출된 제헌의회가 구성되어 여기서 헌법안을 기초하고 심의하여 제헌의회의 의결만으로 헌법제정이 확정되는 것이 일반적이다. 독일의 바이마르 헌법과 1948년 대한민국 헌법 등이 이러한 방법으로 제정되었다. 국민주권원리라는 헌법의 최고이념에 비추어 헌법제정권력의 주체가 국민이어야 하므로 국민의 대의기관에 의한 제헌권 행사의 절차는 민주주의원칙에 합치되지 않으면 안 된다. 따라서 제헌의회의 구성과 헌법제정 절차에 국민 다수의 의사가 반영되어야 할 뿐만 아니라 모든 사회적·정치적 세력들이 헌법안 심의 과정에 참여할 수 있는 절차적 정당성이 보장되어야 한다.

그리고 국민주권원리에 의거해서 헌법의 제정이 국민의 직접 투표에 의해 이루어지는 방법이 있다. 1958년 프랑스 제5공화국헌법이 이에 해당한다. 헌법제정을 위한 국민투표를 하기 위해서는 일반적으로 헌법기초회의 또는 헌법위원회 등에서 헌법안을 만들고, 이 헌법안에 대해 국민투표의 절차를 정하는 입법이 선행된다. 여기서 헌법기초회의는 국민에 의해 직접 선출될 필요는 없고 대의기관에 의해 간접적으로 구성되는 것도 가능하다. 헌법제정 국민투표는 헌법개정의 한 방법으로 채택되는 국민투표와 달리 헌법제정권력의 행사라는 점에서 그 특징이 있다.

헌법제정권력과 헌법의 정당성 문제

헌법제정권력의 주체인 국민이 그 시원적 권력을 행사하여 헌법을 제정하는 경우 헌법에 담겨지는 내용에는 어떠한 제약도 받지 아니하고 모든 것을 헌법 속에 규정할 수 있는가의 문제가 있다. 이에 관하여 시에예스는 헌법제정권력의 시원성에서, 슈미트는 헌법제정권력의 혁명적 성격이나 헌법제정권자의 입헌의지에서 헌법제정권력을 제약할 수 있는 것은 없다고 한다. 슈미트에 의하면 헌법제정권력은 정치적 의사 내지 정치적 결단이며 헌법은 이러한 정치적 의사 내지 결단을 바탕으로 하는데, 이 정치적 결단은 규범에 의존하는 것이 아니라 대립하는 힘, 즉 '사실로서의 힘'에 의한 것이므로 한계를 인정하기 어렵다고 보는 것이다.

그러나 오늘날 헌법제정권력이론에 있어서 그 한계를 인정하는 것이 통설로 받아들여지고 있다. 한계를 인정하는 근거를 보면, 자연법상의 원리를 인정하는 입장에서 헌법제정권력은 초국가적 인권과 같은 기본권 보장에 의해 제약을 받게 된다는 것이다. 헌법제정이 정당한 절차에 따라 행해지더라도 그 내용에 있어 자연법상의 인권을 침해할 수 없는 것이기 때문이다. 그리고 헌법을 국가공동체의 일정한 가치체계의 표현으로 보는 입장에서도 헌법제정권력은 공동체의 공감대적 가치질서(예컨대 자유민주주의와 시장경제질서)에 구속된다고 보는 것이다. 그와 같은 맥락에서 헌법제정권력은 헌법제정의 목적에 의한 제약을 받는다고 보는 입장이 있다. 헌법제정의 목적은 국가사회의 기초가 되는 법공동체를 조직함으로써 사회평화와 사회질서를 확립하는 데 있으므로, 헌법이 이러한 사회평화와 사회질서를 보장하는 기능을 다하기 위해서는 헌법제정 당시의 정치상황을 지배하는 정치이념, 시대사상, 생활감각 등을 반영하지 않으면 안 된다고 한다.[3]

헌법제정권력의 한계 문제는 헌법의 정당성의 문제로 귀결된다.

즉 헌법제정권력의 한계를 벗어난 결정은 헌법의 '정당성'(legitimacy)이 결여된 것을 의미하며, 시원적 권력으로서의 헌법제정권력 그 자체나 슈미트가 말하는 정치적 결단 또는 입헌 의지가 헌법을 정당화시키는 근거가 될 수 없다. 결국 헌법제정권력과 헌법의 정당성은 궁극적으로는 헌법제정권자인 국민의 합의에서 찾을 수 있는 것이지만, 구체적으로는 헌법제정권력의 행사가 인간의 존엄성 존중과 같은 초국가적 자연법원리라든지 공동체의 기본적 가치질서에 의한 제약 및 제헌 당시의 정치이념이나 시대사상 등의 이데올로기적 요소에 의한 제약을 받을 때 비로소 정당화될 수 있다.

헌법의 개정

국가공동체의 안정성과 지속성을 위한 경성헌법주의

헌법이 국민적 합의에 의해 정당하게 제정되어 국가공동체의 근본규범으로서 공동체의 기본질서를 유지하고 국민의 기본권을 보장하게 되지만 헌법의 운용 과정에서 시대적 상황의 변화에 따른 헌법개정의 필요성이 제기될 수 있다. 헌법학의 개념으로서 헌법의 개정이란 헌법에 규정된 개정 절차에 따라 헌법의 기본적 동일성을 유지하면서 헌법전 중의 개개의 조항을 의식적으로 수정·삭제하거나 새로운 조항을 추가함으로써 헌법의 형식이나 내용에 변경을 가하는 행위를 말한다. 입헌주의헌법시대 이래 각국 헌법은 성문헌법과 경성헌법주의를 보편적으로 채택하고 있으며, 경성헌법(硬性憲法)주의는 헌법의 개정을 일반

법률의 개정보다 어렵게 하는 것으로서 헌법전의 헌법개정조항을 통해 반영되고 있다. 즉 오늘날 성문헌법국가에 있어 헌법개정조항은 일반 법률의 개정방법과는 다른 특별한 절차를 두고 있는 것이 일반적이다.

입헌주의의 이념에 기초하여 헌법제정권자는 국민의 자유와 권리를 보장하기 위한 국가권력 통제의 기본적 장치로서의 헌법을 제정하면서 그 헌법규범에 의해 국가공동체의 안정성과 지속성을 유지하게 할 수 있도록 헌법개정조항을 규정하여 '헌법개정의 곤란성'을 확보하고 있다. 그러므로 헌법개정 절차를 규정한 헌법개정조항에 나타난 경성헌법주의 내지 헌법개정의 곤란성의 정도는 국가형태와 통치구조의 선택 등과 함께 헌법제정권자의 근본적 결단에 해당하는 것으로 최대한 존중되어야 한다. 현실의 헌법운용 과정에서 권력담당자는 그 권력행사의 근거가 되는 헌법규범에 만족하지 못하더라도 그 헌법개정조항에 의하지 않고서는 집권자의 의도대로 헌법을 수정하거나 변경할 수 없는 것이다.

헌법개정의 필요성

이와 같이 헌법규범은 국가공동체의 안정성과 지속성을 위해 경성헌법주의를 요청하는 것이지만 헌법은 미래의 역사발전과 시대변천을 모두 예견하고 입법화할 수 없으므로, 헌법규범과 헌법현실 사이에는 항상 간격이 있기 마련이다. 따라서 헌법의 현실적응성과 실효성을 유지하기 위해서는 헌법개정이 불가피한 현상이 되며, 헌법개정은 헌법을 살아있는 규범으로 유지시키고 헌법의 파괴를 미연에 방지할 수 있는 중요한 수단이 된다. 헌법의 운용 과정에서 헌법규범과 헌법현실의 불일치로 인한 괴리가 발생하는 경우 그 헌법에 대한 불만과 불신의 방치는 결국 폭력에 의한 헌법의 파괴로 이어질 우려가 있기 때문에, 헌법 자체에 합헌적인 방법과 절차에 의한 헌법개정을 규정함으로써 헌법의 흠결을 극복할 수 있도록 하는 것이 필요하다. 따라서 시대적 상황의 변화에 따른 헌법의 현실적응성에 관한 사회적 욕구가 강해지면 헌법개정은 불가피하다고 할 수 있다. 특히 오늘날의 세계화·정보화의 급격한 시대적 상황의 변화는 그 어느 때보다도 헌법의 탄력적 현실적응성이 요구되기 때문에, 이러한 현실적응성의 가치는 경성헌법주의의 가치만큼 중요하다.

헌법개정의 방법과 절차

헌법의 개정은 헌법의 제정과 마찬가지로 주권자인 국민의 의사에 의해 이루어진다. 헌법제정권력의 주체와 헌법개정권력의 주체는 모두 국민이다. 다만 헌법개정권력은 헌법제정권력의 행사로 제정된 헌법에 의해 만들어진 구체적 권력을 의미하므로 헌법개정권력은 헌법제정권력에 구속되는 하위의 권력 개념이다. 따라서 헌법개정권력은 헌법에 규정된 방법과 절차에 의해 행사되어야 하며, 헌법제정권자의 근본결단에 관한 사항을 변경할 수 없는 일정한 한계를 가질 수밖에 없다.

헌법개정의 방법과 절차에 관해서는 나라별로 몇 가지의 유형을 볼 수 있다. 첫째, 의회의 의결만으로 개정이 가능하나 일반 법률의 개정 절차보다 곤란한 절차에 따르게 하는 유형(독일, 오스트레일리아, 한국의 건국헌법 등), 둘째, 의회의 의결 후 국민투표에 의하여 헌법개정을 확정하는 유형(오스트리아, 일본, 프랑스 제5공화국헌법, 현행 한국헌법 등), 셋째, 미국과 같은 연방국가헌법에 특유한 것으로 일정 수에 달하는 연방구성주의 동의를 헌법개정의 요건으로 하는 유형 등이 있다.

헌법개정의 방법으로 많은 국가에서 일반적으로 채택하고 있는 제도는 의회가 헌법개정의 권한을 가지고 의회의 의결만으로 헌법개정이 확정되는 것이며, 그 개정 절차는 일반 법률의 경우보다 어렵게 하는 것이다. 즉 국민의 대표기관인 의회에서 일반 법률과는 달리 특별다수에 의해 헌법개정안이 발의되고 의결정족수도 특별다수를 요건으로 하는 것이다. 독일기본법을 비롯하여 유럽과 중남미 여러 나라의 헌법들이 이러한 방법을 채택하고 있다. 의회의 의결만으로 헌법개정이 확정되는 유형에도 세부적으로는 다시 몇 가지 유형으로 구분될 수 있는데, 의회의 1회기에서 헌법개정안이 의결되면 헌법개정이 확정되는 유형과, 동일한 의회의 2회기에 걸쳐 반복 의결하는 유형, 의회에서 헌법개정안이 의결되면 그 의회의 회기 만료 후 차기 총선거로 새로 구성된 의회가 헌법개정안을 의결하도록 하는 유형 등이 있다.

우리나라의 경우 과거 1948년 건국헌법(제98조 제3항)과 1960년 제2공화국헌법(제98조 제3항)이 국회의 의결만으로 헌법개정이 이루어지는 방법을 채택하였다. 건국헌법과 제2공화국헌법에 의하면 헌법개정안의 발의는 대통령과 국회 재적의원 3분의 1 이상의 찬성으로 하고 그 의결정족수는 국회의원 3분의 2 이상의 찬성이라는 가중다수를 요건으로 하였다.

의회가 국민의 대표기관이며 최고입법기관으로서 주권자의 위임을 받아 헌법개정권을 행사하는 것은 국민주권의 원리와 대의제 민주주의에 부합되는 것으로 정당화될 수 있음은 당연하다고 할 것이다. 그러나 여기서 한 가지 생각해야 할 것은 의회의 의결만으로 확정되는 헌법개정이 정당화되기 위해서는 다음과 같은 몇 가지 전제조건이 있다는 점이다. 그 전제조건으로는 첫째, 의회의 구성이 국민의 의사에 따라 민주적으로 이루어져야 하며, 민주적이고 공정한 선거제도가 확립되어야 한다. 둘째, 의회주의원리가 활성화되고, 의회 내에서의 자유로운 토론의 장이 확보되어야 한다. 셋째, 복수정당제가 보장되어야 하며, 여·야 간의 평화적 정권교체를 통한 정당 간의 권력적 균형이 유지되어야 한다. 넷째, 정당 내부의 민주화, 즉 당내민주주의가 확립되어 국민의 의사에 기초한 상향적 정당 의사결정이 이루어져야 하는 것 등이 요구된다.[4]

의회의 의결과 국민투표에 의한 헌법개정

헌법개정의 두 번째 방법으로 의회의 의결을 거친 헌법개정안에 대해 최종적으로 국민투표를 붙이는 제도가 있다. 국민투표의 절차는 직접민주제 요소의 도입으로서 주권자인 국민의 직접적 의사에 의해 헌법개정이 이루어지는 것을 의미한다. 프랑스, 이탈리아, 오스트리아, 일본, 한국 헌법 등이 이 유형에 속한다. 헌법개정에 있어서 국민투표제를 채택하고 있는 경우에도 그 구체적 내용은 국가에 따라 동일하지 않다. 일반적으로 의회의 의결을 거친 모든 헌법개정안에 대해 필수적으로 국민투표절차에 붙일 것을 요구하는 '강제적 국민투표제'와 선택적으로 국민투표를 붙일 수 있는 '임의적 국민투표제'의 유형이 있다.

그 밖에 일정한 조건이 충족되는 경우 국민투표를 필수적으로 거치게 하는 유형과 헌법의 일부 특정 조항에 대해서만 국민투표를 붙이는 유형 등이 있다.[5] 임의적 국민투표제의 대표적 유형에 해당하는 프랑스 제5공화국헌법의 헌법개정 절차는 헌법개정의 발의권을 수상의 제안에 따라 대통령과 의회의원이 행사할 수 있으며 헌법개정안은 의회의 양원에서 가결되어야 한다. 의회에서 의결된 헌법개정안은 국민투표를 거쳐 확정되거나, 대통령이 의회의 양원합동회의에 부의할 것을 결정하게 되면 국민투표를 붙이지 않고, 양원합동회의의 표결에서 5분의 3 이상의 찬성으로 확정된다(제89조). 즉 의회의 양원에서 각각 의결된 헌법개정안은 국민투표를 붙여 확정하는 방법과, 대통령이 국민투표를 붙이지 아니하고 의회의 양원합동회의에 부의하여 5분의 3의 찬성으로 확정하는 방법의 두 가지 경우가 있다.

프랑스 이외에 임의적 국민투표제를 채택하고 있는 국가 중에는 헌법상 특정 기관이 임의로 국민투표를 요구한 경우에만 국민투표를 붙이는 유형(스웨덴, 태국, 세네갈, 토고 등)이 있으며, 일정한 조건이 충족되는 경우에만 임의로 국민투표를 요구할 수 있는 유형(이탈리아, 중앙아프리카 등)이 있다. 이탈리아헌법은 의회가 의결한 헌법개정안에 대하여 유권자 50만 명의 요구로 국민투표를 붙일 수 있도록 하고 있으며, 다만 헌법개정안이 의회의 3분의 2 이상 특별다수로 의결된 경우에는 국민투표에 회부하지 않는 제도를 두고 있다.

헌법개정이 가장 어려운 나라는 미국

연방국가원리를 채택하고 있는 대표적 국가인 미국은 헌법개정 절차가 엄격한 경성헌법주의를 유지하고 있어서 세계에서 헌법개정이 가장 어려운 나라라고 할 수 있다. 미국헌법 제5조에 의하면 연방의회는 상원의원과 하원의원 3분의 2 이상의 찬성으로, 또는 연방을 구성하는 전체 주(States) 가운데 3분의 2 이상의 주의회가 요청할 때 연방의회가 소집하는 헌법개정회의(Convention for proposing Amendments)를 통하여 개정안을 발의할 수 있다. 발의된 헌법개정안에 대한 비준 절차는 연방을 구성하는 전체 주 4분의 3 이상의 주의회의 승인 또는 주 헌법비준회의의 승인을 요건으로 규정하고 있다. 따라서 미국의 연방을 구성하는 50개 주 중에서 38개 주 이상의 승인을 받아야 하기 때문에 헌법개정이 현실적으로 실현되기는 매우 어렵다.

이러한 엄격한 헌법개정 절차로 인하여 1789년 이래 최근까지 5,000건 이상의 헌법개정안이 연방의회에 제안되었으나, 그중 33건만이 연방 양원의원 3분의 2 찬성요건을 충족하여 헌법개정발의가 의결되었을 뿐이다. 그중에서 각 주의회 4분의 3의 찬성으로 개정안이 비준된 수정조항은 지금까지 27개 조에 불과하다. 27개 조의 수정조항 중에서 최초의 수정헌법 10개 조항은 1787년의 원헌법에 명문화하지 않았던 권리장전의 내용을 규정한 것으로, 1789년에 채택되었기 때문에 그 후의 헌법운용 과정에서 개정된 조항은 17개 조항에 불과하다. 특히 마지막 개정조항인 수정헌법 제27조는 1789년에 발의되었으나 4분의 3의 비준요건으로 인하여 1992년에 와서야 겨우 승인을 받아 발효되었다는 사실에서도 미국헌법의 개정곤란성을 쉽게 이해할 수 있다.[6]

미국연방헌법의 개정조항은 헌법개혁론자들에게 비판의 대상이 되고 있다. 헌법제도의 개혁 필요성에 관한 논의가 꾸준히 전개되어 왔으나, 헌법개정조항이 요구하는 '4분의 3' 이상의 주의회의 비준이라는 "매우 높은 수준의 합의"(so high a degree of consensus)는 가공할 만한 장벽이 되기 때문에 더 이상 개혁논의가 진전되지 못하고 좌절되거나 봉쇄된다. 때문에 헌법개정 절차 자체의 개정논의가 학계에서 제기되기도 하지만 그 개정조항의 개정 역시 실현 가능성이 희박하다고 할 수 있다.

한국 헌법의 개정 절차

우리 헌법의 헌법개정 절차는 강한 경성헌법주의를 취하고 있다. 헌법개정안에 대한 국회의 의결과 국민투표 절차를 거쳐 개헌안이 확정된다. 제헌헌법에서는 헌법개정 절차가 국회의 재적의원 3분의 2 이상의 찬성으로 확정되었으며 국민투표 절차를 두지 않았다. 1962년 헌법(제3공화국헌법)에서부터 현행 헌법과 같은 국회의 의결과 국민투표 절차를 규정하게 된 것이다.

헌법개정안의 발의는 국회의원 또는 대통령이 할 수 있다. 국회의원이 헌법개정안을 발의하는 경우에는 재적의원 과반수의 찬성이 있어야 한다(헌법 제128조 제1항). 대통령은 국무회의의 심의를 거쳐 개헌안을 제안할 수 있다. 헌법개정안은 대통령이 20일 이상의 기간 이를 공고하여야 한다(헌법 제129조). 공고는 개헌안의 내용을 국민에게 주지시키고 그에 대한 자유로운 의견교환을 통하여 개헌에 대한 국민적 합의를 형성하기 위한 필수적인 절차이다. 국회는 헌법개정안이 공고된 날로부터 60일 이내에 의결하여야 하며, 국회의 의결은 재적의원 3분의 2 이상의 찬성을 얻어야 한다(헌법 제130조 제1항). 개정안은 수정의결을 할 수 없고 원안의 가부투표에 회부된다. 국회의 표결은 기명투표로써 한다(국회법 제112조 제4항). 헌법개정안은 국회가 의결한 후 30일 이내에 국민투표에 회부한다. 대통령은 늦어도 국민투표일 18일 전까지 투표일과 헌법개정안을 동시에 공고하여야 한다. 헌법개정은 국회의원선거권자 과반수의 투표와 투표자 과반수의 찬성으로 확정된다(헌법 제130조 제3항). 대통령은 국민투표의 결과를 통보받은 때에는 즉시 공포하여야 한다.

헌법개정의 한계

헌법의 기본원리는 헌법개정의 대상이 될 수 있는가?

　헌법개정의 논의에 있어서 문제가 되는 것은 합법적인 헌법개정절차를 거치기만 하면 헌법전에 규정된 어떠한 조항도 모두 개정될 수 있는 것인가에 관한 논의이다. 종전에는 학설상 헌법개정의 한계에 관해서는 긍정설과 부정설의 대립이 있었으나, 오늘날에는 헌법개정의 한계를 인정하는 것이 통설이다. 19세기적 법실증주의의 입장에서는 자연법의 원리를 부정하므로 헌법개정의 한계를 인정하지 않는 태도를 취하였다.

　헌법개정의 한계를 인정하는 지배적인 견해에 있어서도 그 근거에 관하여는 다음과 같은 논거들이 있다. 첫째, 헌법제정권력과 헌법개정권력의 구별하는 입장에서 그 근거를 제시한다. 즉 헌법개정권력은 헌법에 의해 만들어진 제도화된 권력이기 때문에 헌법을 만든 헌법제정권력의 소재를 변경하거나 헌법제정권자의 결단인 헌법의 기본원리를 변경할 수 없는 것이다. 둘째, 자연법상의 원리에서 한계를 인정한다. 실정헌법의 상위에는 헌법제정권력까지도 구속하는 초실정법적 자연법상의 원리가 있음을 인정할 때 자연법상의 원리에 위반하는 헌법개정은 허용되지 않는다고 본다. 따라서 헌법개정권력은 헌법에 규정된 불변의 근본적 가치로서 초국가적 인권이라는 자연법상의 원리에 의한 제약을 받게 된다. 셋째, 헌법규범의 위계질서를 인정한다. 헌법전에 규정된 개개의 조항은 형식적으로는 그 효력이 동일하지만 실질적으로는 동일하지 않다는 것이다. 칼 슈미트는 헌법의 기본원리는 헌법제정권자의 근본결단으로서 헌법의 본질적 부분을 구성하며, 이는 상위의 효력을 가진 규범으로 헌법개정의 대상이 되지 않지만, 본질적 부분 이외의 개별 헌법조항인 헌법률(Verfassungsgesetz)은 하위규범으로서 헌법개정의 대상이 된다고 한다. 넷째, 통합론적 입장에서도 헌법개정의 한계를 인정한다. 독일의 통합론적 헌법관에 따르면 헌법개정은 사회적 통합을 촉진시키고 헌법의 규범적 효력을 유지하기 위하여 필요한 현상이므로, 사회공동체의 공감대적 가치질서를 탈피하려고 하는 헌법개정은 통합에 저해가 되므로 허용되지 않는다는 것이다.

위와 같이 헌법개정의 한계를 인정한다고 하더라도 그 구체적인 개정금지 사유가 무엇인지를 생각해 볼 필요가 있다. 먼저 헌법개정의 금지사유로는 초헌법적 사유, 헌법내재적 사유, 실정헌법상의 사유 등으로 나누어 볼 수 있다. 첫째, 개정금지의 초헌법적 사유로는 인간존엄의 불가침성과 같은 자연법상의 원리와 국제법상의 일반원칙 등은 헌법개정의 대상이 될 수 없다. 둘째, 헌법내재적 사유로서 헌법규정 중 헌법제정권자인 국민의 기본적 합의사항이나 헌법의 기본적 동일성을 훼손하는 개정은 법논리상 허용되지 않는다. 예컨대 국가형태로서의 민주공화국, 국민주권원리, 자유민주적 기본질서, 사회국가원리, 국제평화주의, 평화통일주의, 복수정당제보장, 사유재산제와 시장경제질서의 전면적 부정 등은 헌법의 내재적 한계로서 개정할 수 없다. 또한 헌법개정은 시기상의 제약을 받는데, 계엄선포 등 국가비상사태의 경우와 같은 공정한 개정을 기대할 수 없는 시기의 개정은 금지된다. 셋째, 실정헌법상의 사유로서 헌법 자체가 명문규정으로 특정 조항이나 사항의 개정을 금지하고 있는 경우 이러한 개정금지 조항을 개정하는 것은 헌법제정권자의 의사를 부정하는 것이 되므로 허용될 수 없다.

그리고 헌법 제128조 제2항은 "대통령의 임기 연장 또는 중임 변경을 위한 헌법개정은 그 헌법개정 제안 당시의 대통령에 대하여는 효력이 없다"라고 규정하고 있는데, 이는 실정헌법상 개정금지 조항이 아니며, 이에 관한 개정은 가능하지만 개정 제안 당시의 대통령에 대해서만 개정의 효력을 배제한다는 헌법개정효력의 적용 대상에 관한 제한 조항을 의미한다.

관습헌법도 헌법개정의 대상이 되는가?

성문헌법에 있어서 헌법의 개정문제는 형식적 헌법전상 개개의 조항을 대상으로 하는 개정을 의미하는 것이므로 성문헌법국가에서 관습헌법의 존재를 인정할 수 있더라도 그 관습헌법이 헌법개정의 대상이 되는 것은 아니라고 보아야 할 것이다. 그러나 헌법재판소는 2004년 「신행정수도의 건설을 위한 특별조치법」 사건에서 관습헌법도 헌법개정 절차를 통해서만 그 내용을 변경할 수 있다고 판시한 바 있다(헌재 2004. 10. 21. 2004헌마554). 그리하여 이 사건 법률은 헌법개정사항인 수도의 이전을 헌법개정의 절차를 밟지 아니하고 단지 단순법률의 형태로 실현시킨 것으로서 결국 헌법 제130조에 따라 헌법개정에 있어서 국민이 가지는 참정권적 기본권인 국민투표권의 행사를 배제한 것이므로 동 권리를 침해하여 헌법에 위반된다고 판단하였다. 다만 이 사건에서 재판관 전효숙의 반대의견은 "헌법의 개정은 형식적 의미의 헌법, 즉 성문헌법과 관련된 개념이므로 관습헌법의 변경은 헌법의 개정에 속하지 않으며 헌법이 마련한 대의민주주의 절차인 법률의 제정, 개정을 통하여 다루어질 수 있다"고 하여 관습헌법의 변경은 헌법개정의 대상이 아니라고 주장하였다.[7] 필자는 이 소수의견이 타당하다고 생각한다.

헌법개정조항의 개정은 가능한가?

헌법상 헌법개정의 방법과 절차를 규정하고 있는 헌법개정조항 그 자체를 개정할 수 있는가의 문제에 관하여는 견해가 나뉘고 있다. 제1설은 헌법개정권자가 그 권한의 근거가 되는 헌법개정조항 자체를 개정할 수 있다고 해석하게 되면 그것은 헌법개정권력의 근거를 부여한 상위의 권력인 헌법제정권력을 부정하는 결과가 되므로 헌법개정조항의 개정은 금지된다고 본다. 즉 헌법개정조항은 헌법제정권자의 근본적 정치적 결단에 해당하는 것이므로 이 조항은 헌법개정의 대상이 될 수 없다고 보는 것이다.

제2설은 헌법개정조항은 헌법개정권자의 자의적 개정으로부터 헌법의 가치를 수호하기 위한 규정이므로 '경성'(硬性)헌법을 '연성'(軟性)헌법으로 개정하는 것은 금지되지만, '연성'헌법을 '경성'헌법으로 변경하는 것은 헌법제정자의 헌법수호의 의지를 강화하는 것임에 따라 가능하다고 한다. 제2설이 우리나라의 통설적 견해라 할 수 있다.

제3설은 헌법개정조항을 본질적 부분과 비본질적 부분으로 구분하여 본질적 부분은 헌법제정의 방법을 통해 변경할 수 있으며, 비본질적 부분은 헌법개정의 방법으로 변경할 수 있음을 전제로 하여, 연성헌법을 경성헌법으로 변경하거나 경성헌법을 연성헌법으로 변경하는 것은 헌법의 본질적 성격의 변경에 해당하므로 헌법개정의 방법이나 절차로 변경할 수 없다는 견해이다.

생각건대 헌법개정조항은 헌법규범의 안정성과 지속성을 확보하기 위한 헌법제정자의 헌법수호의 정신을 담고 있으며, 동시에 헌법의 현실적응성을 확보하기 위한 합법적 수단을 의미하는 것이므로 최대한 존중되어야 한다. 헌법개정의 곤란성의 정도에 관한 경성헌법이냐 연성헌법이냐의 문제는 헌법제정자의 근본적 의사결정에 해당하므로 이는 헌법개정조항의 개정으로 쉽게 변경할 수 있는 문제가 아니라고 본다. 따라서 헌법개정의 방법과 절차에 관한 규정 중에서 본질적 부분은 헌법개정의 대상이 되기 어려우며, 본질적 부분을 제외한 내용에 관해서는 헌법의 탄력적 현실적응성을 위해 헌법개정의 방법을 통해 변경할 수 있다고 보는 것이 타당하다고 할 것이다.

현행 헌법의 헌법개정조항을 개정한다면?

우리나라 현행 헌법의 헌법개정 절차에 관한 조항을 개정할 필요가 있다고 한다면 그 개정 논의에 있어서는 강제적 국민투표 절차의 완화 여부의 문제와 개헌안에 관한 국민발의의 허용 여부에 관한 것이 핵심적 쟁점이 될 수 있다. 이 두 가지 논점에 관한 필자의 견해는 다음과 같다.

첫째, 현행의 강제적 국민투표 절차를 다소 완화하는 것을 검토할 필요가 있다는 것이다. 그리하여 헌법개정의 대상 중에서 중요도가 높은 핵심적 사항과 그렇지 않은 사항을 구분하여 전자의 경우에는 국민투표 절차를 거치도록 하고 후자의 경우에는 국민투표 절차를 거치지 않고 국회의 가중다수 의결만으로 확정하는 것을 생각할 수 있다. 여기서 중요도에 관한 판단기준이 문제가 되는데, 그 기준은 헌법개정 발의권자가 임의로 결정할 수 있는 것이 아니므로 헌법개정조항에 직접적으로 국민투표를 요하는 개정사항을 명문화할 필요가 있다. 중요도가 높은 헌법개정사항으로는 주권의 제약이나 영토의 변경을 가져올 국가안위에 관한 중요사항[8], 권력분립원리의 수정이나 정부형태의 변경에 관한 사항, 국민의 기본권을 제약하는 사항이나 새로운 의무를 부과하는 사항 등이 이에 해당한다고 할 수 있다. 프랑스헌법의 경우 제안된 헌법개정안에 대해 대통령의 판단으로 국민투표를 붙이지 아니하고 의회 양원합동회의에 회부할 수 있도록 하고 있는데, 이러한 임의적 국민투표의 방법도 대안이 될 수 있으나, 대통령의 자의적 판단으로 중요한 헌법개정사항을 국민투표에 붙이지 않고 의회 다수파의 지지만으로 가결시킬 수 있으므로 그 도입 여부는 신중을 기해야 할 것이다.

둘째, 헌법개정안 발의 절차에 국민발의를 인정할 것인가의 문제는 충분한 시간을 들인 공론화 과정을 거쳐 국민적 공감대를 확인하는 것이 필요하다고 본다. 헌법개정안의 발의 절차에 있어 현행 헌법은 국민발의를 인정하지 않고 있으나, 과거 1954년 제2차 개헌으로 유권자 50만 명의 찬성으로 개헌안을 발의할 수 있게 하였으며(제98조 제1항), 이 국민발의는 1972년 유신헌법에 의해 폐지되었다. 최근 제20대 국회 임기 말인 2020년에 들어와 헌법개정안의 국민발의를 내용으로 하는 개헌안이 국회 재적의원 과반수로 제출되었으나 국회 임기 만료로 자동 폐기되고 말았다.

필자는 기발표 논문을 통해 국민발안에 의한 개헌안의 제출을 도입하고, 대신에 대통령의 개헌안 제출권 폐지를 주장한 바 있으나,[9] 헌법개정 절차로서 국민발안 도입에 관한 개헌 여부는 충분한 공론화 과정을 거쳐 국민적 공감대가 형성되는 것을 전제로 해야 할 것이다. 헌법개정안의 국민발의는 헌법개정권자인 국민의 직접적인 의사에 따라 개헌안을 제출하는 것으로서 국민주권원리의 구현이라는 점에서 의미가 크다고 하겠으나, 다른 한편, 그것은 직접민주제를 확대하는 것으로 대의제의 간접민주주의를 원칙으로 하는 우리 헌법체계에 있어서 포퓰리즘의 역기능을 초래할 위험성이 있으므로 신중을 기해야 할 것이다.

주

1) 시에예스의 이론에 의하면 당시의 특권계급인 귀족과 성직자를 제외한 제3계급으로서의 모든 국민(인민)이 주권자로서 헌법제정의 주체가 된다고 주장한다. 여기서 제3계급은 부르주아계급과 일반민중을 포함하는데, 유산계급으로서 소상공인 등의 부르주아 세력이 시민혁명을 주도하게 됨에 따라 프랑스 인권선언은 재산권의 절대성을 선언하게 되었고, 그 후 1791년 헌법에서도 재산권의 불가침성을 규정하게 된다.

2) 시에예스의 헌법사상에 관한 상세는 박인수 번역, 『제3신분이란 무엇인가』(제3판), 책세상, 2013 참조.

3) 허영, 『한국헌법론』, 박영사, 2009, 45면.

4) 이렇게 볼 때 한국의 건국헌법상 헌법개정 절차는 의회주의와 민주적 정당정치가 뿌리내리지 못한 상황에서 권력자의 정치적 목적을 위한 수단으로 헌법개정이 악용되는 것을 억제하는 데에는 기능적 한계를 노정할 수밖에 없었다. 요컨대 의회의 의결에만 의존하는 헌법개정의 방법은 독일 등 서구형의 의회주의와 민주적 정당정치가 확립된 정치·문화적 조건하에서 실질적인 국민적 정당성을 부여받을 수 있는 제도이며, 그렇지 않고 의회주의와 정당정치의 후진성을 탈피하지 못하는 상황에서의 의회에 의한 헌법개정방법은 실력자의 권력욕구를 정당화시키는 도구로 전락하게 될 가능성이 높다. 이는 한국헌정사에서 건국헌법상의 개헌 절차와 제1차, 제2차 개헌의 경험 속에서 입증되었다고 할 수 있다.

5) 헌법개정 절차에 강제적 국민투표제를 채택하고 있는 국가는 한국을 비롯하여 스위스, 오스트레일리아, 필리핀, 아일랜드, 스페인, 우루과이, 덴마크, 모로코, 리베리아, 알제리, 일본 등 10여 개국에 불과하다.

6) 수정 제27조("연방의회 상원과 하원의원의 보수를 변경하는 법률은 차기 하원의원 선거가 행해진 후가 아니면 효력을 발생하지 아니한다.")는 1789년 9월 제임스 매디슨에 의해 제안되었기 때문에 통칭 '매디슨 수정안'(Madison Amendment)으로 불리는 것이다. 당초 13개 주 중 6개 주에서만 승인을 받게 되었고, 수정안 제안 후 200년 이상이 지난 1992년 비준에 필요한 마지막 주의 승인이 미시간주에 의해 이루어짐에 따라 수정 제27조는 비로소 효력이 발생하게 된 것이다.

7) 재판관 전효숙의 반대의견에 의하면, 먼저 "서울이 수도"라는 관행적 사실에서 관습헌법이라는 당위규범이 인정될 수 없다고 하고, 관습헌법이란 실질적 의미의 헌법사항이 관습으로 규율되고 있다는

것을 뜻할 뿐이며 관습헌법이라고 해서 성문헌법과 똑같은 효력이 인정된다고 볼 근거가 없다는 견해를 제시하였다.

8) 이것은 1954년 제2차 헌법개정에 의해 채택된 국민투표제에 있어서 국민투표를 거쳐야 하는 헌법개정사항에 해당된다. 1954년 헌법 제7조의2:「① 대한민국의 주권의 제약 또는 영토의 변경을 가져올 국가안위에 관한 중대사항은 국회의 가결을 거친 후에 국민투표에 부하여 민의원의원선거권자 3분지 2 이상의 투표와 유효투표 3분지 2 이상의 찬성을 얻어야 한다. ② 전항의 국민투표의 발의는 국회의 가결이 있은 후 1개월 이내에 민의원의원선거권자 50만인 이상의 찬성으로써 한다.」

9) 정만희, '헌법개정조항의 개정필요성에 관한 검토', 「공법연구」 제39집 제2호, 한국공법학회, 2010, 395면 이하.

제3장

헌법의 수호자와 헌법수호의 방법

헌법의 침해로부터 헌법을 어떻게 수호할 것인가?

　　헌법이 국가의 최고규범으로서 현실의 권력 과정을 규율하게 되고 헌법이 명하는 바에 따라 권력 과정의 제한과 통제가 이루어짐으로써 국민의 기본권이 실현될 때 헌법의 규범력과 실효성이 확보되는 것이다. 그렇지만 각국에서의 헌법의 운용 과정의 실제는 항상 헌법규범이 정상적으로 작동되는 것은 아니며, 경우에 따라서는 국가기관의 권한남용이나 권력담당자의 자의적 권력행사에 의해 헌법이 침해되기도 한다. 헌법규범의 지배를 받는 현실의 집권세력이 헌법규범에 순응하지 않고 불만을 갖게 될 때에는 헌법질서가 위협을 받게 되는 등 헌법규범과 권력 간 긴장관계가 존재하게 된다. 사회공동체 내의 개인이나 단체 등에 의해서도 헌법에 대한 적대적 행위로 인하여 헌법질서가 크게 위협을 받기도 한다. 전쟁이나 내란 등의 국가위기적 상황의 발생으로 헌법질서를 유지하기 어려운 경우도 예상할 수 있으므로 헌법을 수호하고 보장하기 위한 방안을 강구하지 않으면 안 된다.

따라서 헌법의 운용 과정에서 헌법의 침해나 파괴로부터 헌법의 규범력과 실효성을 확보하기 위하여 위헌적인 행위를 사전에 방지하거나 사후에 배제하는 제도적 장치를 필요로 하게 된다. 이와 같이 헌법 적대적 시도로부터 헌법의 기능이나 최고법규성이 상실되지 않도록 헌법을 방어하고 보호하는 제도를 헌법수호 또는 헌법보장 제도라고 한다.

헌법의 수호는 개념상 국가의 존립 자체를 수호하는 국가의 수호와 구별되지만 헌법수호의 보호대상에는 국가수호가 포함되는 광의의 개념으로 이해할 수 있다. 헌법은 국가의 존재를 전제로 하여 국가공동체의 특정한 형태와 기본질서를 확정하는 것이기 때문이다. 따라서 헌법의 수호는 헌법의 규범력과 실효성 보장뿐만 아니라 국가의 존립을 보호하는 것으로 이해할 수 있으며, 헌법수호의 핵심적 보호대상은 헌법제정권자의 정치적 결단에 해당하는 헌법의 근본적 가치질서와 기본원리를 의미하게 된다. 대한민국헌법의 경우 헌법수호의 궁극적 대상 내지 보호법익은 '자유민주적 기본질서'라 할 수 있다.

평상시의 헌법수호와 위기시의 헌법수호

헌법의 수호 내지 보장의 유형과 방법으로는 평상시의 헌법보장과 비상시의 헌법보장으로 나누어 볼 수 있으며, 그중 평상시의 헌법보장은 사전 예방적 헌법보장과 사후 교정적 헌법보장 방법이 있다. 헌법 자체에 제도화된 예방적 헌법보장의 방법으로는 헌법의 최고규범성 선언이라든지 헌법준수의무의 선서, 권력분립제의 채택, 헌법개정의 곤란성(경성헌법주의), 공무원의 정치적 중립성보장, 방어적 민주주의에 의한 정당해산제도의 채택 등을 들 수 있다. 헌법이 현실적으로 침해된 경우에 그 침해행위를 배제하거나 그 효력을 부인함으로써 헌법의 최고법규성과 규범력을 확보하는 사후 교정적 방법으로는 위헌법률심사제를 비롯한 헌법소원제도, 고위공직자에 대한 탄핵제도, 위헌정당의 강제해산제 등의 헌법재판제도가 있으며, 공무원책임제, 각료의 해임건의제 등도 헌법보장의 수단으로 기능한다.

한편, 국가가 비상사태에 처한 경우에 평상시의 통상적 헌법수호제도로는 헌법의 수호가 불가능한 때에 이용되는 특수한 헌법수호제도로서 국가긴급권의 행사가 있으며, 최후의 헌법수호자로서 국민의 저항권행사를 생각할 수 있다.

헌법의 수호자 논쟁

헌법의 수호자 논쟁은 헌법의 규범력이 정치적·사회적 상황에 의해 위협받는 경우에 누가 헌법의 규범력 수호에 최종적 책임을 지는가에 관한 논쟁을 말한다. 근대적인 헌법수호자 논쟁은 1791년 프랑스헌법의 제정 과정에서부터 시작되었지만, 1930년대 독일의 칼 슈미트(C. Schmitt)와 오스트리아의 한스 켈젠(Hans Kelsen) 간의 논쟁이 유명하다. 슈미트는 헌법의 수호자 역할은 국민에 의해 선출된 중립적 권력으로서 대통령에게 담당시켜야 한다고 주장하였는데, 바이마르헌법 시대 의회의 무능과 무책임에 따른 의회불신론의 입장에서 의회는 정당의 각축장인 무대에 불과하다고 보고, 사법부도 헌법수호에 소극적이며 각 정당의 자의적인 해석의 대변인에 불과하다고 하였다.[1] 이에 대하여 켈젠은 슈미트의 주장이 대통령과 행정부에 의한 헌법파괴의 가능성을 간과한 것이라고 지적하면서 대통령, 의회, 헌법재판소 등 모든 헌법기관이 헌법의 수호자의 의무를 지게 되지만, 대통령이나 의회는 헌법을 침해할 법적 기회와 정치적 충동을 가지게 되므로 헌법재판소가 특히 헌법보장기능을 담당해야 한다고 주장하였다.

최후의 헌법 수호자는 국민

켈젠의 견해처럼 헌법의 제1차적 수호자는 모든 국가기관이 되어야 한다. 대통령과 의회, 사법부는 헌법상 수권된 권한을 행사하는 데 있어 헌법을 준수하고 수호해야 할 책임을 진다. 또한 하나의 국가기관은 다른 국가기관의 권력을 통제하면서 헌법을 수호하게 된다. 다만 우리 헌법은 국가원수로서 대통령에 대하여 "국가의 독립, 영토의 보존, 국가의 계속성과 헌법을 수호할 책무를 진다"는 것을 명문화하고 있다(제65조 제1항). 대통령제의 정부형태에 있어서는 대통령이 국가원수이며 행정부의 수반으로서 국정운영의 중심에서 국정의 조정자 기능을 수행하기 때문에 헌법의 수호자로서의 책무가 상대적으로 더 크다고 할 수 있다. 그렇지만 우리 헌법은 헌법재판소제도를 채택하여 헌법을 침해하는 모든 국가기관의 행위를 무효화 할 수 있는 권한을 헌법재판소가 가지므로, 헌법재판소가 최종적인 헌법수호자로서의 역할을 하게 된다.

그러나 국가기관에 의한 헌법수호가 불가능해지는 비상적 상태에서는 주권자인 국민이 최후의 헌법 수호자로서 그 역할을 수행하게 된다. 결국 헌법의 수호는 헌법보장제도와 함께 최종적으로는 국민이 헌법을 존중하고 수호하려는 '헌법에의 의지'가 있을 때 비로소 그 실효성을 거둘 수 있는 것이다. 최후의 헌법 수호자로서 국민이 할 수 있는 역할은 저항권의 행사인 것이다.

국가긴급권에 의한 헌법수호

국가비상시의 헌법수호제도로서 고안된 것이 국가긴급권에 관한 것이다. 국가긴급권(emergency power, Staatsnotrecht)이란 전쟁, 내란, 경제공황 등과 같이 국가의 존립이나 헌법질서를 위태롭게 하는 비상사태가 발생하여 정부가 평상시의 입헌주의적 통치기구로서는 대처할 수 없는 경우에 국가의 존립과 헌법질서를 보전하기 위하여 필요한 조치를 취할 수 있는 비상적·예외적 권한을 의미한다. 즉 평상시의 법치국가적 기구는 국가적 위기에 처할 경우 이에 적절하게 대응할 수 있는 기능을 가지지 못하므로 비상적 사태 하에서의 국가적 위기를 극복하기 위해서는 비상적 조치가 강구되지 않으면 안 된다는 것이 국가긴급권이론이다.

국가긴급권에 관한 각국의 제도를 보면, 영국에서는 전통적으로 국가적 위기를 극복하기 위한 긴급권이 국왕의 당연한 권한으로 인정되어 왔으며, 양차 대전을 전후하여 긴급권법, 국방법, 병역법 등의 의회 제정법을 통해 긴급권을 규정하였다. 미국의 경우는 입법에 의해서가 아니라 정치적 관행에 의해 긴급권을 인정하고 있는 것이 특징이다. 양차 대전과 경제공황 등을 거치면서 국가적 위기 극복의 권한이 대통령에게 집중적으로 위임되었다. 독일은 바이마르헌법에서 긴급권을 성문화하였고, 전후 독일기본법은 1968년 헌법개정을 통해 긴급권을 규정하게 되었다. 프랑스 제5공화국헌법은 대통령의 비상적 권한 행사, 계엄선포권 등의 국가긴급권을 규정하고 있다. 우리 헌법은 건국헌법이래 국가긴급권을 인정해 왔으며, 현행 헌법상 국가긴급권으로는 대통령의 긴급명령권과 긴급재정·경제처분 및 명령권(제76조)과 계엄선포권(제77조)을 규정하고 있다.

국가긴급권의 이론적 근거

민주국가의 헌법에서 합헌적 국가긴급권을 제도화하는 이론적 근거로는 다음과 같은 몇 가지를 들 수 있다. 첫째, 평상시의 법치주의 통치기구는 국가적 위기에 적절히 대응할 수 있는 기능을 가지고 있지 못하다는 것이다. 둘째, 따라서 예외적 비상수단이 요구되는 상황을 예측하여 미리 헌법체계 속에 합법적 제도로서 예정해 두는 것이 헌법을 유린하거나 파괴함이 없이 평상시 통치체제를 비상시 체제로 전환할 수 있기 때문에 합목적적이라는 것이다. 셋째, 예외적 비상수단을 헌법에 실정화함으로써 '합헌적 독재'(constitutional dictatorship)의 권력행사를 인정해 주는 대신, 입헌주의를 수호하기 위하여 그 발동요건, 기간, 방식 등을 규정함으로써 무제약적 긴급권의 남용을 방지할 수 있다는 것이다. 이러한 합헌적 독재의 이론은 1960년대 로시터(C. Rossiter)에 의해 체계화되어 각국 헌법에서 국가긴급권의 제도화에 영향을 미치게 되었다.[2]

한편, 국가긴급권이 헌법에 명문규정으로 제도화되어 있지 않은 경우에 국가위기의 긴급상황 시 초헌법적 긴급권을 행사할 수 있는가의 문제가 있다. 이에 대해서는 헌법적 근거가 없는 긴급권의 행사 자체가 헌법을 파괴하거나 침해하는 것이 되므로 어떠한 긴급상황에 의해서도 정당화될 수 없다는 부정론의 입장과 국가의 존립이나 헌법질서를 유지하기 위해서는 헌법에 위반되는 비상수단이더라도 정당화될 수 있다는 긍정론이 대립하고 있다. 생각건대 입헌주의와 법치주의를 일관되게 고집하게 되면 초헌법적 긴급권은 허용되기 어려운 것이지만, 헌법질서 전반이 위기에 처해 있는 극한상황이 객관적으로 명확하게 인정되는 경우의 초헌법적 긴급권은 법리에 의해서가 아니라 합목적인 관점에서 정당화될 수 있다고 할 것이다.[3]

초헌법적 국가긴급권과 관련하여 헌법재판소는 1971년 12월 제정된 「국가보위에 관한 특별조치법」(1981. 12. 폐지)에 대하여 헌법을 부정하고 파괴하는 반입헌주의, 반법치주의의 위헌법률이라고 판시한 바 있다(헌재 1994. 6. 30. 92헌가18).

국가긴급권의 한계

국가긴급권은 긴급한 상황에서 헌법수호의 수단이지만 동시에 그것은 입헌주의 자체를 파괴할 위험이 있는 것이므로 그 행사에 있어서는 일정한 내재적 한계가 인정될 수밖에 없다. 첫째, 목적상의 한계로서 긴급권은 국가의 존립, 입헌주의 체제의 유지, 국민의 기본권을 수호하기 위한 것이어야 하며, 둘째, 시간상의 한계로서 비상사태에 대처하기 위한 일시적·임시적인 것이어야 한다. 셋째, 상황상의 한계로서 통상의 헌법 절차로는 극복할 수 없는 비상사태가 발생하고 긴급권의 발동이 절대로 필요한 경우임이 객관적으로 납득되어야 한다. 넷째, 내용적 한계로서 긴급권은 최소한의 기본권침해를 내용으로 하는 것이어야 하고 부득이 기본권을 제한하는 경우에도 과잉금지의 원칙이 적용되어야 한다.

과거 우리 헌정사를 보면 유신헌법시대에는 헌법수호가 아닌 정권 유지 차원에서 국가긴급권을 남용한 사례들이 있었으며 권위주의 정부를 비판하는 반정부인사들을 탄압하는 수단으로 긴급권을 행사함으로써 국민의 기본권이 광범위하게 침해되기도 하였다. 그 후 1987년 민주개헌 이래 정권 유지 수단으로서의 긴급권 행사는 현실적으로 불가능해졌다고 할 수 있다.

1993년 8월 김영삼 정부는 전격적으로 금융실명제 실시를 단행하였는데, 이는 헌법 제76조 제1항의 긴급재정·경제명령의 발포로 이루어진 것이다. 당시 긴급재정·경제명령의 적법요건에 대한 논란이 있었고 기본권침해를 이유로 헌법소원이 청구되기도 하였다. 헌법재판소는 긴급명령의 발포와 관련하여 "긴급한 조치가 필요함에도 국회의 집회를 기다릴 여유가 없을 때"라는 요건을 충족하였다고 판단하였다. 그리고 긴급재정명령이 통치행위에 해당한다고 하더라도 헌법소원심판의 대상이 된다고 하였다. 즉 "대통령의 긴급재정·경제명령은 국가긴급권의 일종으로서 고도의 정치적 결단에 의하여 발동되는 행위이고 그 결단을 존중하여야 할 필요성이 있는 행위라는 의미에서 이른바 통치행위에 속한다고 할 수 있으나, 통치행위를 포함하여 모든 국가작용은 국민의 기본권적 가치를 실현하기 위한 수단이라는 한계를 반드시 지켜야 하는 것이고, 헌법재판소는 헌법의 수호와 국민의 기본권보장을 사명으로 하는 국가기관이므로 비록 고도의 정치적 결단에 의하여 행해지는 국가작용이라고 할지라도 그것이 국민의 기본권침해와 직접 관련되는 경우에는 당연히 헌법재판소의 심판 대상이 될 수 있을 뿐만 아니라, 긴급재정·경제명령은 법률의 효력을 갖는 것이므로 마땅히 헌법에 기속되어야 할 것이다"라고 판시하였다(헌재 1996. 2. 29. 93헌마186).

헌법재판소는 국가긴급권의 한계에 관하여 "국가긴급권은 국가의 존립이나 헌법질서를 위태롭게 하는 비상사태가 발생한 경우에 국가를 보전하고 헌법질서를 유지하기 위한 헌법보장의 한 수단이지만, 평상시의 헌법질서에 따른 권력 행사 방법만으로는 대처할 수 없는 중대한 위기상황에 대비하여 헌법이 중대한 예외로서 인정한 비상수단이므로, 헌법이 정한 국가긴급권의 발동요건·사후통제 및 국가긴급권에 내재하는 본질적 한계는 엄격히 준수되어야 한다"고 판시하였다(헌재 2015. 3. 26. 2014헌가5).

국가긴급권의 남용을 방지하기 위하여 일정한 제도적 장치가 요구된다. 즉 긴급권의 목적, 조건, 절차 등을 실정화하고, 의회의 사전 승인을 얻게 하거나 사후에 의회나 법원에 의하여 심사하게 함으로써 통제할 수 있다.

방어적 민주주의에 의한 헌법수호

방어적 민주주의 이론은 국가권력에 의한 헌법침해의 경우가 아닌 개인이나 단체에 의한 상향적 헌법침해에 대하여 헌법을 수호하기 위한 헌법내재적 수단 내지 제도적 장치의 이론적 근거로서 형성된 개념이다. 즉 방어적 민주주의(streitbare Demokratie)란 민주주의의 이름으로 민주주의 자체를 파괴하거나 자유의 이름으로 자유의 체계를 말살하려는 헌법질서의 적을 효과적으로 방어하고 그 민주주의의 적에 투쟁하기 위한 자기방어적 민주주의를 말한다.

방어적 민주주의이론은 1930년대 독일 나치스의 집권과 바이마르공화국의 붕괴를 경험하면서 기존의 형식적 민주주의 및 가치상대주의적 관용에 대한 반성에서 주장되었으며, 제2차 대전 후 독일 기본법은 방어적 민주주의 이론에 근거하여 기본권상실제도와 위헌정당해산제도를 도입하게 되었다.

방어적 민주주의는 민주주의 또는 자유를 일정한 가치질서와 결부시키는 특별한 가치관의 입장에서 수용할 수 있는 이론으로, 이는 민주주의와 자유를 어떠한 내용의 가치질서로 채워도 무방한 것으로 인식하는 가치상대주의적 입장에서는 수용할 수 없는 이론이다. 따라서 방어적 민주주의는 가치구속적 내지 가치지향적 민주주의의 성격을 지니게 된다.

방어적 민주주의는 민주주의에 내포된 일정한 가치질서로서 국민주권원리와 자유민주주의를 스스로 방어하기 위한 투쟁적 보호수단을 헌법 자체에 마련해 놓고 있다는 점에서 '투쟁적 민주주의'라고도 불리고 있다.

독일에서의 방어적 민주주의의 구체화

독일에서의 방어적 민주주의는 헌법상 기본권상실제도와 위헌정당해산제도로 구체화되고 있다. 기본권상실제도란 특정인이나 특정

조직이 헌법적 질서를 파괴하기 위한 그릇된 목적으로 기본권을 악용하는 경우에 헌법재판 절차에 따라 헌법상 보장된 기본권을 그들에 한하여 상실시킴으로써 헌법질서의 적으로부터 헌법을 수호하는 제도를 말한다. 독일 기본법 제18조는 기본권상실제도에 관하여 "표현의 자유, 특히 출판의 자유, 교수의 자유, 집회의 자유, 결사의 자유, 신서·우편·전신·전화의 비밀, 재산권 또는 망명자비호권을 자유민주적 기본질서를 공격하기 위하여 남용하는 자는 이러한 기본권을 상실한다. 상실과 그 정도는 연방헌법재판소에 의하여 선고된다"라고 규정하고 있다.

위헌정당해산제도는 헌법상의 자유민주적 기본질서를 폐제 또는 침해할 목적으로 결성하거나 활동하는 헌법적대적 정당을 일정한 헌법소송 절차를 통해 강제해산시키는 제도를 말한다. 이 제도는 정당의 형태로 조직된 헌법의 적을 사전예방적·사후진압적 차원에서 제거하기 위한 방어적 민주주의의 핵심적 수단을 의미한다. 독일 기본법 제21조 제2항은 위헌정당해산제도를 명문화하여 "정당의 목적이나 당원의 활동으로 자유민주적 기본질서를 침해 또는 폐제하려 하거나 독일연방공화국의 존립을 위태롭게 하는 정당은 위헌이다. 그 위헌 여부는 연방헌법재판소가 판단한다"라고 규정하고 있다.[4]

한국 헌법과 방어적 민주주의

우리 헌법은 방어적 민주주의의 정신에 입각하여 헌법수호를 위한 구체적 제도로서 위헌정당해산제도를 채택하고 있으며, 독일 기본법상의 기본권상실제도는 채택하고 있지 아니하다. 우리 헌법은 독일 기본법의 정당조항의 영향을 받아 제8조에 정당에 관한 일반조항을 두면서 동조 제4항에 정당해산조항을 명문화하여 "정당의 목적이나 활동이 민주적 기본질서에 위배될 때에는 정부는 헌법재판소에 그 해산을 제소할 수 있고, 정당은 헌법재판소의 심판에 의하여 해산된다"고 규정하고 있다.

헌법재판소는 2014년 12월 19일 헌정사상 최초의 위헌정당해산심판사건인 통합진보당 해산청구사건에서 피청구인 통합진보당을 해산하고 그 소속 국회의원의 의원직을 상실한다는 결정을 선고하였다. 이 사건에서 헌법재판소는 "피청구인이 북한식 사회주의를 실현한다는 숨은 목적을 가지고 내란을 논의하는 회합을 개최하는 등 활동을 한 것은 헌법상 민주적 기본질서에 위배되고 이러한 피청구인의 실질적 해악을 끼치는 구체적 위험성을 제거하기 위해서는 정당해산 외에 다른 방법이 없으며, 피청구인에 대한 해산결정은 비례의 원칙에도 어긋나지 않고 위헌정당의 해산을 명하는 비상상황에서는 국회의원의 국민대표성은 희생될 수밖에 없으므로 피청구인 소속 국회의원의 의원직 상실은 위헌정당해산 제도의 본질로부터 인정되는 기본적 효력"이라고 판시하였다(헌재 2014. 12. 19. 2013헌다1).

그리고 방어적 민주주의와 관련하여 헌법 제37조 제2항의 일반적 법률유보조항을 생각해 볼 필요가 있다. 동조항은 "국민의 모든 자유와 권리는 국가안전보장·질서유지 또는 공공복리를 위하여 법률로써 제한할 수 있으며"라고 하여 기본권제한의 사유로서 국가안전보장과 질서유지 또는 공공복리를 규정하고 있는데, 여기의 질서유지에는 헌법의 기본질서로서 자유민주적 기본질서를 포함하는 것으로 해석할 수 있기 때문에 이 조항은 기본권의 주체가 되는 개인 또는 단체가 민주주의를 부정하는 경우에 그 기본권제한을 정당화하는 근거가 될 수 있다. 그렇게 본다면 헌법 제37조 제2항은 방어적 민주주의이론과 일정한 관련성을 갖는다고 할 수 있다.

헌법재판소도 구 국가보안법 제7조 제1항 및 제5항과 개정 국가보안법 제6조 제1항, 제7조 등에 대한 위헌심판에서 방어적 민주주의를 전제로 하여 한정합헌결정을 내린 바 있다. 즉 국가보안법상의 반국가단체에 대한 찬양·고무·동조 등의 행위를 처벌하는 것은 "국가의 존립·안전을 위태롭게 하거나 자유민주적 기본질서에 위해를 줄 경우에 적용된다고 할 것이므로 이러한 해석하에 헌법에 위반되지 아니한다"고 판시하였다(헌재 1990. 4. 2. 89헌가113; 헌재 1997. 1. 16. 92헌바6등).

방어적 민주주의의 한계

방어적 민주주의 이론은 헌법의 수호를 위한 목적에서 정당화되는 것이지만 이를 지나치게 확대하여 적용하는 경우에는 오히려 민주주의의 본질 자체를 부정하거나 정당의 자유와 정당국가적 원리를 침해하게 되는 위험이 있을 수 있다. 따라서 위헌정당해산제도는 신중을 기하여 현실적으로 불가피한 최소한의 경우에만 적용되어야 하며, 야당을 탄압하는 수단으로 정당강제해산제도가 악용되어서는 안 된다.

따라서 방어적 민주주의는 헌법수호를 위한 소극적이고 방어적 수단이 되어야 하며, 적극적이고 공격적인 것이어서는 안 된다. 방어적 민주주의를 위한 국가적 개입과 기본권제한도 과잉금지의 원칙에 따라 필요최소한에 한정되어야 함은 물론이다.

국민의 최후 헌법수호수단으로서의 저항권

저항권(right of resistance, Widerstandsrecht)이란 국가권력에 의한 헌법침해에 대하여 주권자인 국민에게 허용된 최후의 초헌법적인 헌법수호의 수단을 말한다. 저항권은 다른 법적 구제수단이 없는 경우에 한하여 최후의 비상수단으로 발동된다는 점에서 보충성과 최후수단성을 특징으로 한다. 즉 저항권은 국가권력에 의해 헌법과 국가가 부정되고 파괴되는 경우에 국민이 국가를 대신하여 헌법과 국가를 불법상태에서 구조하는 '헌법긴급구조'로서의 성질을 가진다.

저항권의 행사는 시민불복종(civil disobedience)과 구별된다. 시민불복종은 통상 국가의 법률이나 정책결정에 변경을 가져올 것을 의도하면서 국가권력에 저항하는 점에서 저항권과 유사하지만, 권력의 정당성은 인정하면서 그 행사의 불법성 또는 부당성을 알리기 위한 것이라는 점에서 저항의 상대방을 제거하는 것을 목적으로 하는 저항권과 구별된다. 또한 시민불복종은 폭력적 방법이 허용되지 않는다는 점에서 그 수단에 한계가 없는 저항권과 다르며, 시민불복종은 처벌을 받는 것을 감수함으로써 국가권력 행사의 불법성과 부당성을 바로잡고자 하는 정치적 행위로서 위법성이 조각되지 않는다는 점에서 저항권과 구별된다.

프랑스와 독일 헌법에 의한 저항권의 명문화

근대적 의미의 저항권사상은 로크의 자연권사상과 사회계약이론(신탁 내지 위임계약)에 기초하고 있다. 이러한 사상에 근거하여 1776년 미국독립선언과 버지니아 권리 선언 및 각 주의 권리장전에 저항권에 관한 규정을 두었다. 프랑스는 1789년 인권선언 제2조에 국민의 저항권을 명문화하였으며, 1793년 헌법에서는 "정부가 국민의 권리를 침해할 때 저항하는 것은 국민의 신성한 권리이며 의무이다"라고 규정하였다. 독일 기본법은 1968년 제17차 헌법개정을 통해 저항권을 명문화하게 되었다. 기본법 제20조 제4항은 "모든 독일인은 자유민주적 기본질서를 제거하려고 시도하는 모든 자에 대하여 다른 구제수단이 없는 경우에는 저항할 권리를 갖는다"고 규정하고 있다.[5]

국민의 자연권으로서 저항권

저항권은 헌법보장을 위한 수단임과 동시에 기본권의 일종으로 보아야 한다. 기본권으로 보는 경우에도 자연권으로 보는 입장과 실정권으로 보는 입장으로 갈리고 있다. 자연권설에 의하면 저항권은 기본적으로 인간의 자기 수호 본성에 근거하고 있으며, 헌법에 저항권을 규정하고 있더라도 그것은 자연권을 확인한 것에 불과하다고 한다. 자연권설이 통설이다. 실정권설은 저항권은 시민혁명의 과정에서 생겨난 이데올로기적 이념에 가까우며 이미 국민주권이 확립되고 국가의 권력통제를 위한 각종 장치들이 마련된 이상 성문헌법에서 명문으로 저항권을 규정하고 있지 않는 한 저항권은 인정할 수 없다고 한다. 초실정법적 저항권을 부인하는 논리는 저항권행사의 정당성 여부에 대한 권위적인 심판기관이 없는 이상 저항권을 인정한다는 것은 결국 무질서를 초래하는 결과밖에 안 된다는 생각이 저변에 깔려있다고 할 수 있다.

생각건대 근대적 입헌주의헌법의 국민주권과 인간의 존엄성존중의 이념 및 기본권보장의 원리에 비추어 볼 때 저항권은 헌법에 명문 규정을 두고 있지 않더라도 국민의 자연권으로서 인정되는 것이라고 할 수 있다. 저항권은 보충성과 최후수단성을 특징으로 하는 것으로 이 점에서 저항권행사에 대한 권위적인 심판기관을 상정할 수 없는 것이다. 따라서 저항권은 그 본질상 초실정법적으로 인정될 수밖에 없다는 통설적 견해가 타당하다고 할 것이다.[6]

저항권은 현재의 권력적 지배에 대한 실력에 의한 저항이므로 질서착란의 위험이 수반된다. 따라서 저항권의 행사 요건으로는 첫째, 헌법상의 기본질서(자유민주주의)와 기본권보장체계에 대한 중대한 침해가 행하여짐으로써 헌법질서 자체가 전면적으로 부인되는 경우라야 한다. 둘째, 공권력행사의 불법성이 객관적으로 명백한 경우라야 하며, 셋째, 헌법이나 법률에 규정된 일체의 헌법수호 수단이 이미 유효한 수단이 될 수 없어서 저항권만이 보충적으로 행사되어야 하고 그것이 최후의 수단으로 허용되어야 하는 경우라야 한다.[7]

그리고 저항권은 헌법침해의 상태를 제거하고 기존 헌법질서를 회복하는 소극적 목적에 국한되는 것이므로 새로운 헌법질서나 국가질서를 수립하기 위한 적극적 목적을 달성하는 수단으로 저항권을 행사하는 것은 인정되지 않는다.

한국 헌법과 저항권

현행 헌법에는 저항권에 관한 명문 규정이 없다. 다만 1987년 개헌 과정에서 헌법 전문에 "불의에 항거한 4·19민주이념을 계승하고"라는 문구를 추가함으로써 저항권에 관한 완곡한 표현을 넣게 되었다고 할 수 있다. 그러나 저항권은 자연법상의 권리로 이해되고 있으며, 헌법 제37조 제1항의 헌법에 열거되지 아니한 기본권 존중조항에 비추어 우리 헌법의 해석상 저항권을 국민의 기본권으로 인정할 수 있다고 본다.

판례의 태도를 보면 대법원은 저항권을 인정하지 않고 있으며, 헌법재판소는 현행 헌법상 저항권이 인정된다고 판시하지는 않았으나 저항권의 개념을 인정한 바 있다. 대법원은 "현대 입헌 자유민주주의 국가의 헌법이론상 자연법에서 우러나온 자연권으로서의 소위 저항권이 헌법 기타 실정법에 규정되어 있든 없든 간에 엄존하는 권리로 인정되어야 한다는 논지가 시인된다 하더라도 그 저항권이 실정법에 근거를 두지 못하고 오직 자연법에만 근거하고 있는 한 법관은 이를 재판규범으로 원용할 수 없다고 할 것인바, 헌법 및 법률에 저항권에 관하여 아무런 규정이 없는 우리나라의 현 단계에서는 저항권이론을 재판의 근거규범으로 채용, 적용할 수 없다"고 판시한 바 있다(대판 1980. 5. 20. 80도 306).[8] 헌법재판소는 저항권에 관하여 "국가권력에 의하여 헌법의 기본원리에 대한 중대한 침해가 행하여지고 그 침해가 헌법의 존재 자체를 부인하는 것으로서 다른 합헌적인 구제수단으로는 목적을 달성할 수 없을 때에 국민이 자기의 권리·자유를 지키기 위하여 실력으로 저항하는 권리"라고 정의하고, 국회법 소정의 협의 없는 개의시간의 변경과 회의일시를 통지하지 아니한 입법 과정의 하자는 저항권 행사의 대상이 되지 아니한다고 판시하였다(헌재 1997. 9. 25. 97헌가4).

주

1) 칼 슈미트 『헌법의 수호자』(Der Hüter der Verfassung, 1931)의 국내 번역으로는 김효전 옮김, 『헌법의 수호자』 법문사, 2000. 참조.

2) C. Rossiter, Constitutional Dictatorship:Crisis Government in the Modern Democracies, 1963.

3) 이러한 입장으로는 권영성, 『헌법학원론』 법문사, 2010, 71면.

4) 헌법상 위헌정당해산제도에 의하여 독일(구 서독)은 1950년대 두 차례에 걸쳐 정당의 강제해산이 행해진 바 있다. 독일연방헌법재판소는 1952년의 사회주의국가당(SRP)과 1956년의 독일 공산당(KPD)에 대하여 그 정당의 목적이나 활동이 기본법 제21조 제2항의 자유민주적 기본질서를 침해하는 위헌정당으로 규정하여 강제해산을 선고하고 그 소속 의원의 의원직을 박탈하였다. BVerfGE 2, 1: BVerfGE 5, 85.

5) 독일 연방헌법재판소 판례: BVerfGE 5, 85. "명백한 불법정부에 대한 저항권은 현대적 법률관에 의할 때 당연한 것으로 인정된다. 불법정부에 대해서는 통상의 법적 수단이 무용지물임을 경험으로 알고 있기 때문이다. … 저항권은 법질서의 유지 또는 회복을 위한 헌법수호수단이라는 보수적인 의미로만 인정될 수 있다. 그리고 저항권을 가지고 대항할 수 있는 불법은 명백한 것이어야 한다."

6) 초실정법적 저항권을 인정하는 견해에 의하면 저항권을 헌법전에 실정법화하는 것은 규범화될 수 없는 것을 규범화하는 무리한 시도가 된다고 하며, 자유로운 인간 양심의 결정을 법조문이 명령할 수 없는 것처럼 국가에 대한 저항권의 행사도 국가가 헌법조문으로 규정할 수 있는 성질의 것이 아니라고 한다. 허영, 『한국헌법론』 박영사, 2009, 87~88면.

7) 저항권 행사요건으로 보충성과 최후수단성과 함께 '성공가능성'을 3요건으로 드는 견해가 있다. 이 견해는 1960년대 초 독일의 연방헌법재판소 판례에 따른 것인데, 저항권행사의 요건을 지나치게 엄격하게 해석하는 것으로 학계로부터의 비판을 받아왔으며 그 후 이 견해는 사실상 포기되었다고 할 수 있다.

8) 이 사건에서 대법원 소수의견은 "저항권은 헌법에 명문화되어 있지 않았더라도 일종의 자연법상의 권리로서 이를 인정하는 것이 타당하다 할 것이고 이러한 저항권이 인정된다면 재판규범으로서의 기능을 배제할 근거가 없다"는 입장을 제시하였다.

제4장
헌법의 근본이념으로서 기본권 보장

입헌주의헌법과 기본권 보장

　근대 입헌주의헌법 시대가 전개되면서 각국의 헌법은 예외 없이 기본권조항들을 두어 국민의 자유와 권리를 보장해 왔다. 근대 시민혁명의 산물로 채택된 입헌주의헌법은 기본권보장의 기본이념을 실현하기 위하여 국가권력을 제한하고 통제하는 권력분립원리와 법치주의를 채택한 이래 오늘날의 각국 헌법은 권리장전에 해당하는 기본권보장을 명문화하고 있다. 기본권(Grundrechte, fundamental rights)이란 실정 헌법에 보장된 국민의 기본적 자유와 권리를 말한다.

　헌법상 보장된 기본권은 국민 개개인이 향유하는 '인간으로서의 권리', 즉 인권(human rights)을 의미한다. 인간이 인간이기 때문에 당연히 누릴 수 있는 자연법상의 권리를 국가가 확인하고 이를 실정(實定) 헌법에 규정함으로써 기본권은 헌법상 법적 권리로서 보장을 받게 된다. 그러나 헌법에 보장된 기본권은 모두 자연권으로서의 인간의 권리만을 규정하고 있는 것은 아니며, 헌법에 의해 비로소 '국민의 권리'로 창설된 기본권도 포함하게 된다. 예컨대 기본권 가운데 신앙의 자유, 사상과 양심의 자유, 표현의 자유, 신체의 자유 등은 인간의 생래적·천부적인 자유로서 국가는 이러한 인간의 자유를 확인하여 헌법에 명문으로 규정함으로써 헌법상의 권리로서 보장받게 된다. 그렇지만 공무담임권이나 선거권 또는 근로자의 노동3권, 형사보상청구권이나 국가배상청구권 등과 같은 기본권은 인간의 천부적·생래적 권리라고 할 수 없지만, 실정 헌법에 국민의 기본권으로 창설 또는 인정됨으로써 기본권으로 보장받게 되는 것이다. 따라서 기본권은 자연권과 동일한 개념이라 할 수 없으며, 자연권(인간의 권리)과 실정권(국민의 권리)을 포함하는 개념으로 기본권을 이해할 수 있다.

기본권이 헌법에 의해 보장된다는 의미는?

기본권이 헌법에 의해 보장된다는 의미는 국민이 향유하는 개인의 자유와 권리는 국가에 의해 최대한 보장되어야 한다는 것이며, 국가권력의 행사는 기본권에 철저하게 기속되어 기본권보장에 부합되는 방향으로 권력행사가 이루어져야 한다는 것을 뜻한다. 즉 국가는 일상적인 활동을 통하여 국민의 기본권을 실현시킬 의무를 지게 된다는 것을 의미한다. 그리고 국가목적을 위해 기본권을 제한할 수 있는 경우에도 그 제한은 최소한에 그쳐야 하며, 공권력행사에 의한 과도한 기본권제한에 대해서는 헌법을 준거로 하여 위헌·무효를 선언함으로써 침해된 기본권을 구제할 수 있다는 것이다. 나아가 오늘날에는 국가권력뿐만 아니라 사인(私人)이나 단체 등에 의해서도 기본권이 침해되는 경우가 빈번하게 나타나므로 이러한 사인이나 단체에 의한 기본권침해에 대해서도 국가는 기본권을 적극적으로 보호해야 하는 의무를 진다는 것을 포함하게 된다.

인권사상의 역사적 전개와 각국 헌법의 기본권조항의 채택

기본권의 보장은 역사적으로 인권사상의 성립에서 그 기원을 찾을 수 있다. 인권의 관념이 체계적으로 정립된 것은 17세기 말부터 18세기에 걸쳐 사회계약론과 계몽주의적 자연법사상에 의해 천부인권론이 주장된 데에서 비롯되었다. 특히 로크(J. Locke)는 자연상태에서의 인간은 자연법의 지배를 받으면서 생명, 자유, 재산에 관한 생래적 권리인 자연권(natural rights)을 향유하였다고 보고, 이러한 자연권을 보장하기 위해 사회구성원들 간의 사회계약으로 국가를 창설하게 된 것이라 주장하였다. 여기서 국가권력은 국민의 신탁에 의해 정부에 위임된 것이며 정부가 사회계약의 조건에 반하여 국민의 자연권을 침해할 시 국민은 그 권력에 복종할 의무가 없으며 '저항권'을 행사하여 정부를 교체하고 헌법과 자연권을 수호할 수 있다는 것이다. 이러한 그의 이론은 인권사상의 형성에 주요한 이론적 근거가 되었다.

민주주의의 모국인 영국에서 근대적 인권보장의 제도적 기반은 17세기에 들어와 형성되었다. 1628년의 권리청원(Petition of Rights)은 인신의 자유 및 의회의 승인 없는 과세를 금지하였고, 1679년의 인신보호법(Habeas Corpus Act)은 신체의 자유를 위한 구속적부심사제를 최초로 채택하였다. 명예혁명의 소산인 1689년의 권리장전(Bill of Rights)은 청원권과 언론의 자유 및 형사 절차의 보장 등을 규정하고, 의회의 동의 없는 국왕의 상비군 설치와 조세 부과 등을 금지하였다. 영국에서의 인권 보장의 역사를 보면 초기의 인권선언은 당시 귀족계급 등의 한정된 신분의 권리보장에서 출발한 것이었으며, 그 후 의회의 지위와 권한 강화를 통해 점차 국민의 자유와 권리 보장으로 발전되어 온 것을 알 수 있으며, 처음부터 불가침의 천부인권을 선언한 것은 아니었다.

미국에서는 1776년 버지니아 권리선언에 생명, 자유, 재산, 행복추구의 가치가 선언되고 저항권 등이 규정되었다. 1776년 7월의 독립선언서(Declaration of Independence)에는 생명, 자유, 행복추구의 권리(life, liberty and pursuit of happiness)를 천부적 권리로 선언하였다. 1787년 연방헌법 제정 이후 1791년에는 10개 조의 인권조항으로 구성된 권리장전(Bill of Rights)이 수정헌법으로 추가되었다. 수정헌법은 제1조에 종교의 자유와 언론·출판·집회의 자유 및 청원권을 규정하고 있으며, 그 밖에 신체의 자유 보장을 위한 영장주의(제4조), 적법절차에 의하지 아니한 생명, 자유 또는 재산의 박탈금지(제5조), 공정한 배심원에 의한 신속한 재판을 받을 권리, 불리진술거부권, 변호인의 조력을 받을 권리(제6조) 등을 명문화하고 있다.

프랑스는 1789년 '인간과 시민의 권리선언'을 채택하여 "인간은 자유롭고 평등한 권리를 가지고 태어나며 생존한다. 사회적 차별은 공동의 이익을 위해서만 가능하다"고 하여 인권의 자연권성과 평등권을 강조하였으며, 소유권을 신성불가침한 권리로 규정하였다.

독일의 경우 1808년의 바이에른헌법에 전통적 자유권을 규정한 것이 인권선언의 효시라 할 수 있다. 1849년 프랑크푸르트헌법(독일 제국헌법)에 표현의 자유, 종교의 자유, 학문의 자유 등의 기본권과 사형제 폐지를 규정하였으나 이 헌법은 북부 프로이센의 반대로 시행되지 못하고 폐지되었다. 1850년 프로이센은 흠정헌법을 제정하였는데, 이 헌법은 기본권 조항이 있었으나 그 내용은 전적으로 법률로 정하도록 규정하였다. 그 후 독일이 통일되어 1871년 제정된 비스마르크헌법은 군주제원리를 채택하고 기본권 규정을 두지 않았다. 1919년 바이마르헌법에서 비로소 기본권보장이 체계화되었다. 바이마르헌법은 자유권과 함께 최초로 사회적 기본권을 명문화하였다. 전후의 1949년 서독 기본법(Das Bonner Grundgesetz)은 나치시대의 인권유린에 대한 반성에서 인간의 존엄성 존중을 규정하고, 기본권조항이 직접 국가권력에 대해 구속력을 가지는 것으로 선언하였다.

기본권 보장의 현대 헌법적 상황

　　20세기 이후의 인권보장의 새로운 경향은 다음과 같은 점들이 특징적으로 나타나고 있다. 첫째, 기본권영역에 있어서 전통적인 자유권과 더불어 새로운 사회적 기본권(생존권적 기본권)이 중시되고 인권선언의 사회화가 나타나게 되었다는 점이다. 사회적 기본권은 사회적·경제적 약자를 보호하고 실질적 평등을 실현하기 위하여 채택된 것으로, 모든 국민의 인간다운 생활을 보장하기 위해 일정한 국가적 급부와 배려를 국가에 대해 요구할 수 있는 권리를 의미한다. 사회적 기본권은 1919년 바이마르헌법에서 최초로 등장하여 인간다운 생활의 보장, 노동력의 보호, 근로조건의 향상을 위한 단결권 등이 규정되었다. 동시에 바이마르헌법은 "소유권은 의무를 수반한다. 소유권의 행사는 동시에 공공복리에 이바지하여야 한다"라고 선언하여 소유권의 사회적 제약을 명문화하였다. 그러나 바이마르헌법하에서 사회적 기본권은 국가의 경제적·재정적 여건 등을 이유로 구체적인 법적 권리성을 갖지 못하고 방침 규정 내지 프로그램 규정에 머물고 말았다.

둘째, 자연권사상의 부활과 함께 기본권보장에 대한 자연법사상의 영향이 커지게 되었다는 점이다. 제2차 세계대전을 경험하면서 인류는 인간의 존엄성이 파괴되는 비인간적 만행에 대해 반성하게 되었고, 각국의 헌법은 인간의 존엄과 가치의 존중을 명문화하게 되었다. 전후의 독일기본법은 제1조 제1항에 "인간의 존엄성(Die Würde des Menschen)은 불가침이다. 이를 존중하고 보호하는 것은 모든 국가권력의 의무이다"라고 규정하여 인권의 자연권성을 선언하였다.

셋째, 인권보장이 국제적 차원에서 확산되고 보편화되고 있다는 점이 특징이다. 양차 세계대전이라는 인류의 비극을 경험하면서 인권보장의 문제는 각국의 국내문제가 아니라 인류의 보편적 문제로 인식하게 되었다. 그리하여 1945년 국제연합헌장에 이어 1948년의 세계인권선언은 비록 강제력은 없지만 국제적 인권보장에 획기적인 계기가 되었으며, 1966년의 '국제인권규약'(International Covention on Human Rights)은 구속력 있는 인권보장을 위하여 국제연합에 의해 채택되었다. 이 국제인권규약은 조약으로서 각국의 비준을 받으면 현실적으로 집행되는 법적 강제력을 갖게 된다.[1]

넷째, 현대의 정보화사회와 정보통신기술의 비약적 발전에 따라 각국 헌법은 새로운 기본권보장체계를 모색하게 되었고, 자본주의의 발전에 따른 사회적 세력의 출현과 사인(私人) 상호 간의 불평등의 심화는 기본권의 '사인 간의 효력'에 대한 인식을 더욱 증대시키고 있다.

기본권 보장의 이념적 기초로서 '인간의 존엄과 가치'

우리 헌법 제10조는 제1문에 "모든 국민은 인간으로서의 존엄과 가치를 가지며, 행복을 추구할 권리를 가진다"라고 하여 기본권의 주체인 국민은 인간으로서의 존엄과 가치를 가지는 존재라는 것을 명확히 하고 있다. 헌법 제10조는 우리 헌법이 추구하는 최고의 이념이며 가치인 '인간의 존엄성' 존중을 천명하고, 국가의 존립이유로서 국민의 불가침의 기본적 인권을 보호할 의무를 밝히고 있다.

각국 헌법에 인간의 존엄성 존중이 명문화된 것은 제2차 세계대전 후의 일이다. 세계대전을 경험하면서 인류는 인간의 존엄성이 파괴되는 비인간적 만행에 대해 반성하게 되었고, 국제연합헌장을 비롯한 세계인권선언, 유럽인권협약, 고문방지협약 등 여러 국제협정과 각국의 헌법은 인간의 존엄과 가치의 존중을 규정하였다. 특히 전후의 독일 기본법은 "인간의 존엄성은 불가침이다. 이를 존중하고 보호하는 것이 모든 국가권력의 의무이다"(제1조 제1항)라고 하여 인간의 존엄성 존중과 보호를 헌법규범으로 명확히 규정하였다. 우리나라도 1962년 헌법 이래 '인간의 존엄과 가치' 조항을 헌법에 담게 되었다.

'인간으로서의 존엄과 가치'의 규범적 의미

현행 헌법 제10조에서 규정하는 '인간으로서의 존엄과 가치'는 기본권보장의 대전제가 되는 이념적 기초이며, 기본권보장을 지배하는 최고의 헌법원리를 의미한다. 기본권보장의 이념조항이며 최고원리 조항인 헌법 제10조의 해석에 있어서는 먼저 '인간으로서의 존엄과 가치'의 헌법적 의미가 무엇인지를 밝히는 것이 중요하다. 여기에서 '인간'의 의미는 사회공동체의 구성원인 자연인으로서, '개인 대 사회'라는 관계에서 인간 고유의 가치를 훼손당하지 아니하면서 사회관계성 속에서 타인과 더불어 살아가는 자유로운 인간으로 이해한다. 인간의 '존엄과 가치'란 인간의 본질로 간주되는 '존귀한 인격주체성'을 의미한다. 그것은 인간이 이성적인 인격의 주체로서 가지는 인간의 고유한 가치를 말한다. 인간의 존엄과 가치는 초국가적 개념으로서 자연법 사상에 그 뿌리를 두고 있으며 헌법의 기본질서 내에서 최고의 가치로 규정된 것을 말한다. 따라서 모든 국민은 인간으로서의 존엄과 가치를 가진다는 것은 인간은 존엄한 인격의 주체로서 그 자체 목적으로 존재하고 어떠한 경우에도 다른 인간이나 집단의 목적을 위한 수단으로 존재하지 아니한다는 것을 말하며, 그러한 존엄한 인간은 자신의 문제를 스스로 결정하는 자율적인 존재라는 것을 뜻하게 된다.

헌법 제10조의 인간의 존엄과 가치보장의 규범적 의미에 관해서는 학계의 일반적 해석론에 의하면 다음과 같이 이해할 수 있다. 첫째, 헌법질서 내에서 인간의 존엄과 가치는 인간 외의 어떠한 다른 존재의 가치보다 우선한다는 '인간의 우위'를 천명한 것이다. 둘째, 인간의 존엄과 가치는 개인과 국가 간의 관계에서 개인은 어떤 경우에도 국가나 공동체를 위하여 존재하는 수단일 수 없다는 것이다. 여기에서 인간의 존엄과 가치는 당연히 전체주의 체제를 부정하게 된다. 셋째, 인간의 존엄과 가치는 국가와 국민이 공동으로 최우선적으로 실천해야 할 목표를 제시한 것을 의미한다. 그러므로 인간의 존엄을 부정하는 인종차별, 가혹행위와 고문을 통한 인격의 침해, 집단학살, 노예제, 인간복제 등은 허용될 수 없음이 자명한 것이다. 넷째, 인간의 존엄과 가치는 모든 법령의 효력이 문제될 경우 그에 관한 궁극적 해석기준이 된다.

헌법재판소는 인간의 존엄과 가치는 "국가가 형벌권을 행사함에 있어 사람을 국가행위의 단순한 객체로 취급하거나 비인간적이고 잔혹한 형벌을 부과하는 것을 금지하고 행형에 있어 인간생존의 기본조건이 박탈된 시설에 사람을 수용하는 것을 금지한다"고 판시하고 있다. 특히 수형자의 경우 형벌의 집행을 위하여 교정시설에서 강제적인 공동생활을 하게 되는바, 구금의 목적 달성을 위하여 필요최소한의 범위 내에서는 수형자의 기본권에 대한 제한이 불가피하더라도, 국가는 어떠한 경우에도 수형자의 인간의 존엄과 가치를 훼손할 수 없다고 하여 인간의 존엄과 가치에서 비롯하는 '국가형벌권 행사의 한계'를 분명히 밝히고 있다(헌재 2016. 12. 29. 2013헌마142).

인간의 존엄과 가치와 행복추구권의 관계

우리 헌법은 제10조에 "모든 국민은 인간으로서의 존엄과 가치를 가지며, 행복을 추구할 권리를 가진다"라고 하여 인간의 존엄과 가치 조항에 행복추구권을 함께 규정하고 있다. 여기서 '인간의 존엄과 가치'와 '행복추구권'의 관계를 어떻게 정립할 것인가에 관한 헌법해석의 문제가 있다. 행복추구권 규정은 1980년 헌법에서 처음으로 도입된 것인데, 기본권보장의 이념이며 최고원리조항에 행복추구권을 나란히 규정함으로써 이 행복추구권이 인간의 존엄과 함께 기본권보장의 이념인가, 아니면 헌법 제11조 이하의 개별적 기본권과 마찬가지로 기본권의 하나인가에 관한 논의이다.

첫째, 행복추구권은 인간의 존엄과 가치를 실현하는 수단으로서의 기본권이며, 그것은 포괄적 기본권의 성격을 갖는다고 보는 것이 통설적 입장이다. 여기서 행복이라는 관념은 다의적으로 이해되고 행복의 감정은 주관적인 것이므로 인생관이나 가치관에 따라 상이하게 정의될 수 있는 것이므로 행복을 추구할 권리란 그 보호영역을 특정할 수 없는 포괄적 개념이다. 따라서 행복추구권은 포괄적 기본권으로 이해하게 된다.

둘째, 이러한 포괄적 기본권으로서의 행복추구권은 실정헌법에 의해 비로소 인정되는 것이 아니라 그것은 자연법상의 권리로서 인간존재에 고유한 인간의 생래적 권리를 의미하는 자연권성을 본질로 하는 것이다. 행복추구권 보장의 연혁을 보더라도 이미 1776년 미국독립선언과 버지니아 인권선언에 생명, 자유와 함께 행복추구(pursuit of happiness)의 권리를 자연권으로 규정한 것을 알 수 있다. 따라서 행복추구권은 고전적 의미의 자유권적 기본권으로서 국민이 행복을 추구하기 위한 활동을 국가권력의 간섭 없이 자유롭게 할 수 있다는 것을 의미한다. 따라서 현대적 기본권으로서 행복을 추구하는 데 필요한 급부를 국가에 대해 적극적으로 청구하는 사회적 기본권의 성격을 포함하지 않는다고 할 것이다. 헌법재판소도 행복추구권을 국가에 대한 급부청구권을 포함하지 않는 포괄적 자유권으로 보고 있다. 즉 행복추구권은 국민이 행복을 추구하기 위하여 필요한 급부를 국가에 적극적으로 요구할 수 있는 것을 내용으로 하는 것이 아니라, 국민이 행복을 추구하기 위한 활동을 국가권력의 간섭 없이 자유롭게 할 수 있다는 '포괄적인 의미의 자유권'으로서의 성격을 가지는 것이라고 한다(헌재 1995. 7. 21. 93헌가14).

셋째, 포괄적 자유권으로서의 행복추구권은 다른 개별적 자유권과의 관계에서 볼 때 일반적 자유권이며, 다른 개별적 자유권에 의해 보호되지 않는 자유영역을 그 보호범위로 하는 보충적 자유권의 성격을 갖는다. 즉 행복추구권은 헌법에 구체적으로 열거된 자유권에 의하여 보호될 수 없는 인간의 행위나 법익에 대하여 보충적으로 기본권적 보호를 제공하는 일반적 자유권으로서 헌법에 열거되지 아니한 자유권을 도출하는 실정법적 근거가 된다. 따라서 헌법상 자유권적 기본권의 보장은 행복추구권에 의해 보다 더 확대되고 빈틈없이 보장될 수 있다. 만일, 헌법상 규정된 개별적 자유권에 의해 보호되지 않는 자유영역을 국가가 침해하는 경우가 있다면 이 경우에 행복추구권이 기능하게 되며 국민은 행복추구권 침해를 주장할 수 있게 된다. 이처럼 행복추구권은 그 보호범위가 특정되어 있지 않기 때문에 개별 자유권의 보장 내용을 보완하는 보충적 기본권으로서의 성격이 강하다. 이와 관련한 헌법재판소 판례를 볼 수 있는데, "범죄혐의가 없음이 명백한 사안인데도 이에 대하여 검찰관이 자의적이고 타협적으로 기소유예처분을 했다면 이는 헌법 제11조 제1항의 평등권과 헌법 제10조의 행복추구권을 침해한 것"이라고 판시한 것도 행복추구권의 일반적·보충적 자유권성을 말해주는 것이다(헌재 1989. 10. 27. 89헌마56).

인간의 존엄과 가치·행복추구권에서 도출되는 기본권

우리 헌법은 제10조의 인간의 존엄과 가치·행복추구권 조항에 이어 제11조에 평등권을 규정하고 제12조 이하에 신체의 자유를 비롯한 자유권과 참정권, 청구권적 기본권, 사회적 기본권 등 개별적 기본권을 열거하고 있으며, 제37조 제1항에 헌법에 열거되지 아니한 자유와 권리보장을 규정하고 있다. 헌법재판소는 제37조 제1항에 근거하여 헌법에 열거되지 아니한 자유와 권리로서, 헌법 제10조로부터 도출되는 기본권을 인정하고 있다. 즉 인간의 존엄과 가치에서 '인격권'이 도출된다고 하고, 인간의 존엄과 가치 및 행복추구권으로부터 도출되는 개별적 기본권으로 '자기결정권'이 인정되며, 행복추구권에서 '일반적 행동자유권'과 '개성의 자유로운 발현권' 등이 인정된다고 한다. 그리고 우리 헌법은 생명권에 관한 명문조항을 두고 있지 않으나 인간의 생명은 인간의 존엄과 가치의 전제가 되는 것이므로 인간의 존엄과 가치 조항에서 '생명권'을 인정하는 근거를 찾을 수 있다.

우리 헌법재판소는 차폐시설이 불충분한 유치장 내의 수용자에 대한 화장실 사용의 강제는 인간으로서의 기본적 품위를 유지할 수 없도록 하는 것으로서 수용자의 인격권을 침해하는 것이라고 하였으며(헌재 2001. 7. 19. 2000헌마546), 민법상 출생한 자녀에게 부의 성과 본을 따르도록 한 부성주의(父姓主義)의 강제(제781조 제1항)는 위헌으로 볼 수 없으나, 부의 성을 사용할 것을 강제하는 것이 부당한 경우에까지 예외를 두지 않은 것은 인격권을 침해하는 것으로 헌법에 합치되지 않는다고 판시하였다(헌재 2005. 12. 22. 2003헌가5등). 일반적 인격권에는 각 개인이 그 삶을 사적으로 형성할 수 있는 자율영역에 대한 보장이 포함되어 있음을 감안할 때, 장래 가족의 구성원이 될 태아의 성별정보에 대한 접근을 국가로부터 방해받지 않을 부모의 권리는 일반적 인격권에 의해 보호되는데, 의료법이 태아의 성별에 대한 고지를 금지하는 것은 인격권에서 도출되는 부모의 태아성별정보에 대한 접근을 방해받지 않을 권리를 침해하는 것이라고 하였다(헌재 2008. 7. 31. 2004헌마 1010등). 한편, 헌법재판소는 2010년 「일제 강점하 반민족행위 진상규명에 관한 특별법」에 근거한 친일반민족행위의 공개에 대해 조사 대상자의 사회적 평가가 침해되어 헌법 제10조에서 유래하는 일반적 인격권이 제한된다고 할 수 있으나, 친일반민족행위의 진상을 규명하여 정의로운 사회가 실현될 수 있도록 공동체의 윤리를 확립하고자 하는 공익의 중대성이 막대하므로 그러한 반민족행위의 공개 규정이 헌법에 위반되지 아니한다고 판시하였다(헌재 2010. 10. 28. 2007헌가23).

자기결정권이란 개인이 자유의지에 의하여 자유롭게 자기의 운명을 결정할 수 있는 권리를 말한다. 자기결정권은 헌법이나 국가가 존재하든 하지 않든, 실정법에서 정하든 그렇지 않든 이와 무관하게 인간의 본질상 당연히 인정되는 자연권이므로 실정 헌법에서 이를 명문으로 규정하고 있지 않다. 헌법재판소는 2009년 연명치료 중단 등에 관한 법률을 제정하지 않는 입법부작위에 대한 헌법소원 사건에서 "환자가 장차 죽음에 임박한 상태에 이를 경우에 대비하여 미리 의료인 등에게 연명치료 거부 또는 중단의 의사를 밝히는 등의 방법으로 죽음에 임박한 상태에서 인간의 존엄과 가치를 지키기 위하여 연명치료의 거부 또는 중단을 결정할 수 있다"고 하여 연명치료 중단에 관한 자기결정권을 헌법상의 기본권인 자기결정권의 한 내용으로 인정하고 있다(헌재2009. 11. 26. 20 2009헌마385).[2]

성적 자기결정권에 관해서는 헌법재판소가 2015년 간통죄 처벌조항에 대해 과잉금지원칙에 위배하여 국민의 성적 자기결정권 및 사생활의 비밀과 자유를 침해하여 위헌이라고 판시하였다. 헌법재판소는 간통죄 처벌조항에 대해 1990년 합헌 결정 이래 "선량한 성도덕과 일부일처주의·혼인제도의 유지 및 가족생활의 보장을 위하여서나 부부간의 성적 성실의무의 수호를 위하여, 그리고 간통으로 인하여 야기되는 사회적 해악의 사전 예방을 위하여, 간통행위를 규제하고 처벌하는 것은 성적 자기결정권의 본질적 내용을 침해하는 것이 아니다"라고 수차례에 걸쳐 일관되게 판단해 왔으나, 2015년 결정에서는 간통죄의 보호법익인 혼인과 가정의 유지는 당사자의 자유로운 의지와 애정에 맡겨야지, 형벌을 통하여 타율적으로 강제될 수 없는 것이라고 하고 간통죄처벌조항은 과잉금지원칙에 위배하여 국민의 성적 자기결정권 및 사생활의 비밀과 자유를 침해하는 것이라고 판시한 것이다(헌재 2015. 2. 26. 2009헌바17등). 헌법재판소는 민법상의 동성동본금혼 규정에 대해서도, 개인의 자기운명결정권에는 성적 자기결정권, 특히 혼인의 자유와 혼인에 있어서 상대방을 결정할 수 있는 자유가 포함된다고 하면서 동성동본금혼 규정은 사회적 타당성과 합리성을 상실하고 있음과 아울러 인간으로서의 존엄과 가치 및 행복추구권을 규정한 헌법이념에 위반된다고 판시하였다(헌재 1997. 7. 16. 95헌가6등).

기본권의 분류와 성격

인간 고유의 생래적 권리로서의 자유권

기본권 중에서 그 핵심을 이루는 자유권은 헌법에 의하여 실정화되어 있다고 하더라도 그것은 인간 고유의 생래적 권리(inherent rights)이며 천부불가양의 권리를 의미한다. 인간이 인간이기 때문에 당연히 누리는 자유의 권리를 헌법이 단지 문서로써 확인한 것에 불과한 것이다. 기본권 중에서 신체의 자유, 표현의 자유, 사상과 양심의 자유, 직업선택의 자유 등 적어도 자유권적 기본권은 국가 이전의 초헌법적 개념으로서 자연권(natural rights)의 성격을 갖는 것이다. 미국의 독립선언이나 프랑스 인권선언에 나타난 인간의 권리도 기본권의 자연권성을 천명한 것을 의미한다. 자유권은 국가권력을 배제하여 개인의 자유로운 의사와 활동을 보장하는 기본권이다. 자유권은 소극적으로 국가의 부작위를 통해 보장되는 '국가로부터의 자유'라는 의미를 가진다.

현행 헌법상 기본권보장의 체계를 보면 먼저 기본권보장의 이념이며 최고원리조항인 제10조에 "모든 국민은 인간으로서의 존엄과 가치를 가지며 행복을 추구할 권리를 가진다. 국가는 개인이 가지는 불가침의 기본적 인권을 확인하고 이를 보호할 의무를 진다"고 선언하고 있으며, 제11조에 평등의 원칙과 평등권을 규정하고, 자유권적 기본권으로 신체의 자유(제12조)를 비롯하여 거주·이전의 자유(제14조), 직업선택의 자유(제15조), 주거의 자유(제16조), 사생활의 비밀과 자유(제17조), 통신의 자유(제18조), 양심의 자유(제19조), 종교의 자유(제20조), 표현의 자유(제21조), 학문과 예술의 자유(제22조), 재산권(제23조)에 관한 명문 조항을 두고 있다. 그리고 제37조 제1항에 "국민의 자유와 권리는 헌법에 열거되지 아니한 이유로 경시되지 아니한다"고 규정하고 있으며, 동조 제2항에는 기본권을 제한하는 경우에도 "자유와 권리의 본질적 내용을 침해할 수 없다"고 명문화하고 있다. 이와 같은 규정들은 그 논리구조상 기본권의 자연권성과 초헌법성을 확인한 것이라 할 수 있다.

평등권

헌법 제11조 제1항의 평등의 원칙(법 앞에 평등) 조항은 동시에 개인의 주관적 공권으로서 헌법상 평등권의 보장으로 해석하는 것이 학계의 통설이며 헌법재판소의 입장이다. 평등권이란 국가로부터 부당하게 차별대우를 받지 아니할 것과 국가에 대하여 평등한 처우를 요구할 수 있는 개인의 국가에 대한 권리이다. 평등권은 국민 일상생활의 전 영역에서 인정되는 구체적 권리이므로, 평등권을 침해당한 경우에는 구체적인 기본권의 침해에 해당되어 법원이나 헌법재판소의 재판을 통하여 이를 다툴 수 있다.

평등권은 인간이 자연적 상태에서부터 누려온 생래적·천부적 권리를 의미한다. 그렇지만 이러한 자연권으로서의 성격을 갖는 평등권이라고 하더라도 그것은 자유권적 기본권의 일부라 기보다는 모든 기본권을 균등하게 실현하기 위한 기능 내지 방법으로서의 성격을 가진다는 점에서 그 의미가 크다. 즉 기본권 전반에 공통으로 적용되어야 하는 기능적·수단적 권리를 의미한다.

국민주권원리의 구현을 위한 참정권

참정권이란 국민주권원리를 전제로 하여 국민이 국가기관의 구성과 국가의 정치적 의사형성에 직접 또는 간접으로 참여할 수 있는 권리를 말한다. 따라서 참정권은 국민이 국가의사의 형성과 국가정책의 결정에 직접적으로 참여할 수 있는 직접참정권과 간접적으로 참여할 수 있는 간접참정권으로 구분된다. 국민의 직접참정권은 직접민주제적 요소로서 국민발안권, 국민표결권, 국민소환권 등이 이에 해당한다. 간접민주제를 기반으로 하는 간접참정권에는 국민이 국가기관의 구성에 참여하거나 국가기관의 구성원으로 선임될 수 있는 권리로서 선거권과 공무담임권이 있다. 우리 헌법은 대의제를 기반으로 하는 간접민주제를 원칙으로 하고 있으며, 예외적으로 직접민주제의 요소인 국민투표권만을 규정하고 있다. 간접민주제의 원칙에 의거하여 국민은 직접 국가의사나 국가정책을 결정하지 아니하고, 선거권의 행사를 통해 국민을 대신하여 국가의사를 결정할 국가기관의 구성에 참여하고, 피선거권과 공무담임권의 행사로 국가기관의 구성원으로 선임될 수 있을 뿐이다.

참정권의 핵심을 이루는 선거권의 법적 성격은 개인의 권리(주관적 공권)임에 틀림없으나 개인적 공권으로서의 선거권은 자유권적 기본권과 같은 초국가적 자연권의 성격을 가지는 것은 아니며, 국가를 전제로 국가의사결정방식인 대의제를 실현시키기 위해 헌법이 국민에게 부여한 실정권(實定權)을 의미한다. 선거권의 법적 성격과 관련하여 선거권을 국민의 권리이며 동시에 의무라고 보는 이원설의 입장이 있으나 이 견해에는 동의하기 어렵다. 헌법상 대의제민주주의 하에서 국민은 선거에 참여해야 하는 정치적·도의적 책임을 지게 되지만 그것이 법적 의무라고 할 수 없다. 선거와 선거권을 구분하여 볼 때, 주권자로서 선거에 참여하여야 할 정치적 책임과 정치적 기본권으로서 자유로운 선거권의 행사는 별개의 문제이기 때문이다.

절차적 기본권으로서의 청구권적 기본권

청구권적 기본권이란 기본권 보장을 위한 기본권으로서 자유권, 참정권, 사회권 등 실체적 기본권을 절차적으로 보장하기 위하여 국가에 대해 적극적인 행위를 청구하는 기본권을 말한다. 이 점에서 청구권적 기본권은 '절차적 기본권'이라는 용어로 표현되기도 한다. '청구권적 기본권'이라는 용어는 청구권 이외에 국가의 적극적 행위를 청구하는 다른 기본권인 '사회권'과의 구별이 명확하지 않게 되므로 '절차적 기본권'이라는 용어가 더 적합한 표현이라고 볼 수도 있다. 우리 헌법이 보장하고 있는 청구권적 기본권에는 재판청구권(제27조)을 비롯하여 청원권(제26조), 형사보상청구권(제28조), 국가배상청구권(제29조), 범죄피해자구조청구권(제30조), 손실보상청구권(제23조 제3항) 등이 있다.

청구권적 기본권은 자유권적 기본권과 함께 고전적 기본권의 하나이지만, 그것은 국가의 적극적 행위를 청구하는 '적극적 성격'의 기본권이라는 점에서 소극적으로 국가의 부작위를 요구하는 자유권과 구별된다. 청구권적 기본권은 다른 권리나 이익이 침해되거나 침해당할 우려가 있을 때 그 권리나 이익을 확보하기 위한 '수단적 성격'의 기본권이다. 또한 청구권적 기본권은 헌법규정에서 직접적 효력을 갖는 기본권이지만, 그 행사 절차에 관한 구체적 입법이 있어야만 비로소 행사할 수 있는 권리이다. 헌법재판소는 재판청구권에 관하여 "법률에 의한 구체적 입법 없이는 신속한 재판을 위한 어떤 직접적이고 구체적인 청구권이 발생하지 아니한다"고 판시한 바 있다(헌재 1999. 9. 16. 98헌마75).

모든 국민의 인간다운 생활 보장을 위한 사회적 기본권

사회적 기본권이란 20세기 이후의 복지국가 내지 사회국가의 이념에 따라 사회적·경제적 약자를 보호하고 실질적 평등을 실현하기 위하여 보장되는 기본권이다. 따라서 사회적 기본권은 모든 국민이 인간다운 생활을 확보하기 위하여 일정한 국가적 급부와 배려를 국가에 대해 요구할 수 있는 권리를 말한다. 사회적 기본권은 생존권적 기본권, 생활권 등의 용어로 혼용되고 있다. 사회적 기본권은 국가권력의 적극적 관여를 요구할 수 있는 권리이므로 이는 국민의 자유를 확보하기 위하여 국가권력의 불간섭을 요구할 수 있는 자유권적 기본권과 본질적으로 구별된다.[3]

18, 19세기의 입헌주의헌법 하에서 자유권적 기본권 보장은 민주주의와 자본주의경제의 발전을 가져왔으나 자본주의의 고도 발달은 그 분배체계의 문제로 인하여 부의 편재와 빈곤의 확대 등 사회적 모순을 초래하게 되자, 생존 자체가 위협을 받게 되는 일반 대중에게 자유권은 공허한 구호에 그치게 되고, 그것은 빈곤의 자유 내지 '공복(空腹)의 자유'를 의미하게 되었다. 그리하여 모든 사회구성원의 최저한도의 인간적인 생활의 조건을 확보하고 사회정의를 구현하기 위하여 사회적 기본권사상이 대두하게 되었다.

헌법상 사회적 기본권에 관한 최초의 실정화는 1919년 바이마르헌법에서 찾아볼 수 있다. 바이마르헌법 제151조 제1항은 "경제생활의 질서는 모든 국민에게 인간다운 생활을 보장해 주기 위해 정의의 원칙에 합치하여야 한다. 이 한계 내에서 개인의 경제적 자유는 보장된다"라고 규정하여 헌법적 차원에서 사회적 기본권의 이념을 강조하였다. 제2차 대전 이후에는 유럽 각국의 헌법과 세계인권선언 등에 사회적 기본권조항이 계승되었다. 우리의 건국헌법도 바이마르헌법의 영향을 받아 사회적 기본권조항을 두었는데 이는 헌법제정 당시의 사회주의 세력에 대응하기 위한 체제방어적 고려에서 나온 것이었다고 할 수 있다.

사회적 기본권은 오늘날 사회국가의 목표로서 사회정의의 이념을 실현하기 위한 구체적 수단을 의미한다. 사회국가에서의 사회정의의 실현은 무엇보다도 국민 개개인이 그들의 자유권을 실질적으로 행사할 수 있는 사회적 조건을 실현하는 것이라고 할 때, 사회적 기본권은 개인의 자유를 행사할 수 있는 사실상의 조건을 형성하고 자유행사에 있어서 실질적인 기회균등을 확보함으로써 자유를 실현한다는 데에 그 의의가 있다. 따라서 국가는 자유실현의 사회적 조건을 형성해야 할 책임과 의무를 지게 되며, 사회적 기본권은 자유권을 실질적으로 행사하는 데 필요한 사회적 조건을 형성해야 할 국가의 의무를 기본권의 형태로 헌법이 수용한 것을 의미한다.[4]

기본권의 효력

기본권의 국가권력에 대한 기속력

헌법상 기본권은 모든 국가권력을 직접 기속(구속)하는 효력을 가진다. 이것은 입헌주의헌법이 국민의 자유와 권리보장을 기본이념으로 하기 때문에 국가권력이 기본권에 기속되는 것은 당연하며, 여기서 국민과 국가와의 관계는 목적과 수단의 관계로 설정되는 것이다. 즉 입헌주의헌법의 기본권은 원칙적으로 국가권력에 의한 침해로부터 개인의 자유와 권리를 방어하기 위하여 국가와 국민 간의 관계에서 국가권력을 구속하는 효력을 갖는 것으로 성립되었다. 우리 헌법 제10조의 국가의 기본권보장의무도 이러한 기본권의 대국가적 효력을 전제로 한 것이다. 따라서 입법부는 기본권 실현을 구체화하는 입법을 하여야 하며, 국가목적을 위하여 기본권을 제한하는 경우에도 헌법 제37조 제2항이 정하는 제한의 한계를 벗어날 수 없다. 행정권도 기본권에 기속되며 헌법 제107조 제2항의 행정입법(명령·규칙)에 대한 위헌심사제는 이를 전제로 한 것이다. 사법권도 기본권에 기속되며 재판 절차로 기본권을 침해하는 경우 상소 절차로 기본권을 구제받게 된다.

다만 기본권의 국가권력에 대한 기속력은 모든 기본권에 동일하게 적용되는 것으로 보기는 어렵다고 할 것이다. 전술한 바와 같이 자유권은 국가권력에 대한 방어권으로서 모든 입법권과 행정권, 사법권을 기속하는데, 사회적 기본권의 경우에는 입법권을 기속하게 되지만 사회적 기본권에 관한 구체적 입법이 없는 경우에 행정권을 직접 기속하기는 어렵다고 할 것이며, 사법권에 대한 기속력도 입법부작위에 대한 헌법소원을 청구할 수 있다는 점에서 기속력을 가지지만, 여기서 헌법소원을 통한 구제의 대상은 '국가의 구체적 급부' 자체가 아니고 입법부작위에 대한 위헌 확인에 그치므로 사법권에 대한 기속력도 한계를 가질 수밖에 없다. 즉 헌법상의 사회적 기본권조항 자체가 구체적인 급부청구권을 보장하고 있는 것은 아니므로 이 점에서 사회적 기본권의 기속력은 제한을 받게 된다고 할 것이다.

기본권은 사인 간의 관계에도 적용되는가?

자본주의가 고도로 발달하고 사회생활이 복잡해짐에 따라 국가와 유사한 기구나 사적 단체 등의 사회적 세력들이 등장하고 이들 세력에 의하여 국민의 자유와 권리가 부당하게 침해당할 가능성이 증대함에 따라, 기본권을 국가 이외 사인 간에도 확대 적용해야 하는 것이 아닌가에 관한 논의가 전개되었다. 독일에서는 기본법 시행 이후 남녀평등권조항이 사인 간에도 직접 적용되고, 동일노동에 대한 남녀의 동일임금의 요구가 이 조항에 의해 직접 도출될 수 있는가의 문제가 제기되었다. 이에 대하여 기본권 규정이 사인 간의 법률관계에는 적용되지 않는다는 입장에서는, 기본권은 대국가적 방어권이므로 국가기관만을 구속하며 사인 간에는 합의에 따라 자신의 자유를 스스로 제한할 수 있는 것이고, 사인에 의한 침해행위로부터 기본권을 보호하는 것은 법률로써도 충분하다고 보았다.

이에 대해 기본권의 효력은 국가만이 아니라 사인에 대해서도 직접 미친다고 보는 직접효력설이 제기되었는데, 법의 통일성을 강조하여 최고규범인 헌법은 공법관계뿐만 아니라 사법관계에도 적용되어야 하기 때문에 헌법상의 기본권은 사법영역에도 당연히 적용된다고 주장하였다. 다만 여기서 모든 기본권이 직접 효력을 갖는 것은 아니며 헌법에서 직접 정하고 있거나 양심·사상·종교의 자유, 노예적인 계약이나 강제노역으로부터의 자유 등과 같은 성질상 사인 간에 직접 적용되는 기본권에 한하여 직접적인 효력이 있다고 본 것이다. 그러나 직접효력설은 사적 자치를 부인하는 것이 되며, 공법과 사법의 이원적 법체계를 부인하게 되는 문제점이 지적된다.

그리하여 간접적용설이 오늘날 통설로 지지를 받게 되는데, 이 견해에 의하면 사법관계도 헌법에 합치되지 않으면 안 되지만 기본권 규정이 사법질서에 적용되는 것은 직접 적용되는 것이 아니라 사법상의 일반조항(예컨대 민법 제103조의 반사회질서의 법률행위는 무효로 한다는 공서양속조항 등)을 통하여 간접적으로 적용되어야 한다고 본다. 즉 기본권규정은 헌법규범이 사법질서에 진입하는 관문을 의미하는 사법상의 일반원칙을 통해 간접적으로 사법질서에 적용된다는 것이다.

미국의 경우에는 기본권의 사인 간의 효력에 관한 판례이론으로 '국가행위'(state action)이론이 있다. 이 이론에 따르면 헌법의 기본권규정은 국가와 국민 간에 적용되는 것이고 사인 간에는 적용되지 않는 것을 원칙으로 하면서, 다만 사인이나 사적 단체의 행위가 정부와 일정한 연관(nexus)을 지니거나 또는 사인의 행위가 일정한 공적 기능을 수행하는 경우에는 이를 국가행위로 의제하여 헌법의 기본권규정을 확대 적용한다는 것이다. 예컨대 정부 청사 안의 사설 식당에서 흑인 출입을 금지하는 경우에 그 사설 식당이 정부 청사를 사용하기 때문에 이러한 행위가 순수한 사적 차별이 아니라 국가행위에 의한 차별로 볼 수 있다는 것이다. 그리고 정치적 결사로서의 정당은 국가기관이 아니고 그 본질에 있어서 국민의 사적 결사에 해당하지만, 정당이 공직선거의 후보자 추천을 위한 예비선거(primary election)에서 흑인의 투표권을 거부하는 것은, 공직선거에 참여하는 정당의 공적 기능에서 볼 때 그 인종차별행위는 국가적 행위로 간주된다는 것이다.[5] 국가행위이론은 사적 행위를 국가행위로 의제하는 것인데, 이러한 의제는 한계가 있을 수밖에 없다. 이 이론은 근본적으로 기본권을 국가에 대한 방어권으로만 이해하는 전통적인 사고에 기초한 것이다.

국가의 기본권 보호의무

헌법 제10조 제2문은 "국가는 개인이 가지는 불가침의 기본적 인권을 확인하고 이를 보장할 의무를 진다"라고 규정하여 국가의 기본권 확인과 기본권의 보장의무(보호의무)를 규정하고 있다. 국가의 기본권보장의무에 따라 국가는 국민에 대하여 기본권을 침해하거나 제한하는 주체로 존재하는 것이 아니라 국민의 기본권을 적극적으로 보호하고 실현하는 주체로 존재해야 한다. 즉 국가의 기본권보장의무는 국가가 국민의 기본권을 침해하여서는 안 된다는 소극적 보호의무와 함께 적극적으로 국민의 기본권을 실현해야 하는 의무를 포함하게 된다.

국가의 기본권보호의무는 국가의 창설목적과 국가의 본질적 기능에서 도출된다. 국가는 공동체의 유지와 안전 및 공동체 내에 살고 있는 구성원의 행복추구를 실현하는 것을 목적으로 하는 수단으로 존재하는 것이므로 여기서 국민의 기본권을 보호하는 의무가 당연히 나온다.

뿐만 아니라 국가의 기본권보호의무는 사인에 의해 기본권이 침해되는 경우에도 적극적 보호의무가 발생한다. 사인에 의한 기본권침해의 경우 침해받은 국민이 사인에 대해 직접 기본권을 주장할 수 없기 때문에, 국가는 미리 기본권침해를 방지하거나 사후적으로 구제해야 하는 의무를 지게 된다. 본래 독일에서 전개되어 온 '국가의 기본권 보호의무' 이론은 사적 영역에서 사인의 기본권침해 문제에 국가가 개입하고 해결하는 것을 정당화하기 위한 이론을 의미한다. 기본권을 개인의 주관적 공권임과 동시에 공동체의 '객관적 가치질서'로 이해하는 입장에서는 국가가 공동체의 가치질서를 보호하기 위하여 사적 영역에서의 기본권침해에 관여하게 되는 것은 당연한 논리이다. 이와 관련하여 헌법 제30조의 생명·신체에 대한 범죄피해자에 대한 국가의 구조의무 규정도 제삼자에 의한 개인의 생명·신체의 침해에 대한 국가의 보호의무를 표현하고 있는 것이다.

사인에 의한 기본권침해와 과소보호금지원칙

국가의 기본권보호의무에 있어서는 사인에 의해 기본권이 침해되는 경우의 기본권보호의무가 중요하다. 이 경우의 국가의 보호의무는 입법에 의해 실현되며 그 입법에는 입법자의 광범위한 재량이 인정되는데, 입법자가 기본권보호의무를 이행하지 않을 때에는 그에 대한 헌법적 통제가 필요하게 된다. 헌법재판소는 국가가 입법을 통해 국민의 기본권보호의무를 제대로 이행했는지가 문제되는 경우의 헌법적 판단의 기준으로 '과소보호금지의 원칙'을 적용하고 있다. 즉 국가의 기본권보호의무의 이행에 있어서 기본권보호에 관한 입법을 행하지 않거나 불완전한 입법에 의하여 기본권침해의 여부가 문제되는 경우에는 "국가가 국민의 법익보호를 위하여 적어도 적절하고 효율적인 최소한의 보호조치를 취했는가"라는 과소보호금지의 원칙 또는 최소한 보호의 원칙을 심사기준으로 판단한다는 것이다. 따라서 국가가 국민의 법익을 보호하기 위하여 전혀 아무런 보호조치를 취하지 않았든지 아니면 취한 조치가 법익을 보호하기에 명백하게 전적으로 부적합하거나 불충분한 경우에 한하여 헌법재판소가 국가의 보호의무의 위반을 확인할 수 있다는 것이다. 이 경우 헌법재판소는 권력분립원칙에 따라 입법자에게 특정의 보호조치를 취할 의무를 부과할 수 없으며,

단지 보호의무위반과 기본권침해를 확인할 뿐이다.

우리 헌법재판소가 국가의 기본권보호의무에 관한 과소보호금지원칙을 처음 적용한 판례는 1997년 「교통사고처리특례법」상 교통과실범의 불처벌특례조항(제4조 제1항)에 대한 헌법소원사건이다. 이 사건에서 헌법재판소는 자동차보험에 가입한 교통사고 운전자에 대해 일정한 사고유형 이외에는 공소를 제기할 수 없도록 한 위 특례법 조항이 과소보호금지원칙에 위배되지 않으므로 합헌이라고 판단한 것이다. 즉 국가의 신체와 생명에 대한 보호의무는 "국가가 취한 제반의 보호조치와 교통과실범에 대한 형사처벌조항을 고려한다면, 단지 일정 과실범에 대하여 형벌권을 행사할 수 없는 법망의 틈새가 존재한다고 하여, 그것이 곧 국가보호의무의 위반을 의미하지는 않는다"고 판시한 것이다(헌재 1997. 1. 16. 90헌마110등). 그러나 헌법재판소는 그후 판례를 변경하여 위 특례법 조항이 국가의 기본권보호의무에 위반하는 것은 아니지만, "업무상 과실 또는 중대한 과실로 인한 교통사고로 말미암아 피해자로 하여금 상해에 이르게 한 경우 공소를 제기할 수 없도록 한 부분"은 교통사고 피해자의 재판절차진술권 및 평등권을 침해한다고 판시하였다(헌재 2009. 2. 26. 2005헌마764등).[6)]

헌법재판소는 2008년에 '미국산 쇠고기수입의 위생조건에 관한 고시' 사건에서도 과소보호금지원칙을 적용하면서 "이 사건 고시상의 보호조치가 체감적으로 완벽한 것은 아니라 할지라도 그 기준과 내용에 비추어 쇠고기 소비자인 국민의 생명·신체의 안전을 보호하기에 전적으로 부적합하거나 매우 부족하여 그 보호의무를 명백히 위반한 것이라고 단정하기는 어렵다"고 판시하였다(헌재 2008. 12. 26. 2008헌마419).

과소보호금지원칙은 입법자의 기본권보호의무의 실현에 관한 헌법재판소의 판단기준을 의미하며, 헌법이 입법자에 대해 요구하는 이상적인 기준과는 구별되는 것이다. 입법자가 기본권보호의무를 최대한 실현하려고 노력하는 것이 이상적이기는 하나, 그것은 헌법이 입법자에 대하여 하고 있는 요구로서 주기적으로 돌아오는 선거를 통한 국민심판의 대상이 될 문제이지, 헌법재판소에 의한 심사기준을 의미하지는 않는다.

기본권의 제한

헌법상 국민의 기본권은 최대한 보장되어야 하고 국가는 국민의 기본권을 보장할 의무를 지게 되지만, 다른 한편 국가공동체의 존속과 안전 및 공동체의 질서와 평화유지 등을 위하여 공동체 구성원의 자유와 권리에 대한 일정한 제한이 필요하게 된다. 이와 같이 기본권은 국가목적을 위하여 제한될 수 있는 상대적 기본권을 의미한다. 다만 예외적으로 인간의 내심의 정신작용에 관한 자유로서 양심형성의 자유나 신앙의 자유, 학문 연구의 자유 등은 절대적 기본권으로서 어떠한 경우에도 제한될 수 없는 기본권으로 간주된다.

기본권제한의 목적으로서 국가안전보장, 질서유지, 공공복리

우리 헌법상 기본권 제한의 목적에 관하여 규정하고 있는 것을 보면, 헌법이 개별적 기본권조항에서 직접 명시하고 있는 경우도 있으나 일반적으로는 헌법 제37조 제2항에서 규정하고 있는 바와 같이

"국가안전보장, 질서유지 또는 공공복리"를 모든 기본권 제한의 목적으로 규정하고 있다. 기본권 제한의 목적으로서 '국가안전보장'이란 대한민국이라는 국가의 독립과 영토의 보전, 헌법과 법률 등 국가법규범의 효력유지, 헌법에 의해 설치된 국가기관의 유지 등 국가의 안전을 확보하는 것과 함께 사회공동체의 안전을 확보하는 것을 의미한다. 헌법은 국민의 기본권을 보장하는 동시에 공동체의 존속과 유지도 보호하는 것이므로 국가의 안전을 보장하는 것은 헌법의 본질적 보장사항에 속한다. 즉 헌법이 국가안전보장을 기본권 제한의 목적으로 명시하지 않더라도 이러한 가치는 당연히 기본권 제한의 목적에 해당한다. 국가안전보장을 위한 기본권 제한의 법률로는 「형법」, 「군형법」, 「국가보안법」, 「군사기밀보호법」, 「통신비밀보호법」 등이 있다.

기본권 제한의 목적으로 '질서유지'란 공동체가 존속하고 유지되며, 그 공동체 속에서 구성원들이 평화롭고 안전하게 살 수 있도록 하는 질서를 유지하는 것을 말한다. 여기서의 '질서'란 헌법상의 기본질서를 포함하여 공동체 구성원들이 행복을 추구하며 삶을 영위하는 데 필요한 가치를 유지하고 보호하기 위한 모든 질서를 포함하는 개념으로 이해할 수 있다. 질서유지를 위한 기본권제한 법률로는 「형법」, 「집회 및 시위에 관한 법률」, 「도로교통법」, 「경찰관직무집행법」, 「경범죄 처벌법」, 「화염병사용등의 처벌에 관한 법률」, 「성매매 방지 및 피해자보호 등에 관한 법률」, 「독점규제 및 공정거래에 관한 법률」, 「공직선거법」, 「출입국관리법」 등이 있다.

국가안전보장과 질서유지 외에 또 하나의 중요한 기본권 제한의 목적으로 공공복리의 개념이 있다. '공공복리'란 불확정개념으로 다양하게 정의될 수 있으나, 일반적으로 법적 개념으로서의 공공복리는 국민 개개인의 사적 이익에 대한 대립적 개념이다. 즉 공공복리란 공동체 구성원 전체의 삶을 위한 '공공적 이익' 또는 '국민 공동의 이익'이라고 할 수 있다. 따라서 그것은 경제, 사회, 문화, 건강, 환경, 복지 등 공동체의 각종 영역에 있어서 개인의 수준을 넘어 국민 전체의 수준에서 이익이 되는 가치를 의미한다고 할 수 있다. 사회국가 내지 복지국가를 헌법의 기본원리로 하고 있는 나라에서 공공복리는 사회공동생활의 지표이며 국가적 이념이라 할 수 있다.

헌법재판소는 공공복리 개념의 구체화를 시도하면서 헌법상 경제에 관한 조항들을 언급하고 있다. 즉 우리 헌법은 제119조 이하의 경제에 관한 장에서 "균형있는 국민경제의 성장과 안정, 적정한 소득의 분배, 시장의 지배와 경제력의 남용의 방지, 경제주체간의 조화를 통한 경제의 민주화, 균형있는 지역경제의 육성, 중소기업의 보호육성, 소비자보호 등" 경제 영역에서의 국가목표를 명시적으로 규정함으로써 국가의 경제정책을 통하여 달성하여야 할 "공익"을 구체화하고, 동시에 헌법 제37조 제2항의 기본권제한을 위한 일반법률유보에서의 "공공복리"를 구체화하고 있다고 판시하고 있다(헌재 1996. 12. 26. 96헌가18).

기본권 제한의 방법으로서 법률유보의 원칙

국가가 국민의 기본권을 제한하는 방법으로는 헌법이 직접적으로 기본권 전반 또는 개별적 기본권에 대하여 제한을 명문화하는 경우가 있고, 기본권의 제한을 헌법이 직접 규정하지 아니하고 그 제한을 법률에 위임하여 법률로써 제한하는 것이 있다. 전자를 '헌법유보'에 의한 기본권 제한이라고 하고[가], 후자를 '법률유보'에 의한 기본권 제한이라고 한다.

우리 헌법 제37조 제2항의 "국민의 모든 자유와 권리는 국가안전보장·질서유지 또는 공공복리를 위하여 필요한 경우에 한하여 법률로써 제한할 수 있으며…"라고 규정하고 있다. 여기서 "법률로써 제한할 수 있으며"라는 표현은 기본권제한에 관한 법률유보의 원칙을 선언한 것이다. 기본권을 법률로써 제한할 수 있다는 것은 국민의 자유와 권리를 제한하는 것은 국민의 대표기관인 의회가 국민의 의사에 따라 법률의 형식으로 제한할 수 있다는 의미이고, 권력기관이나 권력담당자가 법률의 근거 없이 자의적으로 국민의 자유를 제한할 수 없다는 것이다.

기본권은 법률로써 제한하는 것이지만 기본권제한에 관련된 법률의 내용은 구체적으로 범위를 정하여 대통령령 등 하위법령에 위임할 수 있다(헌법 제75조, 제95조). 그러나 오늘날 법률유보의 원칙은 기본권을 제한할 때 제한의 핵심적 내용은 하위법령에 위임하지 않고 반드시 법률 자체에서 규정해야 하는 것을 요구한다. 즉 국가공동체와 그 구성원에게 기본적이고도 중요한 의미를 갖는 영역, 즉 특히 국민의 기본권실현에 관련된 영역에 있어서는 행정에 맡길 것이 아니라 국민의 대표자인 입법자 스스로 그 본질적 사항에 대하여 결정하여야 한다는 요구까지 내포하는 것으로 이해하여야 한다는 이른바 '의회유보(議會留保)의 원칙'을 요구한다. 이에 관한 예를 들자면 도시환경정비사업의 시행자인 토지 등 소유자가 사업시행인가를 신청하기 전에 얻어야 하는 토지 등 소유자의 동의요건을 「도시 및 주거환경정비법」에 직접 규정하지 아니하고 토지 등 소유자가 자치적으로 정하여 운영하는 규약에 정하도록 위임한 법률조항은 법률유보 내지 의회유보원칙에 위배된다고 판단한 헌법재판소 판례가 있다(헌재 2012. 4. 24. 2010헌바1).

포괄적 위임입법금지의 원칙

법률로써 기본권을 제한할 때 그 내용의 일부를 하위법령에 위임하는 경우 하위규범에 의한 기본권제한은 법률의 근거가 있어야 함은 물론이며, 위임입법을 인정하는 경우에도 국회중심입법의 원칙이 부정되어서는 안 되므로 백지위임을 의미하는 포괄적 위임입법은 인정되지 않으며, 개별적·구체적 위임만이 인정된다.

헌법은 오늘날의 행정국가화 경향에 부응하여 행정부에 대하여 광범한 행정입법권을 부여하고 있지만, 그것은 법률에서 구체적으로 범위를 정하여 위임받은 사항에 관해서만 행정입법을 인정할 수 있다. 현행 헌법 제75조도 "대통령은 법률에서 구체적으로 범위를 정하여 위임받은 사항……에 관하여 대통령령을 발할 수 있다"라고 규정하여 위임입법의 근거와 아울러 그 범위와 한계를 제시하고 있는데 "법률에서 구체적으로 범위를 정하여 위임받은 사항"이라 함은 법률에 이미 대통령령으로 규정될 내용 및 범위의 기본사항이 구체적으로 규정되어 있어서 누구라도 당해 법률로부터 대통령령에 규정될 내용의 대강을 예측할 수 있어야 함을 의미한다.

명확성의 원칙과 소급입법금지의 원칙

국민의 기본권을 제한하는 법률은 그 내용을 예측할 수 있도록 조문이 명확하게 표현되어야 한다. 기본권을 제한하는 법률 규정이 명확하지 않은 경우에는 이를 집행하는 국가권력의 자의적인 판단의 여지가 넓어지게 되며 개인의 법적 지위를 예측하는 것이 어렵게 된다. 따라서 기본권을 제한하는 법률은 그 표현이 명확하고 구체적이어야 하며, 모호하게 표현된 법률은 그 자체로 무효가 된다. 여기서 명확성의 정도가 문제되는데, 먼저 법률을 적용하는 법관의 입장에서 보충적인 가치판단을 통해 그 의미내용이 확인될 수 있어야 하며, 그 결과 법을 해석·집행하는 기관에게 자의적인 법해석이나 법집행이 배제될 수 있으면 어느 정도 추상적인 표현을 사용하였더라도 법적 명확성의 원칙에 위배되지 않는다(헌재 1992. 2. 25. 89헌가104).

형법영역에 있어서의 소급입법금지원칙은 헌법 제13조 제1항에 "모든 국민은 행위시의 법률에 의하여 범죄를 구성하지 아니하는 행위로 소추되지 아니하며…"라고 규정하고 있다. 이 조항은 형사피의자나 피고인의 신체의 자유보장에 관한 규정이면서 동시에 법치주의 원리의 요소로서 소급입법금지원칙을 확인하는 규정이다. 특히 헌법 제13조 제1항의 형법에 있어서 소급입법금지의 원칙은 신체의 자유의 중요성에 비추어 '절대적 효력'을 갖는 것으로 해석되고 있다.

기본권 제한의 한계로서 과잉금지의 원칙

자유와 권리는 '필요한 경우에 한하여' 제한할 수 있다

앞에서 기술한 바와 같이 기본권은 국가안전보장, 질서유지 또는 공공복리를 위하여 법률로써 제한할 수 있지만, 제한의 경우에도 그 정도와 범위에 관해서는 헌법이 정한 과잉금지(過剩禁止)의 원칙이 적용되어야 한다. 과잉금지의 원칙이란 국가가 입법활동을 하는 데 있어서 준수하여야 할 기본원칙으로서 기본권을 제한하는 입법권의 행사는 정당한 목적을 위하여 필요한 범위 내에서 이루어져야 한다는 것을 의미한다. 과잉금지원칙은 공권력의 행사에 의해 기본권이 제한되는 경우 기본권의 제한이라는 '수단'과 이러한 제한을 통해 달성하고자 하는 '목적' 사이의 '상관관계'를 구체적으로 심사한다는 의미에서 '비례의 원칙'이라고도 한다. 우리 헌법은 제37조 제2항에 "국민의 모든 자유와 권리는 … 필요한 경우에 한하여 법률로써 제한할 수 있으며, 제한하는 경우에도 자유와 권리의 본질적인 내용을 침해할 수 없다"라고 밝힘으로써 법률유보의 원칙과 함께 과잉금지원칙을 규정하고 있다. 과잉금지원칙은 독일의 판례이론으로 전개되어 온 것으로서 우리 헌법재판소는 이 원칙을 수용하여 광범하게 적용하고 있다.

과잉금지의 원칙을 적용하는 데 있어서 문제가 되는 것은, 이 원칙이 적용되는 기본권의 범위에 관한 것이다. 헌법 제37조 제2항은 국민의 "모든 자유와 권리"는 법률로써 필요한 경우에 한하여 제한할 수 있다고 규정하고 있으므로 모든 기본권이 과잉금지원칙의 적용을 받는다고 할 수도 있으나, 자유권과 구별되는 사회권, 청구권, 참정권 등은 특정한 보호범위가 없이 법률에 의해 비로소 구체적인 내용이 형성되기 때문에 과잉금지원칙이 동일하게 적용되기 어렵다고 보는 것이 통설적 견해이다. 따라서 사회권이나 청구권 등 적극적 기본권의 제한에 있어서는 과잉금지원칙이 그대로 적용되지 않고 완화된 형태로 적용될 수 있다. 헌법재판소의 입장을 보면 자유권 이외의 기본권제한에 대해 헌법 제37조 제2항의 과잉금지원칙을 적용한 사례와 완화된 의미의 과잉금지원칙을 적용한 사례가 있으며, 그 밖에 과잉금지원칙을 심사기준으로 제시하지 않고 단지 입법자의 입법형성권의 범위 일탈

여부만을 심사한 사례 등이 있다.[8)]

과잉금지원칙의 4가지 요건

　과잉금지 원칙의 내용은 목적의 정당성의 원칙, 방법의 적절성의 원칙, 피해의 최소성의 원칙, 법익의 균형성의 원칙이라는 네 개의 부분원칙으로 구성되며 이 모든 요건이 충족되어야 기본권제한이 합헌으로 인정된다. 첫째, 목적의 정당성의 원칙은 기본권을 제한하는 의회의 입법은 그 입법의 목적이 헌법과 법률의 체계 내에서 정당성을 인정받을 수 있어야 한다는 것을 의미한다. 따라서 목적의 정당성을 인정받을 수 없는 기본권 제한의 법률은 과잉금지의 원칙에 위배되어 무효가 된다.

　둘째, 방법의 적절성은 국민의 기본권을 제한하는 입법을 하는 경우에 법률에 규정된 기본권 제한의 방법은 입법목적을 달성하기 위한 방법으로 효과적이고 적절한 것이어야 한다는 원칙을 말한다. 헌법재판소는 제대군인에게 공무원채용시험에서 가산점을 주는 것을 방법의 적합성에 위반된다고 하였다. 즉 가산점제도는 아무런 재정적 뒷받침없이 제대군인을 지원하려 한 나머지 결과적으로 여성과 장애인 등 이른바 사회적 약자들의 희생을 초래하고 있으며, 각종 국제협약, 실질적 평등 및 사회적 법치국가를 표방하고 있는 우리 헌법과 이를 구체화하고 있는 전체 법체계 등에 비추어 우리 법체계내에 확고히 정립된 기본질서라고 할 '여성과 장애인에 대한 차별금지와 보호'에도 저촉되므로 정책수단으로서의 적합성과 합리성을 상실한 것이라고 판시한 바 있다(헌재 1999. 12.23. 98헌마363).

　셋째, 피해의 최소성 원칙은 입법권자가 선택한 기본권의 제한

조치가 입법목적 달성을 위해 적절한 것일지라도, 보다 완화된 수단이나 방법을 모색함으로써 그 제한을 필요최소한의 것이 되게 해야 한다는 것을 말한다. 기본권제한의 입법에 대한 합헌성심사에 있어서 실제로 중요한 것은 피해의 최소성과 법익의 균형성이다.

　　마지막으로 법익의 균형성 원칙은 기본권제한이 위의 원칙들에 적합한 경우에도 기본권제한에 의해 얻게 되는 공적 이익과 그 제한에 의해 기본권의 주체가 입게 되는 피해와 손실을 비교형량할 때 양자 간에 합리적인 균형관계가 유지되거나 기본권제한으로 얻게 되는 공적 이익이 그 제한으로 피해를 보게 되는 사적 이익보다 커야 한다는 것을 의미한다. 앞의 피해의 최소성에 관한 판단은 사실의 판단이지만 법익의 균형성에 관한 판단은 본질적으로 가치판단의 문제이기 때문에 법익의 균형성에 관한 판단이 가장 결정적인 심사기준이 된다.

기본권의 본질적 내용의 침해 금지

　　기본권을 법률로 제한하는 경우에 과잉금지원칙 내지 비례의 원칙을 충족하더라도 기본권의 본질적 내용을 침해하면 헌법에 위반된다. 헌법 제37조 제2항은 "기본권을 제한하는 경우에도 자유와 권리의 본질적 내용을 침해할 수 없다"라고 하여 기본권의 본질적 내용 보호를 규정하고 있다. 여기서 본질적 내용이라 함은 당해 기본권의 중핵이 되는 실체를 말하며, 본질적 내용의 침해란 그 침해로 말미암아 당해 자유나 권리가 유명무실한 것이 되어 버리고 형해화되어 당해 기본권을 보장하는 궁극적인 목적을 달성할 수 없게 되는 지경에 이르는 경우라고 할 것이다(헌재 1990. 9. 3. 89헌가95).

그러나 실제로 기본권의 본질적 내용의 구체적 의미와 범위가 무엇인가는 판단하기 어려운 문제이다. 그 본질적 내용이 무엇인가에 관해서는 절대설과 상대설 등으로 견해가 나뉘고 있는데, 절대설의 입장은 기본권의 내용 가운데에는 어떤 경우에도 침해할 수 없는 핵심영역이 있다고 보는 것이고, 상대설은 기본권의 본질적 내용은 절대적으로 고정되어 있는 것이 아니며 이익형량에 따라 기본권이 제한되는 경우에 개별 기본권의 본질적 내용의 범위는 달라진다는 것이다. 예를 들어 생명권에 관하여 절대설의 입장에서 사형제도는 생명권의 본질적 내용을 침해하는 것이므로 위헌이 되지만, 상대설의 입장에서는 사형제도가 다른 생명을 보호하기 위해 불가피하게 예외적으로 적용되는 한 생명권의 본질적 내용을 침해하는 것이 아니라고 보는 것이다.[9]

그러나 개념상으로는 본질적 영역과 비본질적 영역의 구분이 가능하다고 하더라도 실제적으로는 구체적 권리의 본질적 핵심영역의 경계를 설정하는 것은 매우 어려운 문제라 할 수 있다. 그리고 실제로 헌법재판소 판례를 보더라도 기본권의 제한에 있어서 과잉금지원칙에 위배되지 않으면서 본질적 내용을 침해하는 것이라고 판단한 경우는 거의 존재하지 않기 때문에 위의 절대설과 상대설의 구분은 논의의 실익이 없다고 할 수 있다.[10] 따라서 비례의 원칙에 위배되는 기본권 제한은 곧 그것이 기본권의 본질적 내용의 침해를 의미하는 것이라고 할 수 있으며, 비례의 원칙에 위배되지 않더라도 별개의 기본권 제한의 한계기준인 본질적 내용의 침해에 해당하는 경우는 거의 찾아보기 어렵다.

기본권의 침해에 대한 구제

국가기관과 사인에 의한 침해와 사법적 권리구제수단

기본권이 헌법에 보장되면 국가와 국민은 모두 이를 준수해야 한다. 그러나 헌법이 기본권을 규정하더라도 국가권력의 남용과 국민의 자의적인 행동으로 인하여 기본권이 침해되는 현상이 발생하게 된다. 이러한 기본권침해에 대해서는 사전에 예방하거나 사후에 구제함으로써 기본권을 보호할 수 있다.

국가기관에 의해 기본권이 침해되는 경우로는 먼저 입법기관의 적극적인 입법행위에 의한 기본권침해가 있으며, 이러한 입법에 의한 기본권침해에 대하여는 위헌법률심판과 헌법소원심판과 같은 헌법재판제도를 통해 구제받을 수 있다. 소극적인 입법부작위에 의한 기본권침해에 대해서도 입법청원, 입법부작위에 대한 헌법소원심판을 통해 구제받을 수 있다. 행정기관에 의한 기본권침해로는 적극적인 행정행위에 의한 침해와 소극적인 행정부작위에 의한 침해가 있는데 이에 대해서는 행정심판, 행정소송, 형사보상청구, 손해배상청구, 행정입법에 대한 위헌심사, 헌법소원심판 및 국가인권위원회의 조치 등을 통하여 구제받을 수 있다. 법원의 재판을 통하여 기본권이 침해되는 경우에는 상소제도와 재심 절차를 통해 구제받을 수 있다.

국가기관이 아닌 사인(私人)에 의한 기본권 침해에 대해서는 민사상의 손해배상책임이나 형사적 제재를 통해 기본권을 구제할 수 있다. 사인에 의한 기본권 침해의 경우 기본권의 주체가 직접 구제를 시도하는 자력구제(自力救濟)는 정당방위나 긴급피난에 해당하는 경우를 제외하고는 원칙적으로 허용되지 않는다. 사인에 의한 기본권 침해에 대해 법률에서 그 구제를 규정하지 않은 경우에는 기본권의 대사인적 효력을 통해 이를 해결할 수 있다.

최후의 보충적 권리구제로서 헌법소원심판

　　기본권의 침해에 대한 사법적 구제수단 중에서 국가기관의 공권력 행사 또는 불행사로 개인의 기본권이 침해되는 경우에는 헌법소원심판이라는 헌법재판제도를 통해 최후의 보충적 기본권구제가 이루어진다. 헌법소원심판은 일차적으로 국민의 기본권을 보장하기 위하여 마련된 헌법재판제도라는 점에 그 특징이 있으며, 본래 의미의 헌법소원심판은 소송 절차에 의한 기본권을 관철하기 위한 추가적인 권리구제수단을 의미하기 때문에 추가적 권리구제수단이 되기 위해서는 법원의 재판에 대해서도 헌법소원이 인정되어야 하는 것이 타당하다. 헌법소원제도의 원형인 독일의 경우에는 입법권과 행정권의 행사뿐만 아니라 사법권의 행사를 의미하는 재판에 대해서도 헌법소원심판의 대상이 되도록 하고 있으나, 우리의 헌법소원심판은 재판에 대한 헌법소원을 원칙적으로 금지하고 있다는 점에서(헌법재판소법 제65조 제1항) 보충적이고 추가적인 권리구제 수단으로서는 상당한 제약을 받게 되는 문제가 있다. 다만 헌법재판소는 법원재판제외의 원칙에 대한 예외로서 헌법재판소가 위헌이라고 결정한 법령을 법원이 적용하여 재판한 경우에는 그 재판에 대하여 헌법소원심판이 인정된다고 판시한 바 있다(헌재 1997. 12. 24. 96헌마172등).

국가인권위원회에 의한 권리구제

국가기관에 의해 기본권이 침해되는 경우 법원이나 헌법재판소에 의한 사법적 권리구제수단은 제소요건에 의한 절차상의 제약뿐만 아니라 시간과 비용상 제약이 따르기 때문에 이를 보완하는 방법으로 국가인권위원회제도가 채택되고 있다. 국가인권위원회는 「국가인권위원회법」에 근거하여 인권을 보호하고 인권보호의 수준을 향상시키기 위하여 설립된 독립적 국가기관이다.[11] 국가인권위원회는 인권에 관한 법률·제도·정책·관행의 조사와 연구 및 그 개선이 필요한 사항에 관한 권고 또는 의견의 표명, 인권침해행위와 차별행위에 대한 조사와 구제, 인권상황에 대한 실태조사, 인권에 관한 교육 및 홍보, 국제인권조약에의 가입 및 그 조약의 이행에 관한 연구와 권고 또는 의견의 표명 등의 업무를 수행한다(국가인권위원회법 제19조).

국가인권위원회의 조사대상은 국가기관, 지방자치단체 또는 구금보호시설의 업무수행과 관련하여 헌법 제10조 내지 제22조에 보장된 인권을 침해당하거나 차별행위를 당한 경우, 법인·단체 또는 사인에 의하여 차별행위를 당한 경우이다. 단 국회의 입법 및 법원과 헌법재판소의 재판은 조사대상에서 제외한다(동법 제30조). 국가인권위원회는 위원회에 대한 진정을 조사한 결과 진정의 내용이 범죄행위에 해당하고 이에 대해 형사처벌이 필요하다고 인정할 때에는 검찰총장에게 그 내용을 고발할 수 있고, 진정에 대한 조사 결과 인권침해가 있다고 인정할 때에는 피진정인 또는 인권침해에 책임이 있는 자에 대한 징계를 소속기관 등의 장에게 권고할 수 있다(동법 제45조).

주

1) 국제인권규약은 '경제적·사회적 및 문화적 권리에 관한 규약'(A규약)과 '시민적·정치적 권리에 관한 규약'(B규약)으로 구성되어 있으며 1977년부터 서명국에 대해 효력이 발생하였다. 우리나라는 1985년 A규약에 유보조항 없이 가입하였고, B규약은 국내법과 저촉되는 일부 조항을 유보하고 가입하여 1990년부터 효력을 발생하게 되었다. 이 인권규약에 가입된 국가는 통상적으로 국가보고서를 제출하며, 조약상의 권리를 침해당한 개인은 해당 조약상의 기관에 권리침해를 통보할 수 있으며 해당 기관은 이를 심의하여 규약 위반의 결정과 구제조치의 요청을 당사국에 통지할 수 있다. 여기서 당사국에 통지된 의견은 권고적 효력을 가질 뿐 당사국에 대한 법적 구속력을 갖지 않는다.

2) 이 헌법재판소 결정 이후 국회는 임종 과정에 있는 환자의 연명의료와 연명의료 중단 등 결정과 그 이행에 필요한 사항을 규정하기 위하여 2018년 '호스피스·완화치료 및 임종 과정에 있는 환자의 연명의료결정에 관한 법률'(연명의료결정법)을 제정하였다.

3) 사회적 기본권은 자유권적 기본권과의 관계에서 볼 때 여러 가지 면에서 구별된다. 첫째, 이념적 배경에 있어서 자유권은 개인주의적 자유주의와 형식적 평등을 기초로 하지만, 사회권은 공동체주의와 실질적 평등이라는 사회정의를 기초로 한다. 따라서 자유권은 인간의 자유를 내실로 하는 기본권인 데 반하여 사회권은 인간의 생존을 위한 실질적 평등을 내실로 하는 기본권이라는 점에서 양자는 대립관계에 있다. 둘째, 자유권은 개인의 자유를 보장하기 위하여 국가의 부작위를 요청하는 점에서 소극적·방어적 권리의 성격을 가지는 것이지만, 사회권은 국가의 급부·배려와 같은 국가적 작위를 청구하는 적극적 급부청구권으로서의 성격을 가진다. 셋째, 자유권은 초국가적 권리이며 자연법상 인간의 권리를 의미하지만, 사회권은 헌법에 의하여 창설된 국법상의 권리이며 국민의 권리를 의미한다. 넷째, 법적 효력에 있어서 자유권은 현실적인 법적 효력을 갖는 구체적 권리로서 모든 국가권력을 직접 구속하는 것이지만, 사회권은 제한된 범위에서만 국가권력을 구속하며 재판규범으로서의 성격이 상대적으로 약하다.

4) 예를 들면 직업의 자유를 행사할 수 있는 사회적·경제적 조건은 대량 실업을 방지하고 국민에게 일자리를 제공해야 하는 사회국가의 목표로 나타나며 이는 헌법상 사회적 기본권인 근로의 권리 보장으로 실현된다. 그 밖에 자유로운 인격발현을 실현하기 위한 사회적 조건으로 누구나 능력에 따라 균등하게 교육을 받을 수 있도록 교육을 받을 권리가 보장되어야 하는 것이다. 이 점에서 사회적 기본권은 자유권 실현의 사회적 조건을 의미하게 된다.

5) 미국연방대법원은 1940년대의 United States v. Classic(1941) 판결과 Smith v. Alright(1944) 판결 등에서 정당의 예비선거를 공직선거의 필수부분으로 인정하여 이를 정당의 사적 행위로 보는 것을 거

부하고 국가적 행위로 인정하게 되었다. 그리하여 정당의 예비선거에 흑인의 참여를 거부하는 정당의 행위는 흑인의 평등권을 침해하는 것이라고 판결하였다. 상세한 내용은 정만희, 『헌법과 통치구조』, 법문사, 2003, 614면 이하.

6) 이 결정으로 교통사고처리특례법은 2010년 개정되어 "피해자가 신체의 상해로 인하여 생명에 대한 위험이 발생하거나 불구가 되거나 불치 또는 난치의 질병이 생긴 경우"에는 불처벌의 특례에서 제외되었다.

7) 우리 헌법상 개별적 기본권에 대해 헌법이 직접적으로 제한을 규정한 것으로는 언론·출판의 자유에 대하여 "타인의 명예나 권리 또는 공중도덕이나 사회윤리를 침해하여서는 아니 된다"는 제한규정(제21조 제4항)과 정당의 목적이나 활동의 헌법적 한계로서 "민주적 기본질서에 위배된 때"에 관한 규정(제8조 제4항), 재산권 제한에 관하여 "재산권의 행사는 공공복리에 적합하도록 하여야 한다"는 규정(제23조 제2항) 및 기본권의 주체의 제한과 관련하여 "군인·경찰공무원 등의 국가배상청구권 제한" 규정(제29조 제2항) 등은 개별적 헌법유보에 의한 기본권제한에 해당한다.

8) 헌법재판소는 청구권적 기본권(체포·구속적부심사청구권)에 대한 위헌심사의 기준으로 비례의 원칙이 아닌 자의금지원칙을 적용한 사례가 있으며, 재판청구권에 관해서는 완화된 비례의 원칙을 적용한 경우도 있다. 헌재 2004. 3. 25. 2002헌바104; 헌재 2001. 6. 28. 2000헌바77.

9) 헌법재판소는 1996년 생명권의 제한에 관한 사형제도의 합헌성에 대해 판단하면서 생명권 역시 헌법 제37조 제2항에 의한 일반적 법률유보의 대상이 될 수밖에 없다고 보고 있으며, "사형이 비례의 원칙에 따라서 최소한 동등한 가치가 있는 다른 생명 또는 그에 못지아니한 공공의 이익을 보호하기 위한 불가피성이 충족되는 예외적인 경우에만 적용되는 한, 그것이 비록 생명을 빼앗는 형벌이라 하더라도 헌법 제37조 제2항 단서에 위반되는 것으로 볼 수는 없다"고 하여 상대설의 입장을 취하고 있음을 볼 수 있다. 다만 이 사건에서 재판관 조승형은 반대의견으로 사형제도는 생명권의 본질적 내용을 침해하는 생명권의 제한이므로 헌법 제37조 제2항 단서에 위반된다는 견해를 제시하였다. 헌재 1996. 11. 28. 95헌바1.

10) 정종섭, 『헌법학원론』, 박영사, 2014, 388면.

11) 유엔 등 국제기구는 1970년대 말부터 국가인권기구의 설립을 위해 많은 노력을 기울여 왔으며, 1995년에 국가인권기구의 설립권고안이 제정됨에 따라 각국에서 국가인권기구를 설립하게 되었다. 우리나라는 2001년 국가인권위원회법 제정을 통해 국가인권위원회가 설치되었다.

제1장

대한민국헌법의 제정

제2장

헌법개정의 역사

제2부 대한민국 헌법사

제1장

대한민국헌법의 제정

대한민국헌법 제정 전사(前史)

대한제국 국제(國制)

　　1948년 대한민국헌법이 제정되기 이전 구한말 시대 최초의 성문헌법에 해당하는 것으로는 1899년 선포된「대한제국 국제(大韓帝國國制)」가 있다. 이 대한제국 국제는 국호를 조선(朝鮮)에서 대한제국으로 개칭하고 국가형태를 전제군주국으로 천명한 흠정(欽定)헌법의 성격을 갖는 것이었다. 흠정헌법이란 군주주권의 사상을 바탕으로 군주가 제정한 헌법을 말한다. 대한제국 국제를 제정하기 2년 전인 1897년 10월 고종은 황제즉위식을 거쳐 국왕에서 황제로 승격하면서 국호를 '대한'으로 선포하였으며, 1899년 8월 17일 최초의 흠정헌법을 제정·공포한 것이다. 대한제국의 헌법은 국민의 기본권보장과 권력분립제 등을 전혀 규정하지 않아서 근대적 입헌주의헌법으로 볼 수 없다. 다만 대한제국 국제 제1조에 "대한국은 세계가 공인한 자주독립의 황제국이다"라고 하고, 제2조에 "대한국 정치는 오백년을 이어 왔으며 만세불

변할 전제정치다"라고 규정하여 만세불변의 자주독립제국으로서 의지를 국내외에 천명한 점에서 의미가 있다고 할 수 있다. 그러나 이러한 대한제국의 헌법은 제3조에 "대한국 대황제는 무한한 군권을 누린다"고 하여 철저한 군주주권과 전제군주제를 채택하였으나 대한제국은 얼마 못 가 1910년 한일합방으로 주권을 상실하게 되었다.

1919년 대한민국 임시정부 헌법의 제정

1919년 우리 민족은 거족적이고 전국적인 3·1 독립운동을 전개하였고 그 역사적 산물로서 상해(上海)에 대한민국 임시정부가 구성되었으며, 1919년 4월 11일 임시정부 헌법인 「대한민국 임시헌장(大韓民國 臨時憲章)」이 제정되었다. 이 임시정부 헌법은 비록 완전한 형태의 독립국가 헌법이라고 할 수 없지만, 우리나라 최초의 근대적 입헌주의헌법의 성격을 갖는 것이라 할 수 있다. 임시정부 헌법은 국호를 '대한민국'으로 칭하고 국가형태를 '민주공화제'로 규정하였으며 국무총리를 임시정부의 수반으로 하였다. 기본권보장에 관하여 평등권, 종교의 자유, 언론의 자유, 이전의 자유, 신체의 자유, 소유권, 선거권 등을 규정하였다.

3·1운동 이후 임시정부는 상해 임시정부 외에도 러시아 연해주의 대한국민의회(大韓國民議會)와 서울의 한성정부(漢城政府)가 사실상의 정부조직으로 수립되었으나 이들은 1919년 9월 상해 임시정부에 통합되었으며, 1919년 9월 11일 대한제국 임시헌장도 보다 완전한 형태의 헌법인 「대한제국 임시헌법」으로 개정되었다. 이렇게 수립된 대한민국 임시정부는 1945년 11월 조국에 환국될 때까지 단일의 독립운동추진기구로서 한민족의 정신적 대표기관의 지위를 유지해 왔다.

임시정부 헌법은 형식적으로는 국가의 기본법의 성격을 갖는 것이었으나 실질적으로는 독립된 국가의 통치구조를 규정한 것이라고 보기 어려우며, 그것은 국가의 독립을 위한 조직적 저항운동단체의 기본법으로서의 성격을 갖는다고 보는 것이 타당하다. 학계에서도 임시정부헌법은 통상적인 국가의 헌법이 아니며 장래에 국가를 수립할 것을 목표로 하는 임시헌법 내지 예비헌법의 성격을 갖는다고 보는 것이 지배적 견해이다.[1] 이와 같이 임시정부 헌법은 3·1 독립운동에 참여한 한국인들의 독립의지를 바탕으로 장래 민주공화국의 수립을 위해 제정된 것으로서 비록 임시정부의 임시헌법이라 하더라도, 그 제정 과정에 있어서 민주적 정당성에 근거한 최초의 근대헌법으로서의 성격을 갖는 것이라 할 수 있다.[2]

임시정부 헌법은 1919년 4월 제정 이후 5회에 걸쳐 개정되었다. 1919년 9월 통합된 임시정부의 제1차 헌법개정의 내용은 대통령제를 채택하면서 국무총리가 중심이 된 국무원을 설치함으로써 절충형 정부형태를 규정하였으며, 주권재민, 영토조항, 권력분립제, 청원권 등을 신설하였다. 1925년 4월 제2차 헌법개정에서는 절충형 대통령제를 의원내각제로 변경하였다. 1927년 제3차 개헌에 의해 정부조직을 다시 변경하여 국무위원으로 구성된 국무회의가 최고권한을 가지는 집단지도체제를 규정하였다. 1940년 제4차 개헌에 의해 주석제(主席制)를 도입하여 집단지도체제의 문제점을 보완하였다. 1944년 4월 제5차 개헌은 헌법 전문에 3·1운동의 독립정신이 건국의 정신적 기반임을 천명하고 기본권제한의 일반적 법률유보조항을 신설하였으며 주석의 권한을 강화하고 부주석을 설치하였다.[3]

1948년 제헌국회의 구성과 대한민국헌법의 제정

1945년 8·15 광복과 미군정 실시

　　제2차 세계대전이 연합국의 승리로 끝나면서 우리나라는 1945년 8월 15일 광복을 맞이했다. 연합국은 한반도에 있는 일본군을 무장해제시키기 위해 38도선을 경계로 남한에는 미군이 진주하고 북한에는 소련군이 진주하여 군정을 실시하게 되었다. 1945년 9월 7일 미군이 인천에 도착하였고 주한미군사령관 하지(J.R. Hodge) 장군이 아놀드(A.V. Arnold) 육군소장을 군정장관에 임명하면서 남한에 군정이 실시되었다. 북한 지역은 8월 15일 해방 이전인 8월 8일 소련 군대가 대일본 선전포고를 하고 이미 북한을 점령하고 있었으며, 9월 20일 스탈린(Stalin)은 소련군이 점령한 북한지역에 단독정부를 수립할 것을 비밀지령으로 지시하였다. 1945년 12월 16일 승전국들은 한국문제를 다루기 위해 '모스크바 3상회의'를 개최하여 한국을 일본의 지배에서 해방시켜 민주주의원칙에 입각하여 새로운 독립국가로 재건시키기 위한 방법으로 미소공동위원회를 설치하여 임시정부의 수립을 지원하며, 한국이 완전 독립국가가 될 때까지 임시조치로 미국, 소련, 영국, 중국이 공동관리하는 신탁통치를 최장 5년까지 실시할 것을 결정하였다. 그러나 미소공동위원회의 구성에 참여할 수 있는 정당과 시민단체의 자격문제를 둘러싼 의견 대립으로 두 차례에 걸친 공동위원회의 구성은 결렬됨으로써 남한과 북한은 사실상 분단의 길로 접어들게 되었다. 남한에서는 미군정 실시 중 군정법령에 의해 1946년 12월 12일 남조선과도입법의원이 설치되었으며, 1947년 2월 17일에는 미국의 군정장관 아래에 한국인 민정장관(안재홍)이 임명되었고, 5월 17일에는 미군정청의 한국인기관으로 남조선과도정부가 설치되었다.

　　미소공동위원회가 결렬되고 나서 미국의 제안으로 1947년 11월 14일 UN총회에 '한국독립의 문제'가 의제로 채택되어 한국의 독립을 촉진하기 위하여 임시한국위원단을 구성하고 보통선거에 의한 국회 및 정부 구성의 방침 등을 결정하였으나, 소련이 임시한국위원단의 북한 입국을 거부함에 따라 UN의 구상은 원래대로 진행되지 못하고 말았다. 그리하여 1948년 2월 26일 UN소총회는 "가능한 지역 안에서 국제연합 임시한국위원단의 감시하에 총선거를 실시하고 여기서 선출된 대표로 구성된 의회가 한국정부의 토대가 될 것이며 정부형태는 한국 국민에 의해 자주적으로 결정되어야 한다"는 내용의 결의를 하였다. 이 결의에 따라 1948년 5월 10일 남한만의 총선거로 초대 국회를 구성하게 되었다. 제헌국회 구성을 위한 최초의 「국회의원선거법」은 1948년 3월 17일 미군정에 의해 공포되었는데, 이 선거법에 의해 우리나라 역사상 처음으로 보통·평등선거 원칙이 채택되어 21세 이상의 모든 남녀가 선거권을 가지며, 만 25세 이상의 남녀가 피선거권을 갖게 되었다. 선거구는 200개로 하고 1선거구당 1인의 의원을 선출하도록 하였다.[4] 특히 이 선거법 중 주목되는 부분은 친일 부역자의 선거권과 피선거권을 박탈하는 조항에 관한 것이다. 일본 정부로부터 작위를 받았거나 일본제국의회 의원이 되었던 자는 선거권이 없다고 규정하고, 일제 강점기 고등경찰의 직에 있었던 자 및 그 밀정행위를 한 자 또는 3등급 이상의 고등관에 있던 자 등은 피선거권을 행사할 수 없도록 규정한 것이다.[5]

대한민국헌법의 제정 과정

1948년 5·10 총선 결과 의원 198명으로 제헌국회를 구성하게 되었으며, 5월 31일에는 제헌국회를 소집하여 국회의장에 이승만(李承晩)을, 부의장에 신익희(申翼熙)·김동원(金東元)을 선출하였다.[6] 6월 3일 국회는 헌법기초위원 30명과 전문위원 10명으로 '헌법기초위원회'를 구성하여 헌법학자로서 전문위원으로 참여한 유진오(兪鎭午)의 원안을 중심으로 의원내각제 정부형태와 양원제 국회의 초안을 작성하였으며, 제헌국회의 의원 대다수도 의원내각제를 지지하는 상황이었다. 그러나 헌법기초위원회의 심의가 거의 마무리되는 시점에 국회의장 이승만이 갑자기 대통령제를 강력하게 주장함에 따라 기초위원들은 그의 의견에 승복하여 헌법 초안이 대통령중심제와 단원제로 변경되었다. 6월 23일에는 대통령제를 중심으로 하는 초안이 본회의에 상정되어 3회의 독회(讀會)를 거쳐 7월 12일 국회를 통과하여 7월 17일 국회의장의 서명으로 공포되고 즉일 시행되었다. 건국헌법에 의해 7월 20일 국회는 이승만 대통령과 이시영 부통령을 선출하고, 국무총리와 대법원장이 국회의 인준을 받게 됨으로써 8월 15일에는 대한민국 정부수립이 선포되었다.

건국헌법의 초안을 기초한 유진오 위원은 의원내각제 도입의 필요성을 이승만 의장에게 설득하기 위해 노력하였으나 결국 허사가 되고 말았고, 당시 제헌국회를 구성한 주요 정치세력으로 이승만이 주도하는 대한독립촉성회와 김성수를 중심으로 하는 한국민주당 인사들도 대통령제 헌법을 수용하게 되었다. 유진오는 의원내각제에 대한 확고한 소신을 갖고 대통령제 도입에 반대하는 입장을 취하였는데, 그는 후에 출간한 『헌법기초회고록』에서 "국토양단, 경제파탄, 공산주의자들의 극렬한 파괴활동 등 생사의 문제를 산더미같이 떠안고 있는 대한민국이 대통령제를 채택해 가지고 국회와 정부가 대립하여 저물도록 옥신각신하고 앉아 있다면 나라를 망치기(아니면 독재국가화하기) 꼭 알맞은 것으로 나는 생각하고 있었던 것이다"라고 기술하고 있다.[7]

건국헌법의 주요 내용과 특징

정치적 타협의 산물로서 정부형태

1948년 대한민국 건국헌법의 제정은 서구형의 입헌주의헌법의 채택을 의미하는 것으로 기본권보장과 권력분립원리를 규정하였으며, 통치구조와 정부형태에 있어서는 미국형의 대통령제 도입을 중심으로 한 것이다. 그러나 대통령제를 채택하면서도 헌법기초위원회의 원안이었던 의원내각제의 요소가 혼합된 정부형태를 도입하게 되었기 때문에 미국형의 순수 대통령제를 채택한 것은 아니라고 할 수 있다. 이러한 대통령제와 의원내각제의 혼합은 헌법제정 과정에서 대립한 정치적 세력 간의 '우연한 타협의 산물'을 의미하는 것이었다는 점에서 문제가 있다.[8]

건국헌법의 제헌 과정에서 새로운 정부형태의 선택을 둘러싼 의원내각제와 대통령제 원리에 관한 충분한 논의와 숙고를 통해 양자택일로 정부형태가 정해진 것이 아니라, 조급하게 제헌 일정을 정해 놓은 상황에서 제헌을 주도하는 정치세력 간에 쉽게 합의가 이루어지지 않자 대립하는 두 개의 정부형태안을 적당히 타협하여 혼합형의 정부형태가 탄생하게 된 것이다. 물론 세계 각국의 정부형태를 보면 대통령제, 의원내각제뿐만 아니라 양자의 혼합형 정부형태도 다양하게 존재한다. 그렇지만 여기서 혼합형 정부형태의 채택은 그 나라의 특유한 정치적 경험을 통한 현실적 필요성에 의해 이루어진 경우가 일반적이다. 그러나 우리의 건국헌법상 정부형태는 민주주의의 정치적 경험이 전무한 가운데 새로운 제도를 도입하는 과정에서 정치적 경험을 바탕으로 한 논리적 숙고를 통해 도입된 것이 아니라 무원칙한 타협의 산물이라는 점에서 태생적 한계를 지닌 것이었다.

    건국헌법의 내용을 보면 대통령과 부통령을 임기 4년으로 국회가 선출하도록 하였으며, 대통령은 법률안제출권과 법률안거부권을 행사하고, 계엄선포권과 긴급명령권을 갖는다. 대통령의 권한에 속하는 중요 국책을 의결하기 위한 국무원은 대통령과 국무총리, 국무위원들로 구성되고, 국무총리는 대통령이 임명하되 국회의 승인을 얻도록 하였다. 국회의 구성에 관해서는 단원제를 채택하였으며, 국회의 국정통제에 관한 권한으로 국정감사권과 탄핵소추권 등을 규정하였다. 여기서 한 가지 주목해야 할 것은 대통령제를 채택하면서 대통령의 권한사항에 관한 의결기구로서 국무원제도를 둔 것이라든지, 국무총리제와 대통령의 법률안제출권 등을 규정한 것은 의원내각제적 요소로서 대통령제의 본질적 원리와 부합되기 어려운 제도라는 점이다. 더욱이 대통령제를 도입하면서 대통령 선출방법으로 국회에 의한 간선제를 규정한 것은 처음부터 체계정당성의 문제점을 내포하고 있는 것이었다.[9]

    법관은 임기 10년으로 연임이 가능하도록 하였으며, 위헌법률심사권은 부통령을 위원장으로 하고 대법관 5인과 국회의원 5인으로 구성된 헌법위원회에 부여하였고, 대법원은 명령·규칙·처분에 대한 위헌·위법심사권을 행사하도록 하였다. 제헌헌법은 그 밖에 탄핵재판소를 설치하여 부통령이 재판장이 되고 대법관 5인, 국회의원 5인으로 구성하였으며, 대통령·부통령에 대한 탄핵은 대법원장이 재판장의 직무를 대행하도록 규정하였다. 헌법개정에서는 대통령 또는 국회 재적의원 3분 의1 이상의 찬성으로 헌법개정을 제안할 수 있으며 그 개정안은 국회 재적의원 3분의 2 이상의 찬성으로써 의결하면 헌법개정이 확정되도록 하여 국민투표 절차는 두지 않았다.

자유권과 사회적 기본권의 명문화

기본권보장에 관해서는 자유권적 기본권과 함께 사회적 기본권을 동시에 규정한 것이 특징이다. 자유권으로는 신체의 자유를 비롯하여, 거주·이전의 자유와 주거의 불가침, 통신의 자유, 신앙과 양심의 자유, 언론·출판·집회·결사의 자유, 학문과 예술의 자유, 재산권 보장 등을 규정하였는데, 신앙과 양심의 자유 및 학문·예술의 자유와 같은 정신적 자유를 제외하고는 기본권조항마다 "모든 국민은 법률에 의하지 아니하고는 …의 자유를 제한받지 아니한다"는 법률유보조항을 둔 것이 특징이다. 그리고 바이마르헌법의 영향을 받아 사회적 기본권을 규정하고, "재산권의 행사는 공공복리에 적합하도록 하여야 한다"는 재산권의 사회적 제약을 강조하였다(제15조). 사회적 기본으로 교육을 받을 권리, 근로의 권리와 함께 근로자의 근로3권 등을 규정하고, 특히 "영리를 목적으로 하는 사기업에 있어서는 근로자는 법률이 정하는 바에 의하여 이익의 분배에 균점할 권리가 있다"고 하여 근로자의 이익분배균점권(利益分配均占權)을 규정하였다(제18조 제2문). 이 이익분배균점권 조항은 제헌 당시 사회주의세력에 대한 적극적 방어의 의미를 지닌 것이었으나, 그것은 현실적으로 규범력을 갖기 어려운 명목적인 규정에 불과하였다.

바이마르헌법의 영향을 받은 경제조항

건국헌법은 바이마르헌법의 영향을 받아 국가의 경제질서에 관한 내용을 경제헌법조항으로 명문화한 것이 특징이다. 경제헌법의 기본원칙에 관하여 "대한민국의 경제질서는 모든 국민에게 생활의 기본적 수요를 충족할 수 있게 하는 사회정의의 실현과 균형있는 국민경제의 발전을 기함을 기본으로 삼는다. 각인의 경제상의 자유는 이 한도 내에서 보장된다"(제84조)고 규정하여 사회정의와 균형있는 국민경제의 발전을 위해 시장경제질서에 대한 국가적 통제를 원칙으로 하고 있다. 건국헌법상의 경제질서는 현행 헌법(1987년헌법)의 경제질서와 비교할 때 차이점이 발견된다. 현행 헌법의 경제질서는 개인의 경제상의 자유와 창의를 기본으로 하면서 국가는 균형있는 국민경제의 성장과 적정한 소득의 분배 등을 위해 경제에 대한 규제와 조정을 할 수 있다는 사회적 시장경제질서를 원칙으로 하고 있으나(제119조 제1항, 제2항), 건국헌법의 경제질서는 사회정의의 실현과 균형있는 국민경제의 발전을 기함을 기본으로 하고 각인의 경제상의 자유는 이 한도 내에서 보장된다고 규정함으로써 현행 헌법의 사회적 시장경제질서보다 훨씬 강한 통제경제질서를 채택한 것을 볼 수 있다.

건국헌법은 또한 경제와 관련하여 농지개혁을 선언한 것이 특징이다. 제86조에 "농지는 농민에게 분배하며, 그 분배의 방법, 소유의 한도, 소유권의 내용과 한계는 법률로 정한다"고 규정하였다. 그에 따라 1949년 6월 「농지개혁법」이 제정되어 농지소유의 상한을 3헥타르로 정한 다음 그 이상의 모든 농지를 지주로부터 유상으로 수용하여 소작농에게 유상으로 분배하였다. 농지개혁이 시행된 결과 농촌 주민은 대부분 자작농이 될 수 있었다. 이는 건국헌법 제8조의 "모든 국민은 법률 앞에 평등하며, 성별, 신앙 또는 사회적 신분에 의하여 정치적·경제적·사회적 생활의 모든 영역에 있어서 차별을 받지 아니한다"는 평등의 이념이 농지개혁을 통해 실현되는 것을 의미하였다.

건국헌법에 대한 평가

1948년 7월 17일 제정된 건국헌법은 3·1운동의 독립정신을 계승한 민주독립국가의 헌법으로 탄생된 것이다. 그러나 건국헌법의 제정 과정을 보면 1948년 5·10 총선거로 제헌국회가 구성되어 6월 3일 헌법기초위원회가 발족하여 헌법제정 논의가 시작되었으며, 6월 23일 본회의에 헌법제정안이 상정되어 3회의 독회를 거쳐 7월 12일 신속하게 가결되었다. 이처럼 국회에서의 헌법제정 논의는 실제로 40일도 안 되는 짧은 기간에 졸속으로 이루어짐으로써 새로운 신생독립국가의 입헌주의헌법을 탄생시키는 데 있어서 요구되는 심도 있는 논의와 숙고의 토론 과정을 거치지 못한 점이 커다란 아쉬움으로 남는다. 그렇기 때문에 헌법제정에 참여한 제헌의원들은 건국헌법의 정부형태 선택의 문제에 있어서 결정적인 과오를 범하게 되었으며, 헌법 전반에 걸쳐 체계적 정당성이 문제되는 조항들이 군데군데 보이는 등 제헌헌법은 '미완의 헌법'으로 탄생될 수밖에 없었다고 말할 수 있다.

기본권보장의 체계에 있어서는 바이마르헌법의 영향을 받아 자유권과 함께 사회적 기본권을 동시에 규정한 것이 특징인데, 이는 당시의 우리나라의 경제수준이나 재정상태에 비추어 기본권 모두를 실현할 수 있는 헌법의 규범력을 기대하기 어려운 것이었다. 따라서 사회적 기본권의 성격은 구체적 권리로서의 효력을 갖지 못하고 프로그램 규정으로 간주될 수밖에 없었던 것이다. 특히 근로자의 근로3권과 함께 이익분배균점권을 규정한 것은 자본의 독자성을 부인하는 것으로 오인될 수 있었으며 국가의 강력한 분배정책을 의도한 것이었으나, 이 조항은 처음부터 규범력을 갖지 못하였으며 결국 1962년 헌법에서 폐지되었다.[10]

건국헌법은 '경제'에 관한 장을 따로 두어 "개인의 경제상의 자유는 사회정의의 실현과 균형있는 국민경제의 발전에 필요한 범위 내에서 보장된다"고 규정하여 국가에 의한 강력한 통제경제를 강조하였다. 재산권 보장을 규정하고 있어서 자본주의적 시장경제질서를 포기한 것은 아니지만, 이에 대한 강력한 통제경제질서를 기본으로 하는 것이 건국헌법상의 경제질서라 할 수 있다. 공공성이 강한 운수, 통신, 금융, 전기 등의 기업에 대한 국영 또는 공영화를 규정하고, 사회국가원리의 요소로 간주되는 근로의 권리와 근로3권을 보장하는 반면에 경제영역에 있어서 고전적인 기본권인 직업의 자유는 명시하지 않은 것 등은 건국헌법이 정치적 영역에서의 자유 확보와 함께 사회·경제적 영역에서의 실질적 평등의 이념을 강조한 헌법이라 할 수 있다. 특히 건국헌법에 의해 농지개혁을 단행함으로써 지주제가 폐지되고 거의 모든 농민이 자작농이 될 수 있었던 것은 우리나라의 유사 이래 처음 있는 일로 높이 평가될 수 있다.[11]

1948년 헌법은 일제의 식민지통치시대를 마감하고 서구형의 새로운 민주주의헌법을 채택하면서 국민주권에 기초한 정치적 자유를 보장함과 동시에 사회적·경제적 영역에서의 평등 실현이라는 이중적 이념을 국가적 과제로 삼았다는 점에서 이상적이고 미래지향적인 헌법의 제정으로 평가할 수 있다. 그렇지만 이러한 헌법적 이념과 국가적 과제의 과부하는 결국 헌법의 실효성과 규범력을 유지하기 어려웠고, 헌법규범과 헌법현실이 괴리되는 명목적 헌법에 지나지 않게 되었음을 부정할 수 없다. 여기에다 이승만 정부의 권위주의적 통치스타일과 위헌적이고 반민주적인 개헌에 의한 집권연장 등으로 자유민주주의의 헌법질서는 위협을 받게 되고 결국 3·15 부정선거에 대한 국민의 저항권 발동으로 제1공화국은 막을 내리게 되었다.[12]

주

1) 김영수, 『한국헌법사』, 학문사, 2000, 214면 이하.

2) 1919년 임시정부 헌법의 기초자로 알려진 조소앙(1887~1958)은 1917년 '대동단결선언'을 통해 "주권은 민족 고유의 것으로 침략자에 넘겨줄 수 없으며, 황제가 주권을 포기하였으니 인민이 주권자로서 대동단결하여 인민이 주인인 민주공화제 임시정부를 만들어야 한다"고 주창하였다. 그 후 조소앙은 1941년 임시정부의 대한민국건국강령을 집필하면서 삼균주의에 입각한 대한민국 건국의 이념적 기초를 제시하였다. 조소앙의 삼균주의(三均主義)란 정치·경제·교육의 균등을 실현함으로써 개인과 개인 간, 민족과 민족 간, 국가와 국가 간의 균등을 이루어 세계일가의 이상사회를 건설할 수 있다는 것을 내용으로 한다. 이러한 건국강령은 해방 후 건설할 새로운 국가형태를 민주공화국의 수립에 그 목표를 둔 것이다.

3) 통합 임시정부의 초대 대통령으로 자유주의자이며 철저한 반공주의자인 이승만이 선출되고 국무총리에는 사회주의계열의 이동휘가 선출됨으로써 임시정부는 그 출범단계에서부터 심각한 갈등과 분열을 보이게 되었다. 이승만은 상해에 체류하지 않고 주로 미국에서 활동하고 있었으며 이동휘 등의 사회주의자들과 대립하다가 1925년 3월 임시의정원의 탄핵안 의결로 결국 임시정부에서 축출되었다. 이승만 탄핵 후 박은식이 대통령에 선출되었으나 이승만은 박은식 정부를 인정하지 않았으며, 그는 미국에서 대통령직을 사용하며 독립을 위한 외교적 활동을 계속하였다. 박은식은 제2차 개헌을 주도하여 의원내각제를 채택하여 국무령과 국무원으로 구성된 국무회의제를 도입하였다. 그러나 인물난과 분열상으로 정부구성을 제대로 하지 못하였고, 1926년 12월 김구가 국무령에 선출되자 그는 바로 제3차 개헌을 단행하여 집단지도체제인 국무회의제(국무회의는 주석과 국무위원으로 구성되는데, 주석은 국무위원들의 호선으로 선출되고 단지 국무회의의 회의를 진행하는 지위에 그침)를 채택하였다. 개헌 직후 김구가 사임하고 이동녕 내각의 집단지도체제가 13년간 유지되었으며, 1940년 제4차 개헌으로 단일지도체제인 주석제를 도입하였다. 제4차 개헌은 광복군을 결성하고 전시지도체제를 갖추기 위한 것이었으며, 주석은 임시의정원에서 임기 3년으로 선출되어 국군 통감의 지위와 대내외적인 임시정부 대표자의 지위를 갖게 하였다. 4차 개헌으로 김구는 주석으로 선출되어 환국할 때까지 5년간 주석의 자리를 유지하였다. 주석제는 오늘날 대통령제에 가까운 정부형태라 할 수 있다.

4) 당시 5·10 총선거에 적용된 선거법은 남북한 전체 인구를 3천만 명으로 잡고 인구 10만 명당 1인의 국회의원을 선출하는 것으로 하여 남북한 전체의 국회의원수는 300명이 되므로 5·10 총선거에서는 장차 북한지역 인구 1천만 명이 선출할 의원수 100명을 배정해 놓고, 남한지역 인구 2천만 명을 대표할 200명을 선출하도록 정한 것이다. 총선 결과 198명의 의원이 선출된 것은 제주도의 4.3사건으로

인하여 북제주군 2개 선거구에서 투표가 제대로 실시되지 못했기 때문이다.

5) 이러한 친일부역자의 엄격한 선거권 및 피선거권 박탈조항은 대한민국이 친일파들에 의해 건국되었다는 일부 좌익세력들의 주장이 잘못된 것임을 확인해 주는 것이라는 설득력 있는 견해가 있다. 이에 관해서는 양동안, 『대한민국 건국사』 사단법인 건국대통령이승만박사기념사업회, 1998, 578면.

6) 제헌국회 구성 당시의 한국 사회는 아직 정당정치가 정착되지 못한 상황이었으며, 김구 중심의 임정요인들의 일부가 조직적으로 제헌국회 선거에 불참하였기 때문에 무소속 후보가 많았다. 제헌국회 의석 198석의 분포를 보면 대한독립촉성국민회의가 55석, 한국민주당이 29석, 대동청년당이 12석, 조선민족청년당 6석 등이었으며 무소속이 85석이었다. 이승만은 동대문 갑구에 단독 입후 보하여 무투표로 당선되었다.

7) 유진오, 『헌법기초회고록』 일조각, 1980, 58면.

8) 한태연, 『헌법과 정치체제』 법문사, 1987, 97면.

9) 건국헌법상 정부형태가 대통령제에 의원내각제적 요소가 적당히 가미된 기형적인 혼합형 정부형태로서 출발하였기 때문에 제도 운용상 적지 않은 시행착오가 예상될 수밖에 없었다. 특히 대통령 선출방법으로 국회에 의한 간선제 채택은 대통령제의 전제로서의 엄격한 권력분립원리에 반하는 것이었으며, 그것은 "국민에 의한 대통령의 선출과 대통령의 국민에 대한 책임"이라는 대통령제 원리의 본질적 요소에 부합되지 않는 것이었다. 결국 이 국회간선제 조항은 헌법시행 후 얼마 가지 않아 제1차 개헌의 대상이 되었던 것이다.

10) 건국헌법은 제18조에 근로자의 근로3권을 규정하면서 제2문에 "영리를 목적으로 하는 사기업에 있어서는 근로자는 법률의 정하는 바에 의하여 이익의 분점에 참여할 권리를 갖는다"고 규정하였다. 이 규정에 대해 건국헌법을 기초한 유진오 박사는 "이 이익분배균점권 조항에 의하여 우리나라는 사회주의국가에 가까운 성격을 갖게 되었다"고 하면서, 이는 "제2차대전 이후의 프랑스헌법이 민주적 사회주의공화국을 선언한 것과 이탈리아 신헌법의 노동에 기본을 두고 수립된 민주주의공화국을 선언한 것과 함께 시대의 조류를 여실히 말해주는 규정"이라고 설명하고 있다. 그러면서 그는 이익분배균점권의 내용은 법률에 의해 정해질 것이지만 그것은 "충분히 근로자의 근로의욕을 양양시키는 정도의 것이어야 할 것인 동시에 기업자의 기업의욕을 저하시키거나 마비시키는 정도의 것이어서는 안 될 것"이라

고 기술하고 있다. 유진오, 『헌법해의』, 명세당, 1949, 52면.

11) 건국헌법과 이승만 정부의 농지개혁에 대한 긍정적 평가에 관하여는 이영훈, 『대한민국 이야기-해방 전후사의 재인식 강의』, 기파랑, 2007, 223면 이하 참조.

12) 대한민국헌법의 제정으로 새로운 민주공화국의 탄생과 함께 초대 대통령으로 선출되어 12년간 집권한 이승만 대통령의 공과(功過)에 대한 지금까지의 평가는 매우 부정적이다. 우리 헌정사에 있어서 제1차 개헌과 제2차 개헌의 경우 집권연장과 장기집권을 위한 위헌적이고 반민주적 개헌을 주도한 것이라든지 3·15부정선거와 야당 인사에 대한 정치적 탄압과 언론의 자유의 억압 등에 대해서는 부정적 평가는 마땅하다고 볼 수밖에 없다. 다만 최근의 이승만 대통령에 대한 학계의 재평가 논의가 있는데, 70여 년 전 건국 초기의 정치적 불안정성과 무질서라든지 6·25 전쟁 중의 위기정부상황이 지속된 시대적 배경 등을 전혀 고려하지 않고 현시점에서의 입헌민주주의의 수준으로 과거의 위기정부상황에서의 독재와 반(反)법치를 평면적으로 평가하는 것은 지나친 점이 없지 않다는 지적이 있다. 역사적 인물에 대한 평가는 그의 공과 과를 구분해서 냉정하게 이성적으로 접근하는 것이 필요하다고 할 때 이승만의 자유민주주의 체제 수호를 위한 반(反)공산주의의 확고한 신념과 정신은 가감 없이 평가되어야 할 것으로 본다. 헌법학자의 입장에서 이승만 대통령에 대한 합리적이고 객관적인 학문적 탐구의 필요성을 주장한 글로는 권영설, 『헌법이론과 헌법담론』, 법문사, 2006, 103면 이하 참조.

제2장
헌법개정의 역사

권력욕에 얼룩진 헌법개정사

　1948년 대한민국헌법이 제정된 이래 지난 70여 년간 헌법개정 과정과 헌법운용의 실태를 조명함으로써 우리의 헌법과 입헌주의의 현 상황을 진단하는 것은 앞으로의 국가공동체의 발전방향을 가늠하는 데 의미가 크다고 할 수 있다. 한국 헌정사에 있어 건국헌법의 제정은 서구적 민주주의의 교육과 훈련의 경험이 일천한 시대적 배경 속에서 새로운 입헌주의헌법을 채택한 것이었다. 그러나 그 헌법운용의 현실은 권력담당자의 권한남용과 장기집권의 욕구에 의해 헌법의 규범력은 약화되었고 헌법규범상의 원리와 제도는 통치권 강화의 수단으로 이용됨으로써 국가의 최고규범인 헌법은 그 기능을 제대로 발휘하지 못하였다. 또한 헌법개정이 빈번하게 행해지고 그 개헌 절차가 위헌적이고 반민주적으로 행해진 것도 집권자의 집권연장과 장기집권의 정치적 목적을 달성하기 위한 방법으로 무리하게 헌법개정을 택했기 때문이다.

　헌법개정은 본래 헌법규범이 시대의 변화에 따라 정치 과정의 현실에 적응하지 못하고 괴리되는 경우 헌법의 현실적응성과 규범력 확보를 위해 요청되는 것이지만, 우리의 빈번한 헌법개정사는 한마디로 권력담당자들의 집권연장 욕구를 충족시키는 수단이었음을 말해준다. 1987년의 마지막 헌법개정 이전의 8차에 걸친 헌법개정 중에서 1952년의 제1차 개헌과 1954년의 제2차 개헌은 이승만 대통령의 집권연장을 위한 것이었으며, 1969년의 제6차 개헌은 박정희 대통령의 집권연장을 위한 3선개헌이었다. 1972년의 제7차 개헌은 유신을 단행하여 대통령 중임제한규정이 폐지되고 대통령의 장기집권을 가능하게 하였다. 또한 우리 헌법사의 어두운 단면은 쿠데타에 의해 여러 차례나 헌정이 중단되었다는 데에 있다. 1960년 4·19 혁명에 의한 민주적 개헌과 제2공화국헌법의 성립은 우리 사회에 있어서 획기적인 민주주의의 발전을 기대하게 하였으나, 이듬해의 5·16 군사쿠데타로 우리의 입헌주의는 또다시 후퇴하였다. 1972년의 이른바 '친위쿠데타'에 의한 유신헌법의 채택은 한국 헌정사의 암흑기를 의미하였다. 1979년 10월 26일 박정희 대통령의 사망으로 1980년에는 입헌민주주의시대가 열리는 '서울의 봄'이 오기를 희망하였으나 신군부세력의 12·12 사태와 5·17 조치로 이어진 단계적 쿠데타는 다시 한 번 입헌주의의 위기상황을 맞이하였다.

이처럼 집권자의 권력욕에 의한 빈번한 개헌과 군사쿠데타에 의한 수차례의 헌정 중단 속에서 우리 헌법은 권력 과정에 대한 통제 규범으로서의 기능을 상실하게 되고, 단지 그것은 그때그때의 정치적 실력자에 의한 새로운 정치적 결단을 의미할 뿐이었다. 이러한 헌법은 '명목적 헌법'에서 벗어나지 못함으로써 우리 헌법은 서구 민주주의국가들의 규범적 헌법의 범주에 진입할 수 없었던 것이다.

그럼에도 불구하고 우리 국민은 주권자로서의 강한 헌법수호의 의지를 가지고 독재와 반민주에 저항함으로써 한국의 입헌주의는 시들지 않고 현재와 같은 입헌주의의 수준을 유지할 수 있게 하였다. 제1공화국 이승만 정부의 독재에 항거한 4·19 혁명과 전두환 정부의 권위주의체제에 반대한 1987년 6·10 시민항쟁은 한국헌정사적 관점에서 뿐만 아니라 20세기적 세계정치사에 있어서도 성공한 시민혁명의 사례로 평가될 수 있다. 이 두 차례의 시민혁명의 결과 우리의 입헌주의는 이제 서구형 입헌주의로 재정립하게 되었다고 볼 수 있다. 여러 차례의 군사쿠데타와 정변 등에 의해 입헌주의가 중단 내지 퇴보를 거듭하면서도 마침내 1987년 시민항쟁에 나타난 국민의 민주주의와 헌법수호에의 의지는 한국의 입헌주의가 정착될 수 있는 토대를 마련한 것이라고 평가할 수 있다.

제1차, 2차 개헌과 이승만 대통령의 집권연장

1952년 발췌개헌안의 통과

1948년 7월 17일 건국헌법의 제정 이후 최초로 헌법개정안의 발의가 행해진 것은 1950년 3월, 당시 제헌국회의 원내 제1세력인 한국민주당에 의한 의원내각제 개헌안이다. 그러나 한국민주당의 내각제 개헌안은 친정부 세력에 의해 부결되었다. 제2대 국회에서 원내 제1당이 된 자유당을 배경으로 이승만 정부는 1952년 1월 대통령직선제와 국회 양원제 개헌안을 제출하였으나 이 개헌안도 부결되었다. 1952년 4월 한국민주당은 다시 내각제 개헌안을 제출하였으며 정부는 또다시 대통령직선제와 양원제 개헌안을 제출하였다. 이처럼 국회 측 개헌안과 정부 측 개헌안이 정면으로 충돌한 가운데 7월 4일 국회는 정부 측 대통령직선제 개헌안과 야당 측의 국무원 불신임제, 국무총리의 국무위원 임명제청권을 절충한 발췌(拔萃)개헌안을 통과시키게 되었다.

개헌의 내용은 대통령·부통령 직선제가 핵심이었으며, 그 밖에 국회양원제, 국회의 국무원불신임제와 국무원의 연대책임, 국무위원의 국회에 대한 개별책임, 대통령의 국무총리 및 국무위원 임명 시 하원의 승인, 국무위원 임명에 대한 국무총리의 제청권 등이 포함되었다. 그러나 국회양원제는 실제로 시행되지 않았으며 국무원불신임권도 행사되지 못하였다.

발췌개헌으로 불리는 제1차 개헌은 그 개헌안에 대한 공고 절차 없이 국회에서 정식의 독회를 거치지 않고 가결한 것으로 절차상의 하자(瑕疵)가 문제되며, 국회에서 부결된 개헌안을 동일 회기에 다시 제출하여 의결한 것은 일사부재의(一事不再議)의 원칙에도 위배되는 것이었다. 또한 비상계엄령이 선포된 가운데 국회의원의 토론의 자유 없이 강행된 것으로 투표의 자유를 침해한 위헌적인 개헌이었다.

대한민국헌법이 제정된 지 4년도 안 되어 헌법개정이 무리하게 비민주적으로 단행된 것은 이승만 대통령의 재선을 목적으로 한 것이었다. 건국헌법상 국회 간선제에 의한 대통령 선출방법으로는 당시 상황에서 재신의 가능성이 희박했기 때문에 대통령 직선제 개헌이 필요했던 것이다. 그러나 대통령 직선제 개헌 주장이 이승만 대통령의 권력욕에서 비롯된 것이지만 대통령제의 원리에 부합되지 않은 국회간선제를 국민에 의한 직선제로 바꿔야 한다는 주장은 논리적으로는 틀린 말은 아니었다.

1954년 사사오입개헌 - 한국 헌정사의 오점

제1차 개헌으로 재선에 성공한 이승만 대통령은 이에 만족하지 아니하고 집권연장의 욕망을 실현하기 위해 다시 한 번 개헌을 단행한다. 1954년 1월 정부는 경제조항개정안을 제출하였으나 3월에 돌연 철회하였고, 1954년 9월 8일 정부는 초대 대통령에 한한 중임제한 철폐 등을 내용으로 하는 개헌안을 제출하였다. 11월 27일 민의원에서 표결 결과, 재적 203명 중 135명이 찬성하여 헌법개정에 필요한 재적 3분의 2 이상 찬성에 1표가 부족하여 부결되었다. 그러나 이틀 후 국회는 부결선언을 취소하고 수학상의 '사사오입'(四捨五入)이론을 도입하여 가결로 번복 결의하였다. 이러한 사사오입 개헌은 한국 헌정사의 치욕이었으며, 있을 수 없는 일이 실제 벌어진 것이었다.[1]

제2차 개헌의 내용은 초대 대통령에 한하여 중임제한 철폐를 비롯하여 국무총리제와 국무원제 폐지, 경제조항에서 통제경제의 완화, 대통령 궐위 시 부통령의 대통령승계제, 헌법개정에 있어 선거권자 50만인 이상의 찬성에 의한 국민발안제 채택, 군법회의에 대한 헌법상의 지위 부여 등이다. 제2차 개헌은 헌법개정 절차에 있어서 정족수에 미달한 위헌적인 개헌이었으며, 초대 대통령에 한하여 중임제한을 철폐한 것은 평등의 원칙에 위반되는 위헌무효의 헌법개정이었다.

제1차 개정헌법에 의해 1952년 8월 5일 제2대 대통령선거가 실시되어 대통령에 이승만, 부통령에 함태영이 당선되었다. 1954년 5월

20일 제3대 국회의원선거에서는 민의원 의원만 선출하였으며, 정당공천제가 실시되어 자유당(1951.12. 창당)이 과반수 의석인 114석을 획득하였다. 1956년 5월 15일 제3대 대통령 선거에서 야당의 신익희(申翼熙) 후보가 사망함으로써 이승만 후보가 당선되고 부통령에 장면(張勉)이 당선되었다. 1960년 3월 15일 제4대 대통령 선거에서 민주당 후보 조병옥(趙炳玉) 박사가 급사하자 이승만은 단독 입후보로 4선 대통령에 당선되고 부통령에는 부정선거로 이기붕(李起鵬)이 당선되었다.

1960년 4·19 혁명과 의원내각제 개헌

1960년 3월 15일 대통령 선거에서 자유당 정권의 노골적인 부정선거가 자행되고 이에 저항한 4·19 학생 데모는 헌법수호를 위한 국민의 저항권 행사로 진전됨에 따라 4월 26일 이승만 대통령은 결국 하야(下野)하게 되었다. 그리하여 4월 28일 국회는 내각책임제 개헌을 위한 기초위원을 선임하였고, 5월 2일에는 허정(許政) 과도정부가 수립되었다. 동년 6월 15일 개헌안이 국회에서 통과·공포됨으로써 최초의 여야합의에 의한 민주적 개헌이 이루어지게 되었다. 1960년 7월 28일 국회는 자진 해산되고, 그다음 날 민의원과 참의원 의원 선거가 실시되어 민주당이 양원에서 모두 과반수 의석을 차지하게 되었다. 8월 2일 국회 양원합동회의에서 윤보선(尹潽善)을 대통령으로 선출하고, 8월 19일에는 장면(張勉)이 국무총리로 인준을 받게 되었다.

1960년 헌법은 헌정사의 시대구분에 따라 '제2공화국헌법'으로 통칭되는데, 주요 내용으로는 정부형태에 있어 의원내각제가 채택되었으며, 기본권이 강화되어 자유권에 대한 법률유보조항이 삭제되고 기본권제한에 대한 일반적 법률유보조항과 기본권의 본질적 내용의 침해금지를 규정하였다. 동시에 이 기본권제한의 법률유보조항에 표현의 자유에 대한 사전허가나 검열금지를 명문화하였다. 공무원선거권을 보장하면서 선거연령을 20세로 헌법에 직접 규정하였다. 국회 양원제가 채택되고 헌법재판소가 신설되었으며, 대법원장과 대법관의 선거제(법관자격 있는 자로 구성되는 선거인단에 의한 선거), 복수정당제 보장, 지방자치단체장 선거제, 중앙선거관리위원회의 헌법기관화 등이 규정되었다.

1960년 10월 4·19 주체세력인 학생들은 국회의사당을 점거하고 자유당 정권하에서의 민주 반역자 처벌을 위한 특별법 제정을 호소하게 되었고, 그에 따라 민의원은 헌법부칙에 특별처벌법 제정의 근거를 설치함을 목적으로 하는 개헌안을 제출하였다. 결국 11월 29일 개헌안은 통과되어 제4차 개헌이 이루어지게 되었다. 제4차 개헌은 소급입법에 의하여 3·15 부정선거 관련자를 처벌하고, 반민주행위자의 공민권을 제한하기 위한 특별입법의 근거를 부여하였으며, 부정축재자의 처벌에 관한 소급입법을 제정할 수 있는 근거를 부여하였다는 점에서 위헌의 논란이 있었다.

4·19혁명의 성공으로 의원내각제의 제2공화국헌법이 채택되었으나 집권당인 민주당 내부의 파벌싸움과 분열로 정부의 행정력이 약화되었으며, 국민의 자유에 대한 과잉욕구로 독재유산 정리의 어려움이 있었다. 1960년 제5대 총선에서 압승한 민주당은 총리지명문제와 조각을 둘러싸고 신·구파로 분열되었으며, 구파는 민주당을 탈당하여 신민당을 창당함에 따라 민주당은 국회 과반의석에 크게 미달하여 국

회 내 정치적 안정기반을 상실하고 말았다. 이러한 집권당의 분열에 따라 4·19 이후 펼쳐진 정치적·경제적·사회적 영역에서의 총체적 난국을 수습하는 데 실패할 수밖에 없었다. 정부에 대한 국민적 기대는 상실되었고 욕구불만으로 인한 시위는 그칠 줄 몰랐으며 공권력이 약화되어 사회질서는 거의 무정부상태에 가까웠다. 장면 정권 9개월 동안 세 차례의 개각에서 볼 수 있듯이, 책임 있는 정부의 권위 상실로 인한 권력의 약화는 제2공화국 헌정을 중단시킨 5·16 주역들에 대한 정치적 명분을 주는 데 기여하게 된 것이라 할 수 있다.[2]

5·16 군사쿠데타와 제5차 개헌

1961년 5·16 군사쿠데타로 국가권력을 장악한 군부는 국가재건최고회의에 의한 혁명내각을 조직하였고, 6월 6일 「국가재건비상조치법」을 공포하여 군정을 실시하게 되었다. 비상조치법에 따라 정부는 총사퇴하고 국회는 해산되었으며, 헌법재판소는 구성도 하지 못한 채 기능이 정지되었다. 종래의 헌법은 비상조치법에 위배되지 않는 범위 내에서만 효력을 갖게 되었다. 7월 3일 박정희(朴正熙) 장군이 최고회의 의장에 취임하였고 1962년 7월 11일 헌법심의위원회가 발족되었다. 그리하여 10월 23일 헌법요강이 결정되고 12월 6일 최고회의에서 의결되었으며, 12월 17일 국민투표로 헌법개정이 확정되었다. 1963년 10월 15일 실시된 제5내 대통령 선거에서 민주공화당의 박정희 후보가 유효투표의 46.6%, 민정당의 윤보선 후보가 45.1% 득표함으로써 박정희 후보가 1.5%, 15만여 표 차이로 당선되었다. 1963년 11월 26일 제6대 국회의원선거에서 민주공화당이 국회의석의 절대다수를 차지하게 되었다.[3] 이 1962년 헌법의 효력은 1963년 12월 17일 발생하였다.

제5차 개헌에 의한 제3공화국헌법은 헌법 전문의 내용에 "4·19 의거 및 5·16 혁명의 이념을 계승하고"라는 표현이 새로 추가되었으며, 인간의 존엄과 가치존중 조항이 신설되고 기본권보장이 체계화되었다.

정부형태는 대통령제로 환원되고, 정당조항을 두어 정당국가화를 지향하게 되었다. 단원제 국회가 채택되고, 헌법재판소는 폐지되었으며, 대법원에 의한 미국형 위헌법률심사제가 도입되었다. 법관의 임명에 있어 대법원장은 법관추천회의의 제청으로 대통령이 국회의 동의를 얻어 임명하였고, 대법원판사는 대법원장이 법관추천회의의 동의를 얻어 제청하고 대통령이 임명하였으며, 일반 법관은 대법원판사회의의 의결을 거쳐 대법원장이 임명하였다. 또한 헌법사상 최초로 국민투표에 의한 헌법개정의 확정을 규정하였다.

제3공화국헌법은 규범상으로는 입헌주의헌법에 속한다고 할 수 있으나 헌정의 실제는 권위주의적으로 운용되었다.

제6차 개헌과 박정희 대통령의 3선 당선

1968년 6월 8일 제7대 국회의원선거에서 공화당의 압승으로 개헌선을 유지(공화당 129석, 신민당 45석)할 수 있게 되었고, 1969년 8월 여당은 대통령 3선개헌안을 국회에 제출하였다. 9월 14일 개헌안이 국회에서 의결되고, 10월 17일 국민투표로 확정되었다. 국회의 의결 요건을 충족하기 위해 여당과 야당 의원들을 비정상적 방법으로 포섭하였고, 새벽 시간 제3별관에서 여당의원만이 참석한 가운데 국회표결을 강행하여 절차상 하자를 남겼다.

제6차 개헌에 의해 대통령은 1차에 한하여 중임할 수 있다는 규정을 고쳐 "대통령의 계속 재임은 3기에 한한다"라고 규정하였다. 국회의원정수 상한을 250명으로 증원하였으며, 국회의원은 법률이 정하는 바에 따라 국무위원을 겸직할 수 있도록 허용하였다. 그 밖에 대통령에 대한 탄핵요건을 강화하였다.

3선개헌이 이루어진 후 1970년 12월 31일 제8대 국회의원선거에서 공화당이 총유효투표의 48.9% 득표(113석)하고, 신민당이 42.5% 득표(89석)함으로써 사실상 양당체제를 확립하게 되었다. 1971년 4월 27일 제7대 대통령 선거에서 박정희 후보가 3선에 도전하여 유효투표의 53.2%인 6백3십4만여 표를 득표하여 김대중 후보의 5백3십9만여 표(45.3%)보다 95만여 표 많은 표차로 당선되었다. 그러나 박정희 후보는 경상도에서만 150만여 표를 리드함으로써 전국적 지지기반의 문제점이 드러나게 되었다.

제7차 개헌과 유신헌법의 등장

1971년 11월 대통령은 북한의 남침위협을 내세워 법적 근거가 없는 비상사태를 선포하였으며, 동년 12월 27일 「국가보위에 관한 특별조치법」을 제정하여 초헌법적 국가긴급권의 행사를 가능하게 하였다.[4] 1972년 7월 4일 정부는 '남북공동성명'을 발표하고, 10월 17일에는 비상조치를 단행하여 전국에 비상계엄을 선포하였다. 이 비상조치를 통해 헌법의 일부 조항의 효력을 정지하였으며, 국회해산을 단행하고 정당활동을 중지시켰다. 국회의 권한을 비상국무회의가 담당케 하고, 10월 27일 비상국무회의는 조국의 평화통일을 지향하는 헌법개정안을 공고하였다. 11월 21일 헌법개정안은 국민투표로 확정되었으며(유권자의 91.9% 투표와 투표자의 91.5% 찬성), 12월 27일 헌법이 공포·시행되었다.

이러한 일련의 비상조치를 통해 채택된 1972년 헌법은 제7차 개헌에 해당하는 것으로 통상적으로 '제4공화국헌법' 또는 '유신헌법'으로 일컬어지고 있다. 이 헌법의 주요 내용은 다음과 같다. 첫째, 기본권보장이 구 헌법에 비해 크게 약화된 것을 지적할 수 있다. 기본권제한의 일반적 법률유보조항에 있어서 "자유와 권리의 본질적 내용을 침해할 수 없다"는 규정이 삭제되고, 개별적 법률유보조항이 추가되었다. 구속적부심사제가 폐지되고, 신체의 자유와 노동3권 등이 약화되었다. 둘째, 통일주체국민회의가 설치되어 통일주체국민회의에서 간선제로 대통령을 선출하도록 하고, 국회의원 정수의 3분의 1에 해당하는 의원을 선출하며, 국회가 제출하는 개헌안을 확정하도록 하였다. 셋째, 대통령의 절대적 권력을 규정하여 대통령의 '6년 임기'만을 규정하고 중임제한규정을 폐지하였으며 장기집권을 가능하게 하였다. 대통령의 권한으로 국회의 동의나 승인을 요하지 않는 긴급조치권과 국회해산권, 국회의원정수 3분의 1 추천권, 모든 법관의 임명권 등을 규정하였다.

제7차 개헌은 형식적으로는 헌법의 전면개정에 해당하지만, 자유민주주의를 일시 정지하고 권위주의적인 신대통령제의 채택을 내용으로 한 것은 헌법개정의 한계를 벗어난 것으로 볼 수밖에 없다.

개헌 직후 1973년 2월 27일 제9대 총선이 실시되어 전국 73개 지역구를 '1구2인' 선출의 중선거구제로 채택하였다(공화당 73석, 신민당 52석 획득). 대통령 긴급조치를 제9호까지 발동함으로써 정상적인 헌정질서의 운영이 긴급조치에 의해 대체되었으며, 체제반대운동과 그에 대한 탄압으로 국내정세가 극도로 불안해졌다. 1978년 12월 12일 제10대 총선이 긴급조치 9호에 의해 유신체제에 대한 논의가 일체 금지된 상태에서 실시되었다. 선거결과 득표율을 보면 공화당이 31.7%를 얻었으나 신민당이 32.8% 득표하여 야당의 지지율이 높게 나타남으로써 집권당에 대한 견제가 필요하다는 민심이 반영되었다. 그렇지만 1978년 7월 6일 제9대 대통령 선거에서 박정희 후보가 단독 출마하여 통일주체국민회의의 압도적 지지에 의해 당선되었다.

제8차 개헌과 권위주의체제

1979년 10월 26일 박정희 대통령이 급서하게 되자 최규하(崔圭夏) 국무총리가 대통령 권한대행을 하게 되었고, 12월 6일 통일주체국민회의에 의해 최규하는 제10대 대통령으로 선출되었다. 국민의 요구에 따라 12월 8일 긴급조치 9호가 해제되고 개헌논의가 활발하게 전개되었다. 그러나 이른바 '12·12 사태'로 일컫는 군사쿠데타로 등장한 전두환(全斗煥) 장군을 중심으로 한 신군부세력은, 1980년 '5·17 조치'로 비상계엄을 전국에 확대하고 국회와 정당을 해산하였으며 모든 정치활동을 금지시켰다. 신군부의 비상계엄 전국 확대 등에 반대하는 5·18 광주민주화운동에 대한 계엄군의 무력 진압을 거치면서 신군부 세력은 6월 국가보위비상대책위원회를 구성하고 실권을 장악했다. 이에 8월 16일 최 대통령은 사임하고, 9월 1일 전두환이 통일주체국민회의에서 제11대 대통령으로 선출되어 취임하였다.

5·17 조치 이후 개헌작업을 주도해 온 정부의 헌법개정심의위원회의 개헌안이 1980년 10월 23일 국민투표로 확정됨으로써(유권자의 95.48% 투표와 투표자 중 91.6% 찬성), 1980년 헌법은 10월 27일 공포·발효되었다. 헌법부칙에 의거하여 국회가 해산되고 국가보위입법회의가 국회기능을 대행하였으며, 국회의원임기 종료, 정당해산, 통일주체국민회의 해산 등이 단행되었다. 1981년 2월 25일 새 헌법에 의한 제12대 대통령 선거에서 전두환 대통령이 선출되었다.

1980년 헌법은 헌법 전문에 '제5공화국 출범'을 명문화하였으며 구 헌법 전문의 "4·19 의거 및 5·16 혁명의 이념 계승"을 삭제하였다. 총강에는 재외국민보호조항, 정당운영자금의 국고보조조항, 전통문화의 계승발전 및 민족문화의 창달조항 등이 신설되었다.

기본권조항에는 행복추구권이 신설되고, 기본권의 자연권성을 명확히 하였다. 구속적부심사제가 부활되고, 연좌제금지, 무죄추정의 원칙, 사생활의 비밀과 자유, 환경권, 적정임금보장, 혼인과 가족생활의 보호 등이 신설되었다. 통치구조에는 대통령의 권한을 제한하여 국회해산권과 비상조치권의 발동요건을 강화하였으며, 대통령임기의 7년 단임제와 대통령선거인단에 의한 간접선거가 채택되었다. 국정조사권이 신설되고, 대법원장이 일반법관을 임명하도록 하였다. 경제조항에서는 자유시장경제질서를 골간으로 하면서 "경제에 관한 규제와 조정"을 할 수 있는 사회적 시장경제질서를 지향하여 독과점규제, 중소기업보호, 소비자보호 등을 규정하였다. 부칙에서 국가보위입법회의를 과도적 국회권한 대행기관으로 규정하였다.

1980년 제5공화국헌법은 1972년 유신헌법에 비해 기본권이 강화되고 대통령 권한의 제한을 규정하고 있으나 1972년 헌법과 기본적 동일성이 유지되면서, 단지 독재주의 통치체제에서 권위주의 통치체제로 이행된 것을 의미한다고 할 수 있다. 제5공화국헌법은 유신헌법의 비판을 회피하기 위하여 기본권조항을 강화하였으나, 헌정의 실제에 있어서 전두환 정부는 군사통치의 틀을 벗어나지 못하고 국민과의 마찰을 야기하였으며 권위주의체제로 운용되었다.

성공한 쿠데타의 사후처벌은 가능한가?

1979년 12·12 사태에서 1980년 5·17 조치에 이르는 이른바 '단계적 쿠데타'가 성공하여 집권하게 되고 그 주도세력이 헌법을 개정하여 효력을 발휘하게 되었다고 해서 성공한 쿠데타를 일으킨 행위가 적법하다는 의미는 아니다. 1995년 12월 김영삼 정부 당시 전두환·노태우 두 전직 대통령과 그 추종세력들을 단죄하기 위하여 「헌정질서파괴범죄의 공소·시효 등에 관한 특례법」과 「5·18민주화운동 등에 관한 특별법」을 제정하여 형사처벌의 걸림돌로 작용한 공소시효문제를 해결하였으며, 결국 1996년 1월 검찰은 전두환·노태우 등의 관련자들을 내란죄, 내란목적살인죄 등으로 구속 기소하였다. 1997년 4월 대법원의 확정판결에서 두 전직 대통령은 각각 무기징역과 징역 17년을 선고받았다.[5] 이 사건에서 대법원은 성공한 쿠데타의 행위에 대하여 사후에 처벌할 수 있다고 판시하였다.[6]

헌법재판소도 「5·18민주화운동 등에 관한 특별법」에 대한 위헌심판에서 "이른바 12·12 및 5·18 사건의 경우 …집권 과정에서의 불법적 요소나 올바른 헌정사의 정립을 위한 과거청산의 요청에 미루어 볼 때 비록 특별법이 개별사건적 법률이라고 하더라도 입법을 정당화할 수 있는 공익이 인정될 수 있다고 판단된다"고 판시함으로써 성공한 쿠데타의 사후처벌을 인정하였다(헌재 1996. 2. 16. 96헌가2).

1987년 6월 시민항쟁과 민주적 개헌

1987년 10월에 개정되어 1988년 2월부터 시행된 현행 헌법은 제9차 개헌에 의한 것으로, 이는 우리 헌정사에 있어서 제3차 개헌에 이어 두 번째의 민주적 개헌에 해당한다. 1983년 이후 우리 정치사회에서 국민의 대통령직선제개헌 요구가 표면화되기 시작하였으며, 1985년 2월 제12대 총선에서 '직선제개헌' 선거구호가 크게 지지를 받게 되었다. 1987년 6월 시민항쟁을 통해 국민은 직선제개헌을 강력히 요구하게 되었고, 결국 당시의 집권당인 민정당 대표 노태우의 '6·29 선언'으로 직선제개헌을 수용하게 되었다. 그리하여 여야합의의 개헌안이 국회에 발의되고 10월 12일 국회 의결을 거쳐 10월 27일 국민투표로 확정되었다. 이 헌법은 10월 29일 공포되고 부칙에 의해 1988년 2월 25일부터 시행되었다. 다만 1987년 헌법개정 과정은 대통령직선제 이외의 문제에 관한 개헌논의에 있어서 그 기간이 충분하지 못했으며 개방적이고 공개적인 논의가 제대로 이루어지지 못했다는 점이 지적될 수 있다.

개헌의 내용으로는 헌법 전문에 "3·1운동으로 건립된 대한민국 임시정부의 법통과 불의에 항거한 4·19민주이념을 계승"을 명문화하였으며, 총강에 국군의 정치적 중립성 준수, 자유민주적 기본질서에 입각한 평화적 통일정책의 수립과 추진 등이 규정되었다. 기본권보장에 적법절차조항, 언론·출판의 검열제금지, 구속이유고지·구속통지의무, 범죄피해자구조청구권, 최저임금제 등이 신설되었다.

통치구조에 대통령직선제를 비롯하여 국회의 권한으로 국정감사권이 부활되었으며, 대통령의 국회해산권과 비상조치권이 폐지되었다. 대법관은 대법원장의 제청으로 국회의 동의를 얻어 대통령이 임명하고 일반 법관은 대법관회의의 동의를 얻어 대법원장이 임명하도록 하였다. 헌법재판소를 신설하여 위헌법률심판, 탄핵심판, 정당해산심판, 권한쟁의심판, 헌법소원심판을 관장하게 하여 헌법의 규범력과 실효성을 제고하고 헌법보장기능을 강화하게 되었다.

제9차 개헌은 국민의 폭넓은 콘센서스와 국회가 중심이 되어 이루어진 민주적 개헌의 표본으로 볼 수 있다. 개헌의 양적 규모에 있어서도 전면적으로 구 헌법조문이 37%가 개정된 점에서 일종의 헌법개혁이라 할 수 있다. 제9차 개헌의 성격에 대해서는 헌법의 개정으로 보는 견해가 다수설이며, 일부 견해는 제9차 개헌을 새로운 헌법의 제정으로 보는 입장이 있다. 즉 1987년 헌법은 대통령직선제, 국회의 복권 등을 통한 민주화와 정권의 교체가능성이 부여된 것으로 새로운 '헌법의 제정'으로 볼 수 있다는 것이다. 그러나 제9차 개헌에 의한 현행 헌법은 구 헌법상의 개정 절차에 따라 성립되었으며 구 헌법상의 국회가 중심세력이 되어 개헌작업을 주도하였으며, 간선제에서 직선제로 바뀐 것이 헌법의 근본적 결단사항의 질적 변화로 보기 어려우므로 제9차 개헌이 새로운 헌법의 제정이라고 볼 수 없다는 다수설이 타당하다.

1987년 민주화 이후 헌정의 전개

1987년 6월 민주화를 위한 시민항쟁의 산물로 대통령직선제 개헌이 이루어지고 새 헌법에 따라 제13대 대통령 선거가 실시되었으며, 선거 결과 민정당의 노태우 후보가 총유효투표의 36.6% 득표로 당선되었다. 직선제 개헌에 의한 첫 선거에서 야당 후보들이 경합하면서 후보단일화가 이루어지지 못하고 결국 12·12 군사쿠데타의 주역의 한 사람이었던 노태우가 당선된 것이다. 그리고 유효투표의 과반수에 훨씬 못 미치는 득표로 '소수파 대통령'(minority president)이 출현하게 된 것은 새 헌법상의 대통령선거제도가 상대다수대표제를 채택했기 때문이다. 1988년 4월 26일 제13대 총선거에서 집권당인 민정당이 125석을 얻었으나 야당 3당(평민당 70석, 민주당 59석, 공화당 35석)이 164석을 확보하여 헌정사상 최초로 '여소야대' 현상이 나타나게 되었다. 이는 정부에 대한 국회의 견제기능이 강화된 것을 의미하였다. 그러나 1990년 1월 민정당과 민주당, 공화당이 '3당통합'을 선언함으로써 여대야소로 환원되었으며, 2월에는 거대 여당인 민주자유당(민자당)이 창당했다. 1992년 12월 18일 제14대 대통령 선거에서 민자당의 김영삼 후보가 총유효투표의 41.4%를 획득하여 33.4%를 얻은 민주당의 김대중 후보를 꺾고 당선되었다. 김영삼 대통령의 문민정부 출범은 헌정사상 30년 만에 이루어진 군부정권의 청산이라는 데 의미가 있었다.

1997년 12월 18일 제15대 대통령 선거에서는 세 차례의 대선 실패 후 다시 도전한 국민회의의 김대중 후보가 자민련의 김종필 후보와 이른바 'DJP연합'을 성사시켜 유효투표 40.3%의 득표로 여당의 이회창 후보를 누르고 대통령에 당선되었다.[7] 한국 헌정사상 최초로 선거에 의한 여·야 간의 정권교체가 실현된 것이다. 2002년 12월 19일 제16대 대통령 선거에서는 민주당의 노무현 후보가 유효투표 48.9%의 득표로 대통령에 당선되었다. 노 대통령은 2003년 민주당을 탈당하고 열린우리당을 창당하였으며, 2004년 3월에는 공직선거법 위반 등을 이유로 헌정사상 처음으로 탄핵소추되었다. 헌법에 따라 대통령의 권한행사가 정지되고 고건(高建) 국무총리가 대통령권한대행을 하게 되었다. 2004년 4월 15일 제17대 국회의원 총선거에서는 여당인 열린우리당이 152석의 과반수의석을 확보하였고, 탄핵소추를 주도한 한나라당과 민주당은 국회 다수당의 지위를 잃게 되었다. 2007년 12월 19일 제17대 대통령 선거에서는 한나라당의 이명박(李明博) 후보가 48.7%의 득표로 당선됨으로써 10년 만에 보수세력의 한나라당이 다시 집권하게 되었다. 2008년 2월 25일 제18대 국회의원 총선거에서는 한나라당이 153석을 얻어 과반수의석을 확보하였다.

2012년 12월 19일 제18대 대통령 선거에서는 새누리당의 박근혜(朴槿惠) 후보가 51.6% 득표하여 48% 득표한 민주통합당의 문재인 후보를 누르고 당선되었다. 박근혜 후보는 87년 대통령직선제 개헌 이후 처음으로 총유효투표의 과반수를 득표함으로써 확고한 민주적 정당성에 바탕을 둔 대통령직을 수행하는 것이 기대되었으며 새누리당은 재집권에 성공하였다. 그러나 박근혜 대통령은 이른바 '최순실 등 민간인에 의한 국정농단 의혹사건'으로 2016년 12월 1일 특별검사의 조사를 받게 되었고, 12월 9일 국회는 대통령탄핵소추안을 재적의원 300인 중 234인의 찬성으로 가결함으로써 국회 소추위원은 대통령에 대한 탄핵심판을 헌법재판소에 청구하였다. 이 탄핵심판 사건에서 2017년 3월 10일 헌법재판소는 재판관 8인의 전원일치 인용결정으로 대통령을 파면하였다. 그리하여 한국 헌정사상 최초로 탄핵심판에 의해 재임 중 대통령직이 박탈당하게 된 것이다.

대통령이 궐위됨에 따라 2017년 5월 9일 제19대 대통령 선거에서는 더불어민주당의 문재인(文在寅) 후보가 41.1% 득표로 여당의 홍준표 후보를 누르고 당선됨으로써 1987년 직선제 개헌 이후 세 번째의 여·야 간 정권교체가 이루어지게 되었다. 2020년 5월 15일 제21대 국회의원 총선거에서는 여당이 압도적으로 승리하여 더불어민주당이 지역구 253석 중에서 163석을 획득하고, 여당의 비례위성정당인 더불어시민당이 비례대표의석 47석 중 17석을 얻어 총 180석을 획득하였다. 제1야당인 미래통합당은 지역구의석 84석을 획득하고 미래통합당의 비례위성정당인 미래한국당이 비례의석 19석을 얻어 총 103석을 얻는 데 그쳤다. 지역구 선거에서 더불어민주당과 미래통합당의 득표율이 49.9% 대 41.5%이었으나, 의석수는 163석 대 84석으로 두 배 가까운 격차가 나타나게 되었다.

  2022년 3월 9일 제20대 대통령 선거에는 국민의힘의 윤석열 후보가 유효투표의 48.56%인 1,639만여 표를 얻어 여당인 더불어민주당의 이재명 후보를 0.73% 24만 7천여 표 차이로 누르고 대통령에 당선되었다. 더불어민주당의 패배는 집권 5년 만에 네 번째의 정권교체로 이어지게 되었다. 2022년 5월 10일 취임한 윤석열 대통령은 여소야대의 정국 하에서 국정운영의 주도권을 상실한 채 여야 간에 협치를 이뤄내지 못하고 극한 대립과 갈등이 지속되고 있다.

주

1) 사사오입 개헌으로 불리는 제2차 개헌에 대해 신우철 교수는 우리 헌정사의 '치욕'이며 '엽기적 사건'으로 규정하고 있다. 신우철, 『비교헌법사론- 대한민국 입헌주의의 형성과 전개』, 법문사, 2013, 46면 이하.

2) 김영수, 『한국헌법사』, 학문사, 2000, 480면 이하.

3) 제6대 국회의원 총선거는 지역구 131개와 함께 전국구 비례대표 44석을 각 정당의 의석수 비율로 배분하는 방식을 취하였다. 비례대표 의석 배분방식은 지역구 선거에서 가장 많은 의석을 확보한 제1당에게 44석의 2분의 1을 배분하고 제2당에게는 나머지의 3분의 2를 배분하는 것으로 함으로써 비례대표제의 본래의 취지에 반하여 양당제 확립을 정당화하는 데에 기여하게 되었다.

4) 이 특별조치법은 대통령에게 헌법상 근거 없는 국가긴급권을 부여한 것으로 명백한 위헌이다. 그 법률의 내용으로는 대통령은 국가를 보위하기 위하여 신속한 사전대비조치를 취할 필요가 있을 경우 국가비상사태를 선언할 수 있으며, 국가비상사태 하에서 대통령은 국회 통고만으로 국가동원령을 발하고, 물가통제 등 경제규제를 명령하며 표현의 자유를 규제하고, 근로자의 단체행동권 등을 제한할 수 있도록 한 것이었다. 헌법재판소는 1994년 6월 이 특별조치법(1981. 12. 폐지)에 대해 "헌법을 부정하고 파괴하는 반입헌주의, 반법치주의의 위헌법률"이라고 판단하였다. 헌재 1994. 6. 30. 92헌가18.

5) 전두환 피고인은 무기징역과 추징금 2,205억 원, 노태우 피고인은 징역 17년과 추징금 2,628억여 원을 선고받고 복역 중 1997년 12월 18일 대통령 선거 직후 김영삼 대통령과 김대중 대통령 당선자의 합의로 두 전직 대통령은 모두 사면·복권되었다.

6) 대판 1997. 4. 17. 96도3376. "피고인들이 군사반란과 내란을 통하여 폭력으로 헌법에 의하여 설치된 국가기관의 권능행사를 불가능하게 하고 정권을 장악한 후 국민투표를 거쳐 헌법을 개정하고 개정된 헌법에 따라 국가를 통치하여 왔다고 하더라도 피고인들이 이 사건 군사반란과 내란을 통하여 새로운 법질서를 수립한 것이라고 할 수는 없다. …국회는 헌정질서파괴범죄에 대하여 형사소송법상의 공소시효의 적용을 전면적으로 배제하는 헌정질서파괴범죄의공소시효등에관한특례법과 바로 그 헌정질서파괴범죄에 해당하는 이 사건 군사반란과 내란행위를 단죄하기 위한 '5·18민주화운동 등에 관한 특별법'을 제정하였으며, 헌법재판소는 5·18 특별법이 합헌이라는 결정을 함으로써 피고인들이 이 사건 군사반란과 내란을 통하여 새로운 법질서를 수립한 것이 아님을 분명히 하였을 뿐만 아니라, 헌법개정 과정에서 피고인들의 행위를 불문에 붙이기로 하는 어떠한 명시적인 합의도 이루어진 바가 없었

으므로, 특별법이 제정되고 그에 대한 헌법재판소의 합헌결정이 내려진 이상, 피고인들은 그들의 정권 장악에도 불구하고 결코 새로운 법질서의 수립이라는 이유나 국민의 합의를 내세워 그 형사책임을 면할 수는 없는 것이라고 할 것이다."

7) 1997년 제15대 대선은 여당인 민정당의 이회창 후보와 야당의 DJP 연대로 김대중 후보 외에 제3의 후보로 이인제 후보가 이회창 후보와의 경선 과정에서 패한 후 탈당하고 출마하였으나 이회창 후보와 이인제 후보 간의 후보단일화가 이루어지지 않음으로써 김대중 후보가 승리할 수 있었다. 선거 결과 김대중 후보는 1,032만 표(40.3%), 이회창 후보는 993만 표(38.7%) 득표함으로써 두 후보 간의 표차는 39만 표(1.6%)에 불과하였고, 이인제 후보는 492만 표를 득표하였다.

제1장
헌법 전문

제2장
국민주권의 원리

제3장
자유민주주의

제4장
권력분립의 원리

제5장
법치주의

제6장
국제평화주의와 평화통일주의

제7장
사회국가원리

제8장
문화국가원리

제3부 대한민국헌법의 기본원리

제1장
헌법 전문

헌법 전문(前文)의 의미와 법적 성격

　우리 헌법의 기본원리를 이해하기 위해서는 먼저 헌법 전문 속에 담겨진 주요 내용을 파악할 필요가 있다. 헌법의 전문(preamble)이란 헌법전의 구성부분으로서 헌법의 본문 앞에 위치한 서문을 말하는데, 이 헌법 전문에는 헌법제정의 유래와 목적, 헌법제정권자와 함께 헌법의 이념과 기본원리 및 기본가치 등을 기술하고 있기 때문이다. 즉 헌법 전문은 우리 헌법이 추구하는 근본이념이나 기본원리 및 국가가 나아갈 방향이나 목표 등을 표현하고 있기 때문에 헌법 전문 내용은 헌법 본문과 함께 우리 헌법의 기본원리를 이해하는 데 있어 중요한 근거가 된다.

　헌법은 한 국가의 최고규범으로서의 법적 효력을 가지고 있으나, 헌법의 전문도 헌법의 본문과 같이 법적 효력을 가지는가에 관하여 견해가 나뉘고 있다. 부정설에 의하면 헌법 전문은 헌법제정의 역사적 설명이나 개정의 연혁을 서술한 것에 지나지 않고, 헌법제정에 관한 국민적 결의 등을 단순히 선언한 것에 불과하며 법적 규범력을 가지는 것은 아니라고 한다. 이에 반하여 긍정설은 헌법 전문이 헌법제정권력의 소재를 밝히고 헌법이 추구하는 이념과 가치에 대한 국민적 결단을 규정한 것이므로 이는 헌법 본문과 일체를 이루면서 법적인 효력을 가진다고 본다. 전문의 규범성을 인정하는 긍정설이 지배적 견해이다.

헌법재판소도 헌법 전문의 법적 효력을 인정하며, 헌법 전문의 내용이 본문에 없더라도 이는 재판규범으로 작용한다고 보고 있다. 헌법재판소는 일제로부터 조국의 자주독립을 위하여 공헌한 독립유공자와 그 유족에 대하여 국가가 응분의 예우를 하여야 할 헌법적 의무를 지니는 것은 헌법 전문에 규정된 "3·1운동으로 건립된 대한민국임시정부의 법통을 계승"한다는 선언에서 그 헌법적 근거를 찾고 있다. 즉 헌법 전문의 이 규정은 "대한민국이 일제에 항거한 독립운동가의 공헌과 희생을 바탕으로 이룩된 것임을 선언한 것이고, 그렇다면 국가는 일제로부터 조국의 자주독립을 위하여 공헌한 독립유공자와 그 유족에 대하여는 응분의 예우를 하여야 할 헌법적 의무를 지닌다고 보아야 할 것이다"라고 판단하고 있다(헌재 2005. 6. 30. 2004헌마859).

그러므로 헌법 전문은 헌법전의 구성부분으로 국가의 최고법규범으로서의 효력을 가지며, 국가와 국민의 행위규범임과 동시에 재판규범으로 작용한다. 따라서 국가의 모든 재판은 헌법 전문에 기속된다. 또한 전문은 헌법제정권자의 근본결단으로서 헌법의 근본이념과 기본적 가치 등을 규정한 헌법의 본질적 구성부분에 해당하는 것으로 헌법개정의 한계로서 작용한다.

헌법 전문 내용

국민주권의 원리와 헌법제정권력 및 헌법성립의 유래 명시

우리 헌법 전문은 "우리 대한국민은 … 1948년 7월 12일에 제정되고 8차에 걸쳐 개정된 헌법을 이제 국회의 의결을 거쳐 국민투표에 의하여 개정한다"라고 하여, 우리 대한 '국민'이 헌법을 제정하고 개정한다고 밝히고 있다. 즉 국민주권원리에 입각하여 헌법제정과 개정의 주체가 국민임을 천명하고 있으며, 1948년 7월 12일 제정되어 8차에 걸쳐 개정된 1980년 헌법을 다시 국회의 의결과 국민투표로 개정한다고 하여 현행 헌법이 헌법제정 이후 제9차 개정헌법임을 밝히고 있다.

3·1운동으로 건립된 대한민국임시정부의 법통 계승

헌법 전문은 대한민국헌법이 "3·1운동으로 건립된 대한민국임시정부의 법통"을 계승한 것임을 밝히고 있다. 여기서 대한민국임시정부의 '법통' 계승의 의미는 '정통성'의 계승으로 이해되고 있다. 따라서 대한민국은 한반도 내에서 유일하게 대한민국임시정부의 독립정신과 민주적 이념을 계승한 정통성 있는 국가라는 것을 천명한 것이 헌법 전문 내용이다. 즉 헌법 전문은 1948년에 탄생된 대한민국의 정통성과 역사적 기초는 바로 3·1운동과 대한민국임시정부에 있다는 것을 선언하고 있다. 다만 여기서 한가지 생각할 것은 대한민국이 대한민국임시정부의 정통성의 계승에는 임시정부의 적법성까지를 계승한 것으로 해석할 수 있는가의 문제이다.[1] 이에 관한 지배적 견해는 대한민국임시정부의 정통성의 계승으로 이해하고 적법성의 계승을 포함하지 않는다고 보는 것이다. 1919년의 임시정부는 당시 주권이 상실된 상황에서 국제법상 합법적 정부로 인정될 수 없는 것이었으므로, 1948년 대한민국정부가 임시정부의 완전한 민주독립국가로서의 적법성을 계승한다는 의미로 해석하기는 어렵다. 그렇지만 1948년 대한민국정부는 대한민국임시정부의 민주이념과 독립정신을 계승한 것으로 한반도에서 유일한 정통성을 갖는 정부라는 것은 분명하다.

자유민주적 기본질서의 확립

헌법 전문은 "자유민주적 기본질서를 더욱 확고히 하여"라고 하여 대한민국의 국가적 이념과 기본적 정치질서는 자유민주주의적 질서의 확립임을 전제로 그 질서를 더욱 확고히 한다는 것을 강조하고 있다. 자유민주적 기본질서는 국민적 합의에 바탕을 둔 국가적 이념이며 우리 헌법의 핵심적인 정치적 기본질서를 의미한다. 자유민주적 기본질서의 의미에 관하여 헌법재판소는 "모든 폭력적 지배와 자의적 지배, 즉 반국가단체의 일인독재 내지 일당독재를 배제하고, 다수의 지배에 의한 국민의 자치, 자유·평등의 기본원칙에 바탕한 법치주의적 통치질서"라고 정의하고 있다. 헌법 전문의 자유민주적 기본질서는 헌법 제4조의 평화통일조항에도 "자유민주적 기본질서에 입각한 평화통일정책"으로 규정하고 있으며, 헌법 제8조의 정당해산의 요건으로 '민주적 기본질서'도 헌법 전문의 자유민주적 기본질서의 개념과 동일한 의미로 해석되고 있다.

4·19민주이념의 계승과 조국의 민주개혁

전문에는 "불의에 항거한 4·19민주이념을 계승하고, 조국의 민주개혁…의 사명에 입각하여"라고 하여 독재정권을 타도하고 민주정부를 수립한 국민의 저항권행사를 간접적으로 인정하고 있으며, 그 저항권행사의 역사적 의미를 강조하고 있다. 또한 그러한 4·19민주이념의 계승을 통한 조국의 민주개혁을 국가의 핵심과제로 삼고 있다. 헌법 전문의 4·19민주이념에 관한 규정은 1962년 헌법 전문에서 최초로 '4·19의거'로 규정한 것을 1987년 헌법에 의해 '4·19민주이념'으로 표현이 바뀐 것이다.

평화적 통일의 사명과 국제평화주의

전문은 "조국의 … 평화적 통일의 사명에 입각하여"라고 규정하여 조국의 평화적 통일을 민족적·국민적 과제로 하고 있음을 분명히 하고 있다. 이 헌법 전문의 평화통일의 사명에 따라 헌법 제4조에 "대한민국은 통일을 지향하며 자유민주적 기본질서에 입각한 평화적 통일정책을 수립하고 이를 추진한다"라고 규정하여 평화통일의 원칙을 재천명하고 있다. 그리고 "밖으로는 항구적인 세계평화와 인류공영에 이바지함으로써"라고 하여 대한민국은 평화애호국가임을 표방하고 평화주의를 바탕으로 하는 세계질서 형성에 노력한다는 것을 밝히고 있다.

각인의 기회균등과 국민생활의 균등한 향상

헌법 전문은 "정치·경제·사회·문화의 모든 영역에 있어서 각인의 기회를 균등히 하고, 능력을 최고도로 발휘하게 하며, 자유와 권리에 따르는 책임과 의무를 완수하게 하여, 안으로는 국민생활의 균등한 향상을 기하고"라고 하여 우리 헌법의 기본이념인 자유와 평등의 실현과 사회국가원리를 천명하고 있다. 모든 국민이 공동체의 각 영역에 있어서 자유와 평등을 기초로 자신의 능력에 따라 삶을 영위하도록 하며, 자유와 권리만을 강조할 때 나타나는 불평등을 없애고 국민생활의 균등한 향상을 기하기 위하여 실질적인 자유와 평등의 실현을 목적으로 하는 사회국가원리를 천명하고 있다.

그 밖의 국가적 과제와 목표

헌법 전문은 "정의·인도와 동포애로써 민족의 단결을 공고히 하고, 모든 사회적 폐습과 불의를 타파하며"라고 하여 민족주의를 규정하고 있으며, 사회적 폐습과 불의의 타파를 국정의 기본방향으로 제시함으로써 정의로운 사회 건설을 국가적 과제로 삼고 있다. 그 밖에 "우리들과 우리들의 자손의 안전과 자유와 행복을 영원히 확보할 것을 다짐하면서"라고 하여 우리 대한민국의 국가적 과제가 국민 모두의 안전과 자유와 복지의 조화적 실현에 있음을 강조하고 있다. 이러한 과제는 동시에 헌법제정권자인 국민의 헌법제정의 목적에 해당한다.

주

1) 이 점에 관하여 성낙인 교수는 "헌법 전문에서 대한민국임시정부의 법통계승을 규정하고 있지만 그것은 어디까지나 정통성의 계승을 의미하고 실정 헌법질서상 적법성의 계승을 의미하는 것은 아니다"라고 기술하고 있다. 성낙인, 『헌법학』 법문사, 2019, 126면. 대한민국임시정부의 법통계승에 관한 해석에 대해서는 헌법 전문 내용의 개정 과정을 주목할 필요가 있다고 본다. 1948년 제헌헌법은 헌법 전문에 "기미삼일운동(己未三一運動)으로 대한민국을 건립하여 세계에 선포한 위대한 독립정신을 계승하여 이제 민주독립국가를 재건함에 있어서"라고 규정하였으나, 1962년 헌법(제3공화국헌법)의 전문에는 이 표현이 "3·1운동의 숭고한 독립정신을 계승하고"로 변경되었고, 1987년 헌법에 와서 "3·1운동으로 건립된 대한민국임시정부의 법통" 계승으로 명문화된 것이다. 즉 제헌헌법 전문의 3·1운동으로 '대한민국을 건립하여'라는 표현이 현행 헌법에 이르기까지 그대로 유지되고 있다면 대한민국은 대한민국임시정부의 정통성과 적법성을 계승하는 것으로 해석하는 데 문제가 없다고 할 것이나, '3·1운동의 숭고한 독립정신의 계승'이나 '대한민국임시정부의 법통 계승'으로 헌법 전문의 표현이 바뀐 것은 대한민국임시정부가 완전한 민주독립국가의 건설을 의미하는 것은 아니라는 점을 전제로 한 것이라고 할 수 있다.

제2장
국민주권의 원리

국가형태로서 민주공화국

　　각국의 헌법전에는 기본적으로 국가의 존재형식 내지 국가형태에 관한 명문 규정을 두고 있다. 국가형태란 국가의 조직형태와 체계가 어떠한 것인가를 기준으로 한 국가의 전체적 성격의 유형을 말한다. 국가형태의 분류에 관한 고전적 이론에 의하면, 플라톤은 지배자의 수와 그 윤리적 성격 등을 기준으로 군주국과 민주국으로 분류하였고, 아리스토텔레스는 군주국, 귀족국, 민주국의 셋으로 구분하였다. 중세의 마키아벨리는 권력보유자의 수에 따라 국가를 군주국과 공화국으로 분류하였다. 19세기 독일의 옐리네크는 국가의사의 결정방법을 기준으로 하여 국가의사가 헌법상 개인의 자연적 의사에 따라 결정되느냐 아니면 다수인에 의하여 기술적 방법으로 결정되느냐에 따라 군주국과 공화국으로 분류하였다.

　　국가형태에 관한 일반적 분류론에 의하여 현대의 국가를 군주제를 두고 있는가 아닌가를 기준으로 군주국과 공화국으로 분류할 수 있다. 그러나 서구에서 오늘날 군주제를 유지하고 있는 국가의 경우에도 군주주권원리에 입각한 전제군주제 국가는 존재하지 아니하며, 단지 명목상 국가원수로서의 군주가 존재하는 입헌군주제 국가가 있을 뿐이다. 따라서 그러한 국가의 실체는 국민주권에 기초한 민주국가로서 상징적 군주제가 유지되고 있는 공화국에 해당한다. 영국이나 일본 등의 경우 전통적인 군주로서의 국왕이 존재하고 있지만 이들 국가는 군주주권을 부정하고 국민주권에 입각한 민주국가인 것이다.

공화국은 군주제를 부정하는 국민 모두의 국가이다

공화국은 군주국에 반대되는 국가형태로서 군주제를 부정하는 비군주국 내지 공화제 국가를 말한다. 공화국에도 자유주의적 민주공화국과 독재적 전제공화국으로 구분할 수 있다. 본래 공화국(republic)의 개념은 라틴어의 'res publica'(공공의 것, 모두의 것)에 어원을 둔 것으로, 군주제를 부정하고 전제적 정치체제를 부정하는 국민 모두의 국가를 의미하였다. 그러나 그 후 형식적 의미로 군주제를 부정하는 국가의 개념으로 사용하게 되었고, 나아가 전체주의와 공산국가 등에서도 공화국의 명칭을 스스로 지칭하게 되었다. 사회주의국가인 중국은 '중화인민공화국'으로 지칭하고 있으며 북한도 '조선민주주의인민공화국'이라는 명칭을 사용하고 있다. 그렇기 때문에 오늘날 국가형태로서 군주국과 공화국의 구별은 의미가 상실되고 있다고 할 것이다. 다만 입헌주의헌법에 기초한 자유민주주의 공화국과 전체주의·공산주의 공화국으로 구분될 수 있다.

공화제 국가의 성립기원은 역사적으로 고대 로마에서부터 찾아

볼 수 있다. 로마는 기원전 7세기부터 왕정을 유지해 오다가 기원전 509년 세습 군주의 왕정을 폐지하고 공화제를 채택하였다. 당시 로마의 공화제는 국민주권에 기초한 오늘날의 민주적 공화제와는 구별되지만, 소수의 귀족계급을 중심세력으로 하여 지배되는 공화제를 특징으로 한다. 귀족계급에 의해 선출된 2명의 집정관(Senatus)이 서로 견제하면서 최고행정권을 행사하며 귀족계급의 대표로 구성된 원로원(300명~600명)과 다수의 평민으로 구성된 민회에서 국가의 입법 등 주요 의사결정이 이루어지는 공화정을 채택하였다. 로마의 공화제는 귀족계급과 평민 간의 갈등과 대립 속에서 2백 년을 거치면서 완성되었으며, 집정관과 원로원 및 민회로 구성된 로마의 공화정은 왕정과 귀족정, 민주정의 성격이 혼합된 통치체제라고 할 수 있다. 그 후 BC 31년 옥타비아누스가 등장하여 '아우구스투스'라는 황제의 칭호를 받게 됨으로써 공화정은 사실상 폐지되고 황제의 전제정이 전개되었다.

"대한민국은 민주공화국이다"

우리 헌법 제1조 제1항은 "대한민국은 민주공화국이다"라고 규정하고 있다. 이는 우리나라의 국호가 '대한민국'(大韓民國)이며, 국가형태가 민주공화국(民主共和國)임을 선언하는 것이다. 우리나라의 국호를 대한민국이라고 규정한 것은 우리나라는 3·1운동의 결과 수립된 대한민국임시정부의 법통을 계승한 것이라는 의미를 가진다.[1] 1948년 대한민국헌법 제정 이전의 1919년 대한민국 임시정부헌법은 국호를 '대한민국'으로 칭하고 국가형태를 '민주공화제'로 규정하였다.

우리나라의 국가형태가 민주공화국이라는 것은 다음과 같은 의미를 지닌다. 첫째, 대한민국은 군주제를 부정하는 국민 모두의 국가인 공화국이다. 즉 1948년 헌법제정으로 새로운 독립국가로 탄생한 대한민국은 구한말 대한제국의 전제군주국을 부정하는 국민의 국가라는 의미다. 둘째, 민주공화국이라는 것은 공화국의 내용이 민주주의원리를 기본으로 한다는 것이며, 이는 국민주권원리를 이념적 기초로 하면서 국민의 자유보장을 위해 권력분립원리와 법치주의를 채택하는 공화국임을 밝힌 것이다. 따라서 우리나라는 국민의 국가이며, 독재와 전체주의국가를 부정하는 자유국가·법치국가를 의미한다. 민주공화국의 의미에 관해 건국헌법의 중심적 초안자였던 유진오 박사는 다음과 같이 해석했다.

"20세기 초기에 이르기까지는 공화국과 민주국은 동의어로 사용하였으나 근래 공화국 중에도 나치스 독일 같은 독재정체나 소련 같은 소비에트제도를 채택하는 국가가 있어서 공화국의 정치형태가 일정하지 않다. 제1조에서 공화국이란 명칭만 사용하지 않고 권력분립을 기본으로 하는 공화국임을 명시하기 위하여 특히 '민주공화국'이라는 명칭을 사용한 것이다."[2]

우리 헌법 제1조 제1항의 민주공화국은 헌법규범의 중핵을 이루는 근본규범으로서 모든 법령을 구속하는 효력을 가진다. 이 조항은 헌법제정권자의 근본결단에 해당하는 것이므로 헌법개정 절차에 따르더라도 개정할 수 없는 개정금지사항에 해당한다. 민주공화국을 보장하기 위해서 헌법은 방어적 민주주의의 정신에 따라 민주적 기본질서에 위배되는 정당활동을 금지하는 위헌정당해산제도(제8조 제4항)를 규정하고 있으며, 민주공화국의 구조형태와 조직체계를 위협하거나 침해하는 경우에는 형법과 국가보안법 등에 의한 규제를 받게 된다.

민주공화국의 이념적 기초로서 국민주권의 원리

국가의 최고권력은 국민에 귀속된다

　전술한 바와 같이 근대 입헌주의헌법의 성립은 전제군주제를 부정하는 공화제 국가를 창설하면서 국민주권을 이념적 기초로 하는 민주주의 공화국의 탄생을 의미한다. 우리 헌법도 제1조 제1항에서 국가형태를 민주공화국으로 규정하면서, 제2항에 "대한민국의 주권은 국민에게 있고, 모든 권력은 국민으로부터 나온다"라고 하여 국민주권의 원리를 천명하고 있다.[3] 우리 헌법상 국민주권원리의 의미를 한마디로 이야기하면, 국민의 국가인 대한민국에 있어서 국가의 주권인 최고권력은 국민에게 있다는 것이다. 다시 말하면 대한민국의 국가의사를 결정하고 국가적 질서를 형성하는 최고권력은 국민에 귀속된다는 것을 말한다. 이러한 국민주권의 원리는 곧 모든 국가권력의 원천이며 정당성의 근거가 국민에게 있다는 추상적 원리를 의미하게 되지만, 현실적으로 보면 국민은 국가기관의 구성에 관한 선거권의 행사를 통해 구체적인 주권의 행사에 참여하게 된다.

　국민주권에 있어서 '주권'이란 무엇인가? 주권(sovereignty)의 개념은 대외적 독립성과 대내적 최고성을 본질로 하는 국가권력으로서 국가의사를 전반적·최종적으로 결정할 수 있는 국가의 최고권력으로 정의할 수 있다. 그리고 주권의 주체로서 '국민'이란 대한민국의 국적을 가진 전체 국민으로서 이념적 통일체 개념을 의미한다. 따라서 국민주권의 원리는 국가의사를 결정하는 최고권력이 국민 전체에 있다는 추상적 원리를 의미하므로 국민은 주권자라고 하더라도 현실적으로 직접 국가의 통치권을 행사할 수 있는 것은 아니다. 그렇지만 국민은 국민을 대신하여 국가의사를 결정하고 국가권력을 행사하는 대의기관(국회, 대통령)의 선출에 참여할 수 있는 선거권을 행사함으로써 국민주권원리를 구현하게 되는데, 이 경우 국민은 '유권자의 총체'로서 현실적으로 주권 행사자의 지위를 갖게 된다.

주권의 주체로서 국민의 개념을 추상적인 이념적 통일체로서의 국민으로 보는 국민주권의 원리는 현실적으로 전체 국민이 하나의 행동통일체로서 직접 구체적인 정치적 결정을 할 수 없는 것이므로 오늘날 국민주권의 원리는 모든 국가권력이 국민의 의사에 따라 국민 전체의 이익을 위하여 행사되어야 한다는 당위적 개념으로 이해하게 된다. 즉 국민주권의 원리는 현대 민주주의국가의 헌법에 있어 국가권력의 정당성의 근거로 작용한다. 주권자인 국민의 정치적 의사에 의해 국가기관이 구성되고 그 국가기관의 권력행사는 국민의 위임에 따라 행해지는 것이므로 여기에 국가권력이 정당화되는 이유가 있는 것이다. 따라서 모든 통치권의 행사는 궁극적으로 국민의 의사에 귀착되어야 하는 것이며, 국가권력의 행사가 국민의 의사에 합치되지 않을 때 그 권력행사는 국민주권의 원리에 반하게 되어 정당성을 갖기 어렵게 된다.

우리 헌법 제1조 제2항 후단의 "모든 권력은 국민으로부터 나온다"라는 의미는 국가의 최고권력인 주권은 국민에게 있으며, 주권에 의해 구체화된 현실적 국가권력으로서의 입법권, 행정권, 사법권을 포괄하는 국가의 모든 권력(통치권)은 주권자인 국민의 의사에 의해 국가기관에 위임된 것이므로 모든 국가기관은 주권자인 국민으로부터 나오는 권력을 국민의 의사에 따라 행사하여야 한다는 것을 말한다. 따라서 이 조항은 국민의 의사에 합치되지 않는 권력행사는 국민주권원리에 반하는 것이라는 의미를 내포하고 있다.

주권자인 국민의 의사는 대의기관의 의사에 의해 추정된다

여기서 주권의 주체로서 이념적 통일체인 국민의 의사가 무엇인지를 생각해 볼 필요가 있다. 국민의 의사는 국민 개개인의 부분적 이익이 아니며 국민 전체의 공익을 지향하는 통일적인 형태로 나타난다. 이러한 국민의 의사는 현실적 개념으로서의 경험적 의사가 아니며, 헌법규범에 의해 요청되고 형성되는 '추정적 의사'를 말한다. 국민의 추정적 의사는 국민 전체의 공익을 지향하는 의사를 의미한다. 즉 국민의 의사는 국민의 개별적인 의사가 아니고 국민의 개별적 의사의 집합도 아니며, 오로지 국가공동체의 이익을 지향하는 국민 전체의 의사로 간주되는 것을 말한다. 이러한 국민의 통일적 의사는 국민 개인이 개별적으로 그 주체가 될 수 없으므로 결국 국민주권원리에 있어 국민의 의사는 대표될 수밖에 없다. 그러므로 추상적·이념적 원리로서의 국민주권은 대의제 민주주의를 원칙으로 하게 되며, 헌법상 대의기관에 의해 구체적으로 형성된 의사는 곧 국민의 의사로 간주됨으로써 민주주의가 실현되는 것이다. 여기서 대의기관의 의사결정이 국민의 추정적 의사와 일치하지 않을 경우 국민은 주기적인 선거를 통해 정치적 책임을 묻게 되고, 일상적으로는 표현의 자유와 정당활동 등을 통한 정치적 여론의 형성으로 대의기관의 의사결정에 영향력을 행사함으로써 국민주권의 이념을 실현하게 된다.

다만 대의제 민주주의 하에서도 예외적으로 직접민주주의 요소를 채택하게 되는데, 예컨대 우리 헌법 제72조의 국민투표의 경우가 그에 해당한다. 대통령은 외교·국방·통일 기타 국가안위에 관한 중요정책을 국민투표에 붙일 수 있는데, 이는 국가의 안위에 관한 중요정책의 문제를 대의제원리에 따라 국민의 대표기관이 처리하지 않고 국민투표에 나타난 유권자의 현실적 의사에 따라 국가의사를 결정하는 방식을 말한다. 또 한 가지 헌법 제130조의 헌법개정 절차에 있어 국회에서 의결된 헌법개정안에 대해 최종적으로 국민투표에 붙여 개헌안을 확정하는 방식도 우리 헌법이 인정하는 직접민주제 요소에 해당한다. 이러한 국민투표에 있어서 국민 개개인의 현실적 의사는 국민의 추정적 의사로 의제된다.

대의제 민주주의 원칙과 그 예외로서의 직접민주제

위와 같이 우리 헌법의 최고원리로서 국민주권원리를 이해할 때 주권의 주체를 이념적 통일체로서의 국민으로 간주하고 있기 때문에 대의제 민주주의를 민주주의의 원칙으로 할 수밖에 없으며 직접민주주의 요소는 헌법이 규정하는 범위 내에서 최소한에 그치게 된다. 최근 우리 사회에 국회의원에 대한 국민소환제도의 도입 등 직접민주주의의 확대 논의가 제기되고 있으나 대의제 민주주의의 한계를 극복하기 위한 대안으로 이를 도입하는 데에는 신중을 기해야 할 것이다. 예컨대 직접민주주의의 확대 방안으로 국회의원에 대한 국민소환제라든지 헌법개정안 발의에 국민발의를 인정하는 문제는 헌법개정을 통해서만 가능한 것이므로 이에 관한 충분한 공론화 과정이 필요하다고 할 것이다.

국민주권원리의 역사적 전개

국민주권의 원리는 서구사회 근대 시민혁명의 산물이다. 시민혁명을 계기로 하여 중세 이래의 절대군주제 시대의 군주주권이론은 부정되고 새로운 국민주권이론이 탄생하게 되는데, 국민주권이론은 전제군주국가에서의 권력행사의 절대성과 자의성에 대한 항의적·투쟁적 이데올로기로서 발전한 이론이다. 국민주권론은 로크와 루소 등의 사회계약이론에 기초하고 있다.

프랑스혁명의 국민주권론과 인민주권론의 대립

주권자로서의 국민이 개개인의 집합체로서 관념되는 경우 그 국민의 개념을 어떻게 이해할 것인지가 중요한 문제가 된다. 프랑스 시민혁명 당시 구체제를 타파하고 새로운 헌법을 제정하는 과정에서 주권의 주체로서 국민을 어떻게 관념지을 것인가를 둘러싸고 구체적으로 인민(peuple)주권론과 국민(nation)주권론의 대립이 있었다. 루소(J.J. Rousseau)의 사회계약론에 입각한 '인민'주권론에서 주권의 주체는 사회계약에 참가하는 시민의 총체, 즉 유권자의 총체로 보는 것이었다. 이에 반하여 시에예스(Sieyes)와 몽데스키외(Montesquieu)의 '국민'주권론에서는 주권의 주체가 인민과 구별되는 국적 보유자의 총체로서 시민의 총체보다 한층 더 추상적인 관념이다. 이러한 두 원리의 구별은 프랑스혁명의 역사적 대항관계 속에서 출발한 것이다. 즉 '국민'주권론은 인민대중의 정치참여를 필연적인 것으로 하지 않음으로써 부르주아 계급에 권력을 확보시키려는 것을 특징으로 하지만, '인민'주권론은 인민이 직접 주권을 행사하며 인민의 각 성원은 주권행사에 참여할 당연한 권리를 가진다고 하여 민중의 정치참여를 불가피한 것이라고 하였다. 이러한 '국민'주권론과 '인민'주권론의 이원적 대립은 근본적으로 당시의 온건혁명파와 과격혁명파 사이에 사용된 하나의 도구적 개념이라 할 수 있다.[4]

그리하여 혁명의 산물로 제정된 최초의 헌법인 1791년 프랑스 헌법은 시에예스의 국민(nation)주권론에 입각하여 전체 국민을 주권의 주체로 하였으며, 이러한 추상적인 국민주권원리는 필연적으로 대표민주제 내지 대의제 민주주의를 요구하게 되었다. 그리고 의회 의원의 국민 전체의 대표성과 함께 의원이 국민의 명령에 구속되지 않는 명령적 위임의 금지 내지 자유위임의 원칙을 규정하게 되었다.[5]

국민주권론에 의해 의원은 자기 선거구의 특수이익을 대표하는 것이 아니라 전국민의 이익을 대표하는 것이 되었으며, 의원은 선거구에 의해 선출되더라도 주권의 행사를 헌법에 의해 국민으로부터 직접적으로 부여받은 것이 되고 자기의 선거구의 의사로부터 자유롭게 그 권한을 행사하는 것이 되었다. 또한 선거인의 역할은 그의 선거구의 특수이익의 대리인을 선발하는 것이 아니라 전 국민의 대표자를 선출하는 것이므로 선거인도 일반이익의 입장에서 누가 대표자로 적합한지를 판단할 수 있는 자격을 가져야 했던 것이다. 이러한 능력을 갖추기 위해서는 그 나름의 교양과 재산이 필요하다고 하면 그러한 조건에 의한 선거권의 제한은 당연히 인정될 수밖에 없었던 것이다. 즉 개인은 주권을 갖는 것이 아니기 때문에 선거권은 주권의 행사라는 의미가 아니라 오히려 공무의 수행에 지나지 않기 때문에 선거권을 제한하는 것은 이론상 문제가 없는 것이었다. 그리하여 1791년 프랑스헌법은 시에예스의 국민주권론의 기본구조를 채택하여 국민대표제와 명령적 위임금지를 규정하였으며, 국민대표의 선출에 있어서는 제한선거를 채택하였던 것이다. 국민주권의 헌법 하에서 보통선거제가 채택된 것은 20세기에 들어와서 가능하게 되었다.

    이와 같이 국민주권이론의 성립 단계에서는 주권의 주체로서 국민의 개념을 추상적인 전체 국민으로 이해하는 경우와 구체적 개념으로서 유권자로서의 시민의 총체로서 보는 것으로 구별하였는데, 이러한 국민주권과 인민주권의 결정적 차이점은 다음과 같다. 국민주권론에 있어서는 국민 개념의 추상성으로 인하여 그 주권이 대표에 의해 행사될 수밖에 없는 대의제 내지 간접민주제를 원칙으로 하지만, 인민주권론에 있어서는 유권적 시민이 현실적으로 직접 주권을 행사할 수 있기 때문에 직접민주제를 이상으로 한다는 것이다. 따라서 국민주권에 있어서 대의제는 권력의 남용과 자의적 행사를 방지하기 위하여 권력분립원리를 전제로 하게 되지만, 인민주권에 있어서는 인민이 직접 주권을 행사하므로 권력분립원리가 부정되고 권력집중의 원리가 요청된다는 것이다. 그리고 국민주권에 있어서는 엘리트 대표자를 선출하기 위하여 보통선거가 아닌 교양과 재산을 가진 제한선거도 무방하지만, 인민주권에 있어 제한선거는 주권적 인민의 주권을 제한하는 것이

되기 때문에 허용되지 아니하며 보통선거를 원칙으로 하게 된다.

국민주권원리의 현대적 의미

오늘날 민주국가 헌법의 국민주권원리는 군주주권과 전제군주정의 부정을 전제로 하면서, 앞서 살펴본 국민주권과 인민주권의 구별과 같은 시민혁명 당시의 역사적·계급적 대립관계를 극복하는 것으로서 양자의 조화적 실현을 내용으로 하는 헌법원리를 채택하고 있다. 그에 따라 주권의 주체로서 국민은 이념적 통일체 개념으로서의 전체 국민을 의미하며, 현실적으로는 국민이 직접 국가기관이 되어 국가의 통치권을 행사하는 것이 아니므로 국민은 유권자의 총체(선거인단으로서의 국민)로서 국가기관의 구성을 위한 선거에 참여함으로써 국민주권을 구현하게 된다. 그리하여 대의제 민주주의를 원칙으로 하면서 루소의 인민주권이론에서 강조된 직접민주제적 요소가 예외적으로 도입되며, 보통선거 원칙은 오늘날 민주주의헌법에서 보편적으로 채택되고 있다.

이러한 국민주권원리의 현대적 의미는 국가권력의 원천이 국민이며, 국가권력의 정당성의 근거가 국민이라는 헌법의 최고이념에 관한 추상적 원리로 이해될 수 있다. 즉 오늘날 주권자인 국민은 국민투표에 의해 직접 주권을 행사하는 예외적인 경우 외에는 국가기관이 통치권을 행사하며, 이 국가기관의 선출은 국민의 의사에 의한 것이므로 궁극적으로 국가기관의 권력행사는 국민의 의사에 의해 정당화된다는 것을 의미한다. 즉 국민주권의 원리는 원칙적으로 주권의 소재와 현실적인 국가권력(통치권)의 구별을 전제로 하여 주권자인 국민은 직접 국가권력을 행사하는 것이 아니라 민주적 선거제도와 투표권을 통해 국가기관의 선출에 참여함으로써 구체적으로 주권을 행사하게 된다. 그리고 국가기관의 정책결정과 권력행사가 정당화되는 이유는 국민의 의사에 의해 선출된 국가기관의 권력행사가 국민의 의사에 따라 이루어지기 때문이다.

여기서 한 가지 생각해 볼 것은 주권이 국민에게 있다는 추상적 헌법원리가 단지 국가권력의 정당성의 근거로서만 이해되는 것인지, 아니면 국민이 가지는 주권의 개념 속에 추상적인 헌법이념뿐만 아니라 현실적인 권력으로서 인정할 수 있는 요소가 있는지에 관한 것이다. 이 점과 관련하여 본다면 국민이 주체가 되어 국가공동체의 창설과 유지에 관한 근본적인 정치적 결단을 행하는 헌법제정권력과 헌법개정권력은 주권에서 파생하는 국민의 현실적인 권력이라고 할 수 있다. 직접민주제 요소로서 국민투표권이나 국가기관 구성에 관한 국민의 선거권은 헌법에 의해 보장되는 국민의 중요한 정치적 기본권으로서 국가의 보호를 받기 때문에 그 자체는 주권자의 권력적 요소로 보기는 어렵다고 할 수 있지만, 그것은 국민주권을 실현하는 구체적 수단으로서의 성격을 가진다는 점에서 주권으로부터 파생하는 국민의 현실적 권력으로 볼 수 있다고 할 것이다.

국민주권원리는 어떻게 구현되는가?

헌법의 최고원리인 국민주권의 원리는 매우 추상적인 개념이며 정치적 이념의 성격이 강하다. 이러한 추상적 이념으로서 국민주권의 원리를 구현하기 위해서는 실정헌법상 구체적인 제도적 장치를 강구하여야 한다. 국민주권원리의 구현방법으로는 우선 국가 통치권의 행사가 국민의 자유와 권리를 침해하지 않도록 헌법에 보장된 국민의 기본권에 철저하게 기속시켜야 하는 것이 중요하다. 따라서 국민의 기본권 보장을 위한 자유민주주의와 법치주의원리를 헌법상의 기본원리로 채택하게 된다. 우리 헌법도 국민주권원리를 구현하기 위하여 자유권을 비롯한 일련의 기본권을 보장하고 있으며 자유민주주의와 법치주의 원리를 채택하고 있다. 그리고 국민의 주권행사 방법으로 대의제 민주주의와 국민투표제 등을 규정하고 있다. 특히 실질적 국민주권을 보장하기 위하여 유권자들이 자신의 권익과 국민 전체의 이익을 위해 적절하게 주권을 행사할 수 있도록 민주적인 선거제도가 마련되어야 하고, 국민 각자의 참정권을 합리적이고 합헌적으로 보장하는 선거법이 제정되어야 한다(헌재 1989. 9. 8. 88헌가6).

이처럼 민주적인 선거제도와 선거법은 실질적 국민주권원리의 구현을 위한 불가결한 요소이므로 국회에서의 선거법 개정을 위한 여야 간 토론과 협상 과정은 매우 중요한 의미를 갖는 것이다. 이 점에서 우리의 정치현실은 선거법 협상이 지나치게 당리당략적이고 정파적 이익만 우선하는 행태를 보이고 있어, 국민주권의 실질화라는 관점에서 심각한 문제라 하지 않을 수 없다.

그리고 국민주권원리의 구현과 관련하여 현실적인 정치권력 과정에서 제기되는 문제들을 생각해 볼 필요가 있다. 우리나라의 대통령제 통치구조 하에서 국민에 의해 직접 선출된 대통령은 민주적 정당성을 가지고 헌법과 법률에 따라 국정을 수행하게 되는데, 주요 정책을 결정하거나 국가기관 구성에 관한 인사권을 행사하는 데 있어 적법한 권한이 행사되었다고 해서 그것이 바로 정당화되는 것은 아니다. 현대의 여론민주주의 시대에는 항상 국민의 여론을 주시하면서 다수의사를 존중하고 소수의사를 배려하는 입장에서 법적 권한을 행사하는 것이 국민주권의 헌법정신에 부합하는 것이 된다. 특히 대통령의 헌법상 권한행사와 관련하여 국민주권원리의 관점에서 대통령의 인사권행사의 남용과 불합리성의 문제점이 지적될 수 있다. 정부 교체에 의해 새로 취임하는 대통령은 헌법상 국가원수로서의 지위와 행정부 수반으로서의 지위에서 여러 헌법기관과 행정부 고위공무원에 대한 임명권을 행사하는데, 역대 대통령들의 고위공직자 인사에 관한 행태는 거의 예외없이 특정 지역 중심의 연고주의나 정치적 이념 성향을 같이하는 인사에 치우친 것이 문제였다. 이러한 편협한 인사정책은 국민 전체의 이익에 반하는 것으로 국민의 반감을 살 수밖에 없다. 대통령에게 부여된 권한은 국민주권의 이념에 기초하여 국민의 위임에 의한 것이므로 국민 전체의 이익을 지향하는 국민의 추정적 의사에 반하는 권한행사는 국민주권과 민주주의의 헌법정신에 위배되는 것이다.

국민주권원리의 구현을 위한 국민과 권력기관의 역할

국민주권의 원리가 현실의 정치 과정에서 헌법의 최고원리로서 실질적으로 작동되기 위해서는 국민주권원리를 구현하는 헌법상의 제도적 장치가 정상적으로 기능하는 것이 중요하지만, 아울러 주권자인 국민의 권력에 대한 감시와 비판기능을 강화하는 것 또한 필요하다. 1987년 헌법 이후 우리 사회에 민주화가 전개되면서 권력기관과 정부 정책에 대한 감시와 비판은 시민사회의 NGO 등 시민단체에 의해 효과적으로 이루어져 왔다고 할 수 있다. 국민 개개인의 권력에 대한 비판 목소리는 한계가 있으므로 조직화된 단체를 통한 시민운동은 공동체 각 영역의 다양한 국민의 의사를 대변하면서 의회의 입법과 정부의 정책결정 등에 일정한 영향력을 행사하게 된다. 정부와 권력기관은 국민으로부터 위임받은 통치권을 행사하는 데 있어 언론이나 시민단체 등에 의해 표출된 국민의 의사를 존중하고 경청할 때 국민주권의 원리가 일상적으로 살아있는 헌법원리로서 실현되는 것을 의미한다.

우리나라의 대통령제 하에서 선거를 통해 집권당이 국회의 과반수 의석을 차지하는 '여대야소'의 정치상황이 만들어지면 대통령과 국회권력에 대한 야당의 견제는 사실상 불가능하다. 우리는 2020년 4월 총선 결과 여당이 압승함으로써 대통령권력과 의회권력이 통합되어 대통령의 독주가 허용되는 현실을 보았다. 이러한 여대야소의 정국일수록 정부·여당은 야당과 협치하는 자세가 필요하며, 정부·여당을 지지하지 않은 국민에 대해서도 정부·여당을 지지하는 국민과 똑같이 대우해야 하는 것이다. 정부와 여당의 국가정책 결정에 있어 이념적 성향에 따라 지나치게 편향적인 정책방향을 고집하게 되면 이는 국민주권의 헌법정신과 멀어지게 된다. 정치세력 간의 이념적 성향의 대립과 차이가 있다 하더라도 그것은 어디까지나 우리 헌법의 기본질서인 '자유민주적 기본질서'의 테두리 안에서 허용되는 것이어야 한다. 예컨대 자유민주주의의 헌법질서에 저촉되거나 위협이 될 수 있는 정책을 다수파의 힘으로 밀어붙인다면 이는 정당화되기 어렵다. 우리 헌법은 국민주권원리를 최고이념으로 하면서 주권자인 국민의 결단으로 자유민주주의와 시장경제질서를 헌법의 핵심원리로 채택한 것이기 때문에 국민 다수의 지지로 주권행사를 위임받은 정부·여당은 항상 헌법의 기본원리를 존중하지 않으면 안 된다.

대통령은 국가원수로서 전체 국민을 대표하는 지위에서 전체 국민을 하나로 통합해 나가는 데 역량을 발휘해야 한다. 대통령은 헌법을 준수하고 국가를 보위해야 하는 책무뿐만 아니라 '국민의 자유와 복리 증진'을 위한 직책을 성실히 수행해야 할 헌법적 의무가 있다(헌법 제69조). 여기서 국민은 모든 국민을 의미하는 것은 말할 것도 없다. 대통령의 국정수행은 기본적으로 헌법의 수호자의 지위에서 헌법의 최고원리인 국민주권의 이념을 실현하기 위한 노력을 최우선으로 해야 하는 것이다.

주

1) 헌법제정 과정에서 국호 문제를 둘러싼 논쟁이 많았는데, 헌법기초위원회 단계에서는 국호 토론에 대한 표결결과 대한민국 17표, 고려공화국 7표, 조선공화국 2표, 한국 1표가 나와 '대한민국'으로 확정되었으며, 국회 본회의에서도 대한민국이라는 국호는 제국주의의 잔재 같은 인상을 풍기므로 '대'(大)자를 빼고 '한민국' 또는 '한국'으로 하자는 주장도 제기되었다. 이에 관한 상세는 이영일, 『건국사 재인식』, 동문선, 2022, 141면 이하.

2) 유진오, 『헌법해의』, 명세당, 1949, 19면.

3) 건국헌법을 기초한 유진오에 의하면 당초 그의 헌법 초안에는 국호를 '한국'으로 하고, 주권의 주체를 '인민'으로 하였으나 국회본회의 심의 과정에서 국호는 '대한민국'으로 인민은 '국민'으로 바뀌게 되었다고 한다. 그는 '국민'보다 '인민'의 단어를 선호한 이유에 대해서 다음과 같이 밝히고 있다. "인민이라는 용어는 공산당 용어라고 공박하지만, 인민이라는 말은 구 대한제국 절대군권 하에서도 사용되던 말이고, 미국헌법에서도 인민 people, person은 국가의 구성원으로서의 시민 citizen과는 구별되고 있다. 국민은 국가의 구성원으로서의 인민을 의미하므로 국가우월의 냄새를 풍기며, 국가라고 할지라도 함부로 침범할 수 없는 자유와 권리의 주체로서의 사람을 표기하기에는 반드시 적절하지 못하다. 결국 우리는 좋은 단어 하나를 공산주의자에게 빼앗긴 것이다." 유진오, 『헌법기초회고록』, 1980, 56면.

4) 성낙인, 『헌법학』, 법문사, 2019, 131~135면.

5) 국민주권론의 내용적 요소로서 명령적 위임금지 내지 자유위임의 원칙은 근대 이전의 의회에 해당하는 중세 등족회의에서의 '명령적 위임'과 본질적으로 구별되는 개념이다. 명령적 위임이란 중세 유럽의 등족회의를 구성하는 각 신분적 집단의 대표자와 그 집단 간의 관계를 의미하는 것이었다. 등족회의는 신분적·직업단체적·지방적 대표자들로 성립되었으며 그것은 당시 사회의 신분적 집단(귀족·성직자·시민)을 비롯한 직업단체(각종 길드), 지방적 집단의 연합으로 성립된 것을 반영한 것이다. 여기서 의회는 각 집단의 특수이익을 국왕에 전하는 자문기관에 불과하였으며, 의회의 역할은 사회를 구성하는 제 집단의 특수이익을 대표하는 데 있었다. 말하자면 신분적 집단의 대표자(대리인)은 집단의 의사표명의 도구에 지나지 않았으며 제집단은 그 대표자를 통하여 의회에 존재하였다. 이러한 명령적 위임의 제도는 중세 신분제의회가 근대 의회제로 이행하게 됨에 따라 사라지게 되었다. 근대 의회제도에 있어서 명령적 위임의 금지 내지 자유위임의 원칙이 확립된 것은 의회에 있어서 심의의 신속화를 기할 수 있다는 실질적인 이유뿐만 아니라 의회가 국민 전체를 대표하는 국민대표기관으로서의 성격으로부터 의회 의원은 선거인의 지시나 명령에 구속되지 않는 자유로운 지위가 보장되어야 한다는 점으로부터 그 이유를 찾을 수 있다. 근대 의회제의 자유위임의 원칙과 중세 등족회의의 명령적 위임의 차이점에 관해서는 정만희, '국회의원의 정당기속과 자유위임의 원칙', 『헌법재판연구』 제2권 제1호, 2015, 125면 이하.

제3장
자유민주주의

헌법의 핵심적 가치로서 자유민주주의

우리 헌법은 국민주권의 이념을 실현하기 위하여 민주주의 원리 내지 자유민주주의 원리를 여러 군데에서 규정하고 있다. 헌법 전문에는 우리 헌법의 핵심적 가치질서에 관하여 "자유민주적 기본질서를 더욱 확고히 하여"라고 밝히고 있으며, 제1조에 대한민국의 국가형태에 관하여 '민주'공화국을 천명하고 있다. 제4조에서는 대한민국은 "자유민주적 기본질서에 입각한 평화적 통일정책을 수립하고 추진한다"고 선언하고 있으며, 정당해산조항인 제8조 제4항에 정당의 목적이나 활동이 "민주적 기본질서"에 위배될 때에는 헌법재판소의 심판에 의하여 해산된다고 규정하고 있다. 여기서 제8조 제4항의 "민주적 기본질서"는 헌법 전문과 제4조의 "자유민주적 기본질서"와 동일한 의미로 해석하는 것이 통설적 견해이다. 이러한 조항들은 자유민주주의 또는 민주주의가 우리 헌법이 추구하는 핵심적 가치이며 헌법의 기본원리를 구성하고 있음을 천명한 것이다.[1] 따라서 우리 헌법이 자유민주주의를 기본원리로 한다는 것은 주권자로서 국민의 합의에 의하여 자유민주주의를 국가와 헌법의 정체성 내지 핵심적 가치로 삼고 있다는 것을 의미한다. 근대 입헌주의헌법시대 이래 각국 헌법은 국민주권의 원리를 이념적 기초로 하면서 자유민주주의를 비롯한 법치주의, 권력분립원리 등을 기본원리로 채택하고 있다.

자유주의에 기초한 민주주의

우리 헌법의 기본원리로서 자유민주주의는 자유주의와 민주주의의 결합개념으로서 그것은 자유주의를 내용으로 하는 민주주의를 의미한다. 먼저 자유주의는 근대 자연법사상과 개인주의·합리주의에 기초하여 인간의 존엄성 존중과 인간의 천부적·생래적 자유의 옹호를 이념으로 하는 정치원리이다. 역사적으로는 17세기 말부터 18세기에 걸쳐 서구사회 근대 시민혁명 과정에서 시민혁명을 정당화하는 사상적·이론적 근거로서 전개되었다. 자유주의원리는 사회계약론을 바탕으로 하여 인간의 자연권으로서의 자유는 사회공동체 구성원 간의 합의를 통해 국가로부터 보호받게 되지만, 국가권력의 남용과 자의적 행사로부터 개인의 자유를 침해당하지 않기 위해서는 권력을 억제하고 통제할 필요성이 강조된다. 따라서 자유주의는 정치적 영역에서 권력분립과 법치주의를 요청하게 된다. 또한 자유주의는 경제적 영역에서는 사유재산제와 시장경제를 채택함으로써 자본주의의 발달을 가져오게 된다. 17세기 말 영국 명예혁명의 정당성을 역설한 로크는 인간의 자연권으로서 생명, 자유와 함께 재산권을 강조하였으며, 1789년의 프랑스 인권선언(제17조)에서 "소유권은 신성불가침의 권리이다"라고 명시한 것에서도 당시 자유주의하에서 사유재산제와 시장경제가 경제질서의 기본을 형성한 것이었음을 알 수 있다.

그리고 민주주의는 국민주권의 원리를 전제로 하여, 국가의 의사결정은 그 구성원이며 주권의 주체인 국민의 의사에 따라 행해져야 한다는 '국민의 자치' 내지 '국민에 의한 지배'의 원리를 말한다. 여기에서 국민은 추상적 통일체로서 전체 국민을 의미하기 때문에 모든 국민이 직접 정치에 참여할 수 없는 것이므로 현실적으로 국가의사의 결정은 국민의 대표자로 구성된 대의기관을 통해 간접민주주의 방식으로 이루어지는 것을 원칙으로 하게 된다. 여기에 국민을 대표하는 대의기관의 구성방법으로서 선거제도가 민주주의의 필수적 구성요소가 되며, 대의기관인 의회의 의사결정은 다수결원칙에 의해 나타난 의사를 국민의 의사로 간주하게 된다.

민주주의에 있어 그 이념과 목적은 국민의 자유와 평등이라는 기본가치를 실현하는 데 있으므로, 이 점에서 민주주의는 곧 자유민주주의와 동의어로 사용되는 것이다. 다만 사회주의국가에서도 인민민주주의라는 이름으로 민주주의를 표방하고 있으므로 우리 헌법은 인민민주주의와 구별되는 자유주의를 바탕으로 하는 민주주의를 강조하기 위하여 "자유민주적 기본질서"를 명문화하여 이를 우리 헌법의 핵심적 가치질서로 삼고 있는 것이다. 그러므로 우리 헌법의 기본원리로서 민주주의를 언급하는 것은 곧 자유민주주의를 말하는 것이며, 우리 헌법은 국가공동체의 핵심적 가치질서로서 자유민주적 기본질서를 천명하고 있음을 명확히 이해할 필요가 있다.

자유민주주의에 관한 헌법재판소의 개념정의

　　우리 헌법의 핵심적 원리로서 자유민주주의는 자유와 평등의 실질적 가치를 보호하기 위하여 국가권력의 창설과 모든 권력행사가 국민의 정치적 합의에 근거해야 한다는 통치원리를 의미하게 된다. 따라서 우리 헌법질서 내에서의 기본가치인 자유와 평등은 민주주의 내지 자유민주주의의 실질적 내용을 의미한다. 자유민주주의를 이렇게 이해한다고 하더라도 그 개념은 여전히 추상적이기 때문에 이를 구체화할 필요가 있다. 그리하여 헌법재판소는 1990년 '국가보안법사건'에서 자유민주적 기본질서의 개념을 정의하면서 "모든 폭력적 지배와 자의적 지배, 즉 반국가단체의 1인 독재 내지 1당 독재를 배제하고, 다수의 의사에 의한 국민의 자치, 자유·평등의 기본원칙에 바탕한 법치국가적 통치질서"라고 판시하고 있으며, 자유민주주의를 실현하기 위한 구체적인 제도로는 기본권보장, 권력분립원리, 의회제도, 선거제도, 복수정당제도, 사법권의 독립, 사유재산제와 시장경제를 골간으로 하는 경제질서 등을 들 수 있다고 하였다(헌재 1990. 4. 2. 89헌가113). 여기에서 헌법재판소는 자유민주적 기본질서를 정치질서로서 자유민주주의의 내용을 핵심으로 하면서도 경제질서로서 "사유재산제와 시장경제를 골간으로 하는 경제질서"를 포함하는 개념으로 이해하고 있음을 주목할 필요가 있다. 전술한 바와 같이 자유주의의 개념에는 사유재산제와 시장경제가 포함되는 것이기 때문에 자유민주적 기본질서에 자본주의적 경제질서로서 사유재산제와 시장경제질서를 포함시키는 것은 당연한 논리적 귀결이라 할 수 있다.

　　위와 같이 자유민주적 기본질서는 우리 헌법의 핵심적 정치적 기본질서이며 여기에는 경제적 기본질서의 요소로서 사유재산제와 시장경제질서가 포함되는 것으로 해석하는 것이 판례의 입장이며 학계의 통설이라 할 수 있다. 다만 여기서 한 가지 생각해볼 것은 헌법 제8조 제4항의 정당해산사유에 관한 '민주적 기본질서'를 해석하는 데 있어 헌법재판소는 기본적으로 자유민주적 기본질서의 해석론을 유지하면서 부분적인 차이점을 보인다는 점이다. 헌법재판소는 2014년 '통합진보당해산심판사건'에서 제8조 제4항의 '민주적 기본질서'의 의미에 관하여 "개인의 자율적 이성을 신뢰하고 모든 정치적 견해들이 각각 상대적 진리성과 합리성을 지닌다고 전제하는 다원적 세계관에 입각한 것으로서, 모든 폭력적·자의적 지배를 배제하고, 다수를 존중하면서도 소수를 배려하는 민주적 의사결정과 자유·평등을 기본원리로 하여 구성되고 운영되는 정치적 질서를 말하며, 구체적으로는 국민주권의 원리, 기본적 인권의 존중, 권력분립제도, 복수정당제도 등이 현행 헌법상 주요한 요소라고 볼 수 있다"라고 판시하였다(헌재 2014. 12. 19. 2013헌다1). 이 결정문에서는 헌법재판소가 "사유재산제와 시장경제를 골간으로 하는 경제질서"에 관한 부분을 포함시키지 않음으로써(의도적으로 이 부분을 포함시키지 않은 것인지는 명확하게 언급하고 있지 않으나) 정당해산 사유로서 민주적 기본질서를 협의의 개념으로 한정하여 정치적 기본질서만으로 이해하는 입장을 취한 것처럼 보인다.

    그렇지만 자유민주적 기본질서 하에서 사유재산제와 시장경제를 부정하는 정당활동은 허용될 수 없는 것이므로 헌법재판소의 헌법 제8조 제4항의 해석론은 앞의 '자유민주적 기본질서'의 해석론과 구별된다고 볼 수 없으며, 단지 자유민주주의의 본질적 요소를 예시하면서 '사유재산제와 시장경제'의 요소를 생략한 것으로 이해할 수 있다.

'자유민주적 기본질서'와 '민주적 기본질서' 구별에 관한 학계의 논의

이 문제와 관련하여 학계에서는 우리 헌법의 핵심적 기본질서로서 헌법 전문과 제4조의 '자유민주적 기본질서'와 제8조 제4항의 정당해산조항에 규정된 '민주적 기본질서'가 동일한 개념인지 아니면 구별되는 개념인지에 관하여 견해가 대립해 왔다. 제1설은 다수적 견해로서 헌법 제8조 제4항의 위헌정당해산의 실질적 요건으로 '민주적 기본질서'에의 위배는 곧 우리 헌법의 핵심적 원리이며 기본질서인 자유민주적 기본질서에의 위배를 의미하는 것으로 본다.[2] 제2설은 헌법 제8조 제4항의 민주적 기본질서를 자유민주적 기본질서와 사회민주적 기본질서를 포괄하는 광의의 개념으로 이해하는 입장이다. 이에 의하면 사회민주적 기본질서에는 경제질서로서 사회적 정의와 복지의 요소가 포함되는 것으로 이해한다.[3] 제3설은 헌법 제8조 제4항의 민주적 기본질서는 대한민국 헌법이 정하고 있는 헌법질서를 의미하는 것으로 인간의 존엄과 가치, 자유와 평등, 정의를 부정하거나 헌법의 기본가치·기본원리와 국가의 존립을 부정하거나 전복하려는 것은 민주적 기본질서에 위반된다고 한다.[4] 이와 같은 맥락에서 정당해산의 목적이 헌법의 기본원리로서 민주주의를 수호하기 위하여 가치절대적인 전체주의를 지향하는 정당 또는 일당독재를 배제하는 데 있으므로 헌법 제8조 제4항의 민주적 기본질서는 인간의 존엄과 가치를 최고이념으로 헌법의 기본원리에 의해 지배되는 헌법의 기본질서를 의미하는 것이라고 한다.[5]

생각건대 우리 헌법의 정당해산조항은 방어적 민주주의의 정신에 입각하여 독일 기본법 제21조의 정당해산조항을 그대로 수용한 것이며, 독일 기본법상의 정당해산의 실질적 요건은 정당의 목적이나 활동이 '자유민주적 기본질서'(freiheitliche demokratiesche Grundordnung)에 위배되는 경우로 규정하고 있으며, 여기서 자유민주적 기본질서는 정치적 기본질서를 중심으로 하는 개념으로 이해한다. 그리고 만일 정당해산의 요건을 자유민주적 기본질서의 개념보다 넓은 사회민주주의 개념을 포함하는 것으로 보거나, 이보다 더 넓은 개념인 헌법의 기본질서로 이해하게 되면 실제로 정당해산의 사유가 폭넓게 인정됨에 따라 헌법상 보장되는 정당의 자유가 침해될 위험성의 문제가 있으므로, 여기서 민주적 기본질서는 우리 헌법의 핵심적 가치질서로서 자유민주적 기본질서로 이해하는 것이 타당하다고 본다.

민주주의의 보편적 방식으로서 대의제 민주주의

전술한 바와 같이 국민주권원리를 기초로 하는 국가의 통치원리로서 민주주의 내지 자유민주주의란 국가의 의사결정은 국가구성원인 국민에 의해 결정되어야 한다는 것을 의미한다. 즉 국가공동체의 문제는 공동체의 구성원이 결정할 때 정당화된다는 원리를 뜻한다. 이 점에서 민주주의는 한마디로 국민주권에 기초한 '국민의 자치' 내지 '국민에 의한 통치'의 원리를 의미한다. 이러한 민주주의원리에 의한 국가 의사결정의 방식은 국민이 직접 국가의사를 결정하는 방식과 국민이 대표자를 선정하여 그들로 하여금 국가의사를 결정하게 하는 방식이 있다. 진지는 직접민주주의 방식이며 후자는 간접민주주의 내지 대의제 민주주의 방식에 해당한다. 근대입헌주의 국가에서의 민주주의는 보편적으로 간접민주주의 내지 대의제 민주주의(대표민주제)를 원칙으로 하고 예외적으로 직접민주주의적 요소를 채택하고 있다. 직접민주주의는 고대 그리스의 도시국가에서 채택되었던 것이나 오늘날의 국가 규모로 보아 직접민주주의를 원칙적으로 채택하는 것은 현실적으로 불가능하다. 직접민주주의의 구체적 방식으로는 국민투표제를 비롯하여 국민발안, 국민소환 등의 제도가 있다.[6]

민주주의를 현실적 관점에서 볼 때 대의제 민주주의의 채택은 불가피한 것이기 때문에 여기에 치자(治者)와 피치자(被治者)가 존재하게 되고 소수의 엘리트에 의한 지배가 행해질 수밖에 없다. 따라서 민주주의의 당위성으로서 국민에 의한 지배 내지 국민 자치의 원리에 있어 '국민'은 추상적 통일체의 개념을 의미하기 때문에 현실적으로 국민의 지배는 국민에 의해 신탁된 지배, 즉 국민의 신임에 기초한 통치를 의미하게 된다. 말하자면 대의제 민주주의에 있어 모든 권력의 행사는 국민이 행사하는 것이 아니라 국민의 신임에 기초하여 국민이 위탁한 권력을 대표자가 행사하게 되는 것이다. 여기서 국민의 신임에 기초한 국민의 대표자 선출방법인 선거제도의 중요성이 강조될 수밖에 없다. 선거제도가 민주주의의 꽃으로 불리는 것도 공정하고 민주적인 선거를 통해 대표자가 선출될 때 국민의 대표기관의 민주적 정당성이 확보되고 국민의 대표자로서 국회의원은 국민 전체의 이익을 위해 봉사하게 됨으로써 민주주의가 구현되기 때문이다.

그러나 오늘날 정당정치가 일반화된 정당제 민주주의 국가에서는 국회의원이 국민의 대표자로서 국가이익을 우선하는 것보다는 정당의 대리인으로서 당파적 이익을 우선하는 행태가 벌어지며, 이는 전통적인 대의제 민주주의원리를 왜곡하는 심각한 문제가 되고 있다. 특히 우리나라와 같은 정당정치의 후진적 상황에서 소속의원에 대한 정당기율(party discipline)이 강하고 국회의원의 자질과 도덕성 결여 등이 문제가 되는 정치현실은 서구형 대의제 민주주의와 비교할 때 아직 상당한 거리가 있음을 부정할 수 없다고 할 것이다.

민주주의의 의사결정 방법으로서 다수결원리

국가의사결정은 국민이 직접 결정하든 간접적 방식에 의해 결정하든 국민적 합의의 형성에 의해 비로소 정당화된다. 여기서 국민적 합의를 도출하는 방법은 참여자 전원의 의사일치에 의한 합의가 가장 이상적이지만, 현실적으로 전원일치 의사결정을 기대할 수 없는 경우에는 불가피하게 다수결의 방식을 선택할 수밖에 없다. 따라서 다수결원칙은 국가의사결정에 있어 합의를 도출하기 위한 차선의 기술이라고 할 수 있다. 다수결이 정당화되는 논거로는, 첫째, 다수라고 하는 소수보다 커다란 부분이 '양'(量)에 있어서 뿐만 아니라 '질'(質)에 있어서 우수하다는 것, 즉 보다 높은 정신적·윤리적 질이 다수에 내재하고 있다는 사고가 있다. 둘째, 다수 부분의 의사가 비록 '보편적 의사'와는 떨어져 있다고 하더라도 그 다수의사는 그와 대립하는 소수의사보다는 보편적 의사에 가깝다는 것 등으로부터 다수결이 정당화되는 근거를 찾을 수 있다고 한다. 이러한 입장은 다수의사에 따르는 것이 합리적이라는 경험적 판단에 따라 다수결이 정당화된다는 것이다. 셋째,

민주주의의 가치로부터 다수결을 정당화하는 견해도 있다. 즉 다수결에 의할 때 국민의 자유와 평등이 현실적으로 최대한 보장될 수 있다는 것이다. 그 밖에 독단이나 전제를 배제하는 상대주의적 철학 등이 다수결을 정당화하는 이론적 근거로 제시되고 있다.

다수결의 전제조건으로서 토론의 자유와 소수의사의 존중

다수결원리에 있어서는 그 전제조건으로 토론의 자유와 소수의사의 존중이 보장되어야 하는 점이 매우 중요하다. 이성적 토론을 배제하고 소수의사를 존중하지 않는 다수결방법은 다수파의 독재를 의미하게 된다. 다수의 의사가 단순한 수적 다수의 형식적 의사인 경우에는 그 다수결은 기능을 할 수 없으며, 다수가 소수의견에 대해 양보와 설득을 행하고 소수는 다수의견에 승복하는 정신에 기초할 때 다수결은 실질적인 정당성을 부여받게 된다. 요컨대 다수결원칙은 자유로운 공개토론과 타협을 통한 의사통합의 기능을 수행하는 것이므로, 반대의사를 무시하거나 양보와 타협이 인정되지 않는 다수결은 곧 '다수의 폭정'(tyranny of the majority)을 의미할 뿐이다.

우리 헌법도 대의제 민주주의의 구성원리로서 다수결원리를 명문화하고 있다. 헌법 제49조에는 국회의 일반의결정족수에 관하여 국회 재적의원 과반수의 출석과 출석의원 과반수의 찬성으로 의결한다고 규정하고 있다. 그러나 우리나라의 국회 입법 과정은 최근에 이르기까지 다수당에 의한 일방적인 날치기통과 입법 등으로 다수결원리가 크게 왜곡되어 왔음을 부정할 수 없다.

헌법재판소는 1997년 이른바 '날치기통과' 입법에 대한 권한쟁의심판 사건에서 국회의장이 일부 의원들에게 본회의 개의일시를 국회법에 규정된 대로 적법하게 통지하지 않음으로써 그들이 본회의에 출석할 기회를 잃어 법률안의 심의·표결 과정에 참여하지 못하게 된 것은 해당 의원들의 헌법상의 법률안 심의·표결권을 침해한 것이라고 판시하였다(헌재 1997. 7. 16. 96헌라2). 그러나 이 사건에서 헌법재판소는 법안처리 과정에서의 날치기통과가 국회의원의 법률안 심의·표결권을 침해한 것이라고 하면서도 법률안 가결선포행위의 위헌확인청구에 대해서는 기각결정을 하였다. 즉 날치기통과에 의한 법률안 가결선포행위는 국회법 위반의 하자는 있을지언정 입법 절차에 관한 헌법규정(제49조의 다수결원리와 제50조의 의사공개의 원칙)을 명백히 위반한 흠이 있다고 볼 수 없으므로 무효로 볼 수 없다는 것이다. 그렇지만 이와 같은 헌법재판소의 소극적 태도는 다수결의 원리를 형식적·수적 다수의 원리로 이해하고 있으며, 헌법상의 의회주의원리의 구체화를 의미하는 국회법관련규정 위반을 헌법 위반으로 볼 수 없다는 논리는 비판을 받을 수 있다.[7]

그 후의 권한쟁의심판 사건에서도 헌법재판소는 국회 상임위원회의 회의장에 야당의원의 출입을 원천 봉쇄한 가운데 회의를 개의하여 의안을 상정하고 법안심사소위원회에 회부한 행위는 비록 의사정족수를 충족하였다고 하더라도 다수결의 원리와 의회민주주의원리에 위배된다고 판시하였다. 그러나 이 사건에서도 헌법재판소는 위원회의 의안 상정·회부행위가 중대한 하자가 있다고 하더라도 그 상정·회부행위에 대한 야당의원의 무효확인청구에 대해서는 기각결정을 하였다(헌재 2010. 12. 28. 2008헌라7).

민주주의의 이념으로서 자유와 평등

자유는 인간의 자연권이며 행복추구의 불가결한 수단이다

국민주권에 기초한 민주주의의 이념 내지 보편적 가치는 자유와 평등이다. 즉 국가공동체의 정치적 의사결정방식으로서의 민주주의는 국민의 자유와 평등을 실현하는 것을 그 이념으로 한다. 자유란 인간의 본능적 욕망이며, 인간이 행복을 추구하는 데 있어 불가결의 수단이 된다. 자유란 자신이 원하는 것을 외부의 간섭이나 구속을 받지 않고 마음대로 할 수 있는 것을 말한다. 근대적 의미로서 자유의 개념은 16세기 서구 종교개혁을 통해 인간의 재발견과 중세의 봉건적 신분 질서의 붕괴를 통해 비로소 인식된 것이다. 그 후 17, 18세기 시민혁명을 거치면서 자유는 인간의 존엄과 가치의 주체로서 개인이 당연히 누릴 수 있는 자연권으로서 인식되기에 이르렀다. 그리하여 근대 입헌주의헌법은 인간의 자유를 신체의 자유, 사상과 양심의 자유, 종교의 자유, 표현의 자유 등의 기본권으로 보장하게 되었다. 다만 자유의 보장이 공동체의 질서유지를 어렵게 하거나 타인의 자유를 침해해서는 안 되는 것이므로 여기에 자유보장의 한계가 인정된다.

민주주의의 최고이념으로 간주되는 자유의 가치는 특히 '정치적 영역'에 있어서 중요한 의미를 갖는다. 민주정치에 있어 국민주권의 원리를 구현하기 위한 선거제도와 정당제도는 국민의 '자유로운' 정치적 의사를 전제로 하여 보장되는 것은 물론이고, 특히 언론·출판·집회·결사의 자유 등 정치적 자유가 보장됨으로써 국민 여론이 국정에 충실히 반영될 수 있어야 한다. 헌법상 보장되는 표현의 자유는 정치적 영역에 있어서 국민주권의 원리를 구현하는 불가결의 요소가 된다. 권력에 대한 비판의 목소리가 허용되지 않는 전제국가에서는 민주주의를 기대할 수 없으므로 정치영역에 있어서 자유 보장은 곧 민주주의의 전제조건임을 의미한다.

평등의 본질은 상대적 평등이다

민주주의의 이념으로서 자유와 함께 추구되는 것이 평등이다. 평등의 개념을 이해하기 위해서는 먼저 그것을 산술적 개념의 절대적 평등이 아니라 상대적 평등으로 이해하여야 한다. 본래 인간은 기본적으로 다양하게 타고난 개성과 능력과 조건들 속에서 자기의 개성과 능력대로 삶을 영위해 가며 그 속에서 행복을 추구하기 때문에 국가는 절대적 평등을 기준으로 국민의 삶을 획일적으로 재단할 수 없다. 이 점에서 평등은 상대적 평등을 내용으로 한다. 그러므로 평등은 국가가 법을 제정하고 집행함에 있어서 "같은 것은 같게, 다른 것은 다르게" 취급하게 된다. 이는 모든 인간을 평등하게 대우하되 정당한 이유와 합리적인 근거가 있는 차별이나 불평등은 허용된다는 것을 말한다. 헌법재판소 판례도 평등의 원칙은 "일체의 차별적 대우를 부정하는 절대적 평등을 의미하는 것이 아니라 입법과 법의 적용에 있어서 합리적인 근거가 없는 차별을 하여서는 아니 된다는 상대적 평등을 뜻하는 것이므로 합리적인 근거가 있는 차별 또는 불평등은 평등의 원칙에 반하는 것이 아니다"라고 판시하고 있다(헌재 1999. 5. 27. 98헌바26).

형식적 평등과 실질적 평등

또한 평등은 형식적 평등과 실질적 평등의 개념으로 구분하여 이해할 필요가 있다. 먼저 정치적 영역에 있어서 평등의 이념은 형식적이고 절대적 평등의 개념으로 이해하게 된다. 민주주의의 구성원리로서 선거제도는 보통·평등선거를 원칙으로 하여 모든 국민이 사회적 신분이나 계급, 종교, 재산, 교육수준 등에 관계없이 균등하게 '1인 1표'의 원칙에 의해 참여한다는 형식적 평등을 전제로 하는 것이다. 정치적 영역은 일반적인 사회영역의 부분사회와는 달리 단일의 가치에 의해 지배되는 것이 아니라 여러 가지 가치가 혼재하는 사회이기 때문에 정치적 영역의 의사는 질적 가치가 아니라 '다수의 가치'가 중요하다. 따라서 정치적 영역에 있어서 민주주의에 의한 의사결정은 형식적 평등과 기계적 평등의 원칙이 적용되어야 하고, 다수결원칙이 적용되는 것이다.

이러한 정치적 영역의 형식적 평등 이념은 사회적·경제적 영역에 있어서는 사회국가원리의 이념이라 할 수 있는 실질적 평등으로 변화하게 된다. 오늘날 사회국가원리는 사회적·경제적 영역에 있어서 사회적 약자의 인간다운 생활을 보장하기 위하여 실질적 평등의 실현을 이념으로 한다. 형식적 평등 속에서 사회적 약자는 결과적으로 불평등한 상태에 놓이게 되므로 오늘날 국가는 국민의 자유와 권리의 보장에 있어서 국민이 실질적으로 동등한 기회를 가질 수 있는 조건을 만들 수 있도록 적극적으로 활동하지 않으면 안 된다. 여기에 사회국가에서 사회적 약자의 실질적 자유와 평등을 실현하기 위해 요구되는 것이 바로 사회적 기본권의 보장이다.

자유민주주의의 수호

입헌주의헌법의 핵심적 가치로서 자유민주주의를 어떻게 수호할 것인가의 문제는 궁극적으로 헌법의 수호에 관한 문제이다. 그 주요 내용에 대해서는 앞서 제3장 헌법의 수호에서 '방어적 민주주의'와 '저항권' 등에 관하여 기술하였으므로 여기서는 간단히 언급하기로 한다. 방어적 민주주의(streitbare Demokratie) 이론은 국가권력에 의한 헌법침해의 경우가 아닌 개인이나 단체에 의한 상향적 헌법침해에 대하여 헌법을 수호하기 위한 수단의 이론적 근거로서 형성된 개념이다. 이는 민주주의의 이름으로 민주주의 자체를 파괴하거나 자유의 이름으로 자유의 체계를 말살하려는 헌법질서의 적을 효과적으로 방어하고 그 민주주의의 적에 투쟁하기 위한 자기방어적 민주주의를 말한다. 이러한 방어적 민주주의는 가치구속적이고 가치지향적인 민주주의의 성격을 지니게 되는데, 여기서 민주주의가 지향하고 구속되는 가치란 국민주권원리를 이념적 기초로 하는 자유민주주의를 의미하게 된다.

우리 헌법은 방어적 민주주의의 입장에서 자유민주적 기본질서를 수호하기 위한 구체적 제도로 위헌정당해산제도(제8조 제4항)를 규정하고 있다. 헌법재판소는 2014년 12월 19일 헌정사상 최초의 정당해산심판사건인 통합진보당 해산청구사건에서 피청구인 통합진보당을 해산하고 그 소속 국회의원의 의원직을 상실한다는 결정을 선고하였다. 이 사건에서 헌법재판소는 피청구인이 북한식 사회주의를 실현한다는 숨은 목적을 가지고 내란을 논의하는 회합을 개최하는 등 활동을 한 것은 헌법상 민주적 기본질서에 위배되고, 이러한 실질적 해악을 끼치는 피청구인의 구체적 위험성을 제거하기 위해서는 정당해산 외에 다른 방법이 없다고 판시하였다(헌재 2014. 12. 19. 2013헌다1).

자유민주적 기본질서를 중심으로 하는 헌법질서의 수호는 공동체 내의 개인이나 단체에 의해 헌법질서가 침해되는 경우보다는 국가권력 그 자체에 의해 헌법질서가 침해되는 경우에 더욱 어렵게 될 수밖에 없다. 헌법을 수호해야 할 국가기관 내지 권력담당자가 위헌적인 권력행사를 함으로써 자유민주주의가 본질적으로 침해되는 경우에는 최후의 헌법수호의 수단으로 국민의 저항권(right of resistance) 행사를 생각할 수 있다. 국가권력에 의한 헌법침해에 대하여 주권자인 국민에게 최후의 초헌법적인 헌법수호의 수단을 의미하는 저항권은 다른 법적 구제수단이 없는 경우에 한하여 최후의 비상수단으로 발동된다는 점에서 보충성과 최후수단성이라는 요건이 있다. 우리나라 헌법에는 저항권에 관한 명문규정이 없으나, 1987년 개헌 과정에서 헌법 전문에 "불의에 항거한 4·19민주이념을 계승하고"라는 문구를 추가함으로써 저항권에 관한 완곡한 표현을 넣게 되었다고 볼 수 있다. 한국헌정사에 있어서 4·19혁명은 당시 자유당 독재정권의 위헌적인 불법통치에 대하여 자유민주주의와 헌법의 수호를 위한 국민의 저항권 발동으로 이해하는 것이 통설이다. 앞에서 기술한 바와 같이 저항권은 자연법상의 권리로 이해되고 있으며, 우리 헌법의 해석상 저항권을 헌법에 열거되지 아니한 국민의 기본권으로 인정할 수 있는 것이다.

우리 헌법의 핵심적 가치로서 자유민주주의의 수호를 위해서는 앞에서 언급한 평상시의 헌법수호제도와 비상적·위기적 상황에서의 헌법수호 수단 외에도 일상적인 정치 과정에서 권력을 감시하고 비판하는 국민의 헌법수호의 의지가 중요하다. 주권자인 국민의 의사에 의해 자유민주주의의 헌법질서를 바탕으로 하는 국가공동체가 형성되고 국가의 통치권도 국민적 합의에 의해 부여된 권한을 행사하는 것이므로 국가기관과 권력담당자는 항상 헌법규범을 준수하고 국민의 의사를 존중하지 않으면 안 된다. 권력 과정에서 의회의 절대다수 의석을 갖는 다수당이 되었다고 해서 대의제 민주주의의 헌법정신을 무시하는 비민주적이고 일방적인 입법의 독주에 대해서는 국민 다수의 비판적 여론형성으로 민주적 통제가 이루어져야 하므로 이 점에서 정치적 영역에 있어서 국민의 표현의 자유가 최대한 보장되어야 하는 이유가 있는 것이다. 대통령과 정부의 주요 국가정책의 입안과 집행에 있어서도 국민의 의사를 무시하는 권위주의적인 통치스타일에 대해서도 비판의 목소리를 높여야 한다. 권력의 비대화는 자유의 적을 의미하므로 대통령은 집권당을 매개로 입법권과 행정권을 독점하려 해서는 안 되며 권력분립의 헌법정신에 따라 당정분리의 원칙이 준수되어야 할 것이다.

자유민주주의의 불가결의 요소로서 법치주의의 실현을 위해서는 사법부가 권력이나 정치적 세력으로부터 간섭을 받지 않고 철저히 독립되어 중립적 입장에서 공정한 재판이 이루어져야 함은 당연한 것이다. 그러나 우리 사회는 사법에 대한 불신의 풍조가 불식되지 못하고 있으며 최근에는 일부 재판 과정에서 '사법의 정치화'에 대한 우려의 목소리가 커지고 있음을 부인하기 어렵다. 법조계를 비롯한 언론기관과 학계 등이 사법권의 독립과 공정한 재판을 위한 제도개선의 의견을 적극적으로 제시할 필요가 있다.

주

1) 여기서 헌법의 '기본원리'의 개념이 무엇인지를 생각해 볼 필요가 있다. 헌법은 국가공동체의 조직과 구성에 관한 기본법을 의미하는데, 이 헌법에는 일반적으로 국가와 헌법의 정체성과 성격에 관한 기본결정 내지 결단을 규정하게 된다. 이러한 국가와 헌법의 정체성과 성격에 관한 기본결정을 헌법의 기본원리라고 할 수 있으며, 헌법의 기본원리에는 국가공동체가 추구하는 근본적인 가치를 내포하게 된다. 이러한 헌법의 기본원리는 헌법제정권자의 근본적 결단의 산물로서 헌법규범의 핵심적 구성부분을 이루게 된다.

2) 권영성, 『헌법학원론』, 법문사, 2010, 195면; 계희열, 『헌법학(상)』 박영사, 2005, 293면.

3) 김철수, 『헌법학개론』, 박영사, 2007, 198면 이하.

4) 정종섭, 『헌법학원론』, 박영사, 2014, 1534면.

5) 김학성, 『헌법학원론』, 피엔씨미디어, 2018, 171면 이하.

6) 직접민주제의 역사적 기원은 고대 그리스의 도시국가 아테네의 민주정치에서 찾아볼 수 있다. 기원전 7세기부터 왕정이 무너지고 귀족정을 수립하였으며, 기원전 5세기에는 민회가 구성되었다. 일반 시민의 모든 성인 남자(여자 및 노예계급은 제외)는 민회에 참석하여 전쟁, 동맹, 법률 등 주요 정책결정과 입법에 직접 참여하였으며, 도편추방제가 도입되어 시민들의 직접적인 의사에 따라 독재의 위험성이 있는 공직자를 추방하였다. 이 도편추방제는 오늘날의 직접민주제 요소로서 국민소환제의 기원에 해당한다고 볼 수 있다.

7) 이 사건에서 법률안 가결선포행위의 위헌확인청구에 대한 기각결정에서 재판관 3인(이재화, 조승형, 고중석)의 반대의견(인용의견)이 다음과 같이 제시되었다. 필자는 이 인용의견이 타당하다고 생각한다. "의회민주주의의 기본원리의 하나인 다수결원리는 의사형성 과정에서 소수파에게 토론에 참가하여 다수파의 견해를 비판하고 반대의견을 밝힐 수 있는 기회를 보장하여 다수파와 소수파가 공개적이고 합리적인 토론을 거쳐 다수의 의사로 결정을 한다는 데 그 정당성의 근거가 있는 것이다. 따라서 입법 과정에서 소수파에게 출석할 기회를 주지 않고 토론 과정을 거치지 아니한 채 다수파만으로 단독처리하는 것은 다수결원리에 의한 의사결정이라고 볼 수 없다. 헌법 제49조는… 의회민주주의의 기본원리인 다수결원리를 선언한 것으로서 이는 단순히 재적의원 과반수의 출석과 출석의원 과반수에 의한 찬성을 형식적으로 요구하는 것에 그치지 않는다. 헌법 제49조는 국회의 의결은 통지가 가능한 국회의원 모두에게 회의에 출석할 기회가 부여된 바탕 위에 재적의원 과반수의 출석과 출석의원 과반수의 찬성으로 이루어져야 한다는 것으로 해석하여야 한다. … 헌법 제49조의 다수결원리를 구체화하는 규정으로 국회법은 제72조와 제76조에서 국회 본회의의 개의와 의사일정에 관한 규정을 두고 있는 것

인데, 위에서 본 바와 같이 피청구인은 위 국회법규정에 위반하여 청구인들에게 본회의 개의일시를 알리지 않음으로써 본회의에의 출석가능성을 배제한 가운데 본회의를 개의하여, 신한국당 소속 의원들만 출석한 가운데 그들만의 표결로 이 사건 법률이 가결되었음을 선포한 것이므로, 피청구인의 이 사건 법률선포행위는 국회의원인 청구인들의 권한을 침해한 것임과 아울러 다수결원리를 규정한 헌법 제49조에 명백히 위반되는 것이라고 아니할 수 없다."

제4장

권력분립의 원리

자유의 보장을 위한 권력분립사상의 등장

근대적 입헌주의헌법의 성립 이래 오늘날에 이르기까지 자유민주주의 국가의 헌법은 예외 없이 권력분립원리를 채택하고 있다. 권력분립의 원리는 국가권력이 특정 개인이나 집단 등에 집중되지 않도록 그 권력을 성질에 따라 여러 국가기관에 분산시킴으로써 권력 상호 간의 견제와 균형을 통하여 국민의 자유와 권리를 보장하는 것을 목적으로 하는 통치기구의 구성원리를 의미한다. 즉 국가권력의 집중과 남용을 막기 위하여 권력을 제한하고 통제하기 위한 기술적 방법을 의미하는 권력분립제는 그 자체가 목적이 아니라 국민의 자유 보장을 목적으로 하는 수단의 원리를 말한다. 이처럼 국민의 기본권보장과 이를 위한 권력분립제의 채택은 입헌주의헌법의 불가결한 요소가 된다. 그러므로 권력분립원리는 권력의 집중 내지 자의적 권력의 배제를 통하여 개인의 자유의 확보를 이념으로 하게 되며, 여기에 권력분립원리의 자유주의적 정치조직의 원리로서의 특성이 인정된다. 이러한 권력분립원리는 기본권보장과 함께 근대헌법에 있어서의 '법치국가적 구성부분'으로서 중요한 의미를 가진다.

로크와 몽테스키외의 권력분립이론

권력분립원리의 사상적 기초는 17세기 말부터 18세기 중반에 걸쳐 로크(J. Locke)와 몽테스키외(J. J. Montesquieu)의 이론에 의해 확립되었다. 영국의 로크는 명예혁명 직후의 저서 『정부2론』(Two Treatises of Government, 1689)에서 국가권력을 크게 입법권과 집행권으로 구분하는 2권분립론을 주장하였다. 로크에 의하면 국가 창설의 목적은 안정적이고 공지된 법, 즉 실정법에 의한 지배를 확립하여 개인의 생명·자유와 재산권을 보호하는 데 있으므로 입법부의 입법권은 국가권력의 핵심적 요소가 되는 최고권력이라고 한다. 입법권은 국가공동체와 구성원을 보호하기 위하여 국가의 힘이 어떻게 사용되어야 하는가를 지시하는 권력이기 때문에 입법권 외의 모든 권력은 입법권에서 유래하며 입법권에 종속되지 않으면 안 된다고 한다. 그리고 법에 의해 분쟁을 심판하는 재판권도 입법부의 권한에 속한다고 한 것이 특징이다. 집행부의 권한으로 집행권과 동맹권이 구분되는데, 집행권에는 협의의 개념의 국내적 행정권과 공공복지를 위해 법을 초월하여 재량권을 행사하는 국왕의 대권이 포함된다. 동맹권은 외교관계에서의 연합권을 의미하며, 집행권과 동맹권의 불가분성을 주장하였다. 로크는 입법권과 집행권이 한 사람의 수중에 놓이게 되면 권력자는 자신이 만든 법에 복종하지 않게 되고, 법을 제정하고 집행하는 데 있어서도 자신의 사적 이익에 적합하도록 권력을 행사하기 때문에 정부의 목적에 배반하는 결과가 된다고 하였다. 이러한 입법권 우위의 2권분립론은 영국의 헌정에 크게 영향을 미치게 되었다.

몽테스키외는 『법의 정신』(De L'esprit des Lois, 1748)을 저술하면서 국가권력을 입법·행정·사법의 3권으로 분리하여 권력 상호 간의 견제와 균형을 강조하였다. 몽테스키외의 3권분립론은 18세기 당시의 전제군주제 시대에 군주의 절대권력을 억제하기 위한 이론으로 고안되었으며 그의 사상은 1787년 미국헌법의 제정에 결정적인 영향을 미치게 되었다. 미국헌법에 의해 탄생된 대통령제의 이론적 기초는 몽테스키외의 엄격한 3권분립론을 바탕으로 한 것이다.

몽테스키외의 권력분립론은 중용의 정부에 의한 시민적 자유를 보장하기 위하여 창출된 이상적 헌법론에서 출발한 것이다. 즉 억제와 제약이 없는 권력은 필연적으로 그 남용과 자의를 통해 결국 자유를 위협한다는 권력의 속성에 대한 불신과 회의에서 싹튼 자유주의적 사고에 의해 정립된 이론이다. 그의 권력분립론은 군주, 귀족, 시민과 같은 정치세력이 서로 대립하는 18, 19세기 유럽사회에서 행정은 군주에게, 입법은 상원의 귀족과 하원의 시민으로 구성된 의회에 귀속시킴으로써 당시의 사회적 세력 간의 균형적인 현상유지를 위한 역사적 원리를 의미하는 것이었다. 즉 권력분립원리는 시민적 자유의 확인뿐만 아니라 사회적 세력을 제도화하고 그 발언권을 확보함으로써 사회적으로 대립하는 세력들을 정치적으로 통합하기 위한 이론을 의미하는 것이었다. 이러한 몽테스키외의 권력분립론은 극단의 전제정과 극단의 민주정과의 중화를 위한 입장에서 출발하였기 때문에 그 본질에 있어서는 중립적 원리를 의미한다. 따라서 입헌군주제 국가에서 권력분립은 군주의 절대적 권력을 중화하기 위한 이론으로 성립되었다.

권력분립원리의 현대적 문제상황

현대국가에서의 권력 집중과 통합현상의 출현

몽테스키외의 권력분립론을 사상적 기초로 하여 발전해온 고전적 권력분립원리는 오늘날 행정국가화와 정당국가화 등의 경향에 따른 권력의 통합과 집중현상으로 권력분립의 기능이 약화되는 것이 문제되고 있다. 우선 국가기능의 확대와 적극화가 요구되는 현대의 행정국가 또는 복지국가 하에서는 19세기적 의회 우위의 권력분립 구조가 행정부 우위의 권력분립구조로 크게 변모되었다. 의회주의의 모국인 영국에서는 17세기 말부터 의회가 중심이 되어 의회와 국왕의 권력분립이 이루어지고 의원내각제가 전개되면서 의회가 실질적인 입법권과 행정권을 행사하였으나 20세기 중반 이후 행정부의 내각수상이 권력과정의 중심이 되는 내각통치제로 변질되고 있다. 미국의 경우에도 헌법제정 당시부터 입법부와 행정부 간의 수평적 권력분립의 구조하에서 권력적 균형을 유지하도록 하였으나, 실제 헌법운용은 약 1세기 동안은 입법부 우위의 권력구조를 유지해 왔다. 그러나 20세기 이후의 국가적 위기상황에 대처하면서 권력구조의 현실은 대통령이 법률안거부권을 적극적으로 행사하고 실질적인 입법주도권을 행사하면서 의회에 대한 대통령 우위의 현상이 나타나게 되었다.

현대국가의 특징적 현상을 보면 의회의 권한인 법률의 제정이 실질적으로 행정부가 주도하게 되고 법률의 위임에 의한 행정입법의 증대는 의회기능의 쇠퇴를 초래하게 되어 행정국가화를 지향하게 되었다. 헌법상 형식적으로는 입법권이 의회에 있으나 법률안 제출에 있어서는 행정부에 의한 제안이 압도적으로 많으며 그 법안에 대한 심의 과정도 정당제의 발달에 따라 정부가 여당의원과 일체가 되어 입법을 행하여 입법 과정 전반에 걸쳐 주도적 역할을 수행하고 있다. 그리하여 행정부 주도하에 성립한 법률을 행정부 스스로가 집행하는 것이 되며 그 경우에도 대통령령 등의 행정부에 의한 위임입법은 현저하게 증대하는 현상을 보이고 있다. 이러한 현상은 근대 입헌주의와 함께 형성되어 온 의회 우위의 권력분립구조가 오늘날 행정부 우위의 권력분립구조로 변모하게 된 것을 의미한다.

그리고 20세기에 들어와 의회민주주의의 발전은 보통선거제의 실시됨으로써 유권자의 비약적 확대에 따라 국민 대중의 의사를 통합하기 위한 정당의 존재를 불가피하게 요구하게 되었고, 나아가 정당의 발전은 강력한 조직력을 갖게 되어 이른바 정당국가라고 불리는 현대의 헌법상황을 출현시켰다. 이러한 정당국가적 민주주의에 있어서는 집권당이 의회와 정부를 지배함으로써 권력분립원리는 정당에 의한 권력의 통합에 의하여 형식화되고, 국민의 자기지배의 원리는 '정당에 의한 지배'로 변질하게 되었다.

권력분립의 현대적 상황에의 대응

권력분립의 현대적 상황에 현실적으로 대응할 수 있는 대책으로는 다음과 같은 방안들을 생각할 수 있다. 첫째로 근본적인 대응으로서 민주주의를 강화하고 인권보장을 확대함으로써 국민에 의한 정치를 강화하는 것이 중요하다. 이를 위해서는 대의제 민주주의에 있어 대표의 정확성 확보를 위한 선거제도를 개선하고, 직접민주제의 요소를 확대하며, 지방자치제의 확충·강화가 요구된다. 둘째로 권력분립 자체의 활성화로서 기관 간의 기능적 통제의 강화가 요청된다. 특히 의회의 행정통제기능의 강화가 요구되며, 위임입법에 대한 의회의 통제를 실질적으로 확보할 수 있는 방안들이 고려되어야 할 것이다. 셋째로 헌법재판제도의 확립이다. 헌법재판제도는 헌법위반의 권력행사를 저지하여 인권옹호를 그 이념으로 하는 헌법수호의 수단이므로 이는 오늘날의 권력분립의 관점에서 볼 때 강력한 권력통제기능을 담당한다. 그러나 헌법재판이 헌법보장의 강력한 제도로서 기능하기 위해서는 결국 헌법기관의 기본적인 민주성향과 헌법준수의 의지 및 국민의 헌법을 수호하려는 강한 '헌법에의 의지'가 전제되어야 한다.

한국헌법과 권력분립원리

수평적 권력분할과 권력 상호 간의 견제와 균형

우리나라의 현행 헌법에 채택된 권력분립원리는 기본적으로는 대통령제 정부형태와 결합된 것으로서 비교적 엄격한 3권분립제를 유지하고 있다고 할 수 있다. 구 헌법에 비해 대통령의 비상적 권한을 축소하고, 국회의 권한을 확대·강화하였으며, 사법권의 독립을 강화하였다. 과거의 역대 헌법의 권력분립제를 보면 그 내용과 정도에 있어 동일하지 않았으며 명목상의 권력분립제가 채택된 경우도 있었다. 1972년의 유신헌법과 1980년 제5공화국헌법상의 권력분립제는 행정부의 절대적 우위를 내용으로 하는 것이었으며, 권력 상호 간의 견제와 균형의 기능은 사실상 존재하기 어려웠다. 다만 1960년 헌법은 의원내각제를 채택하여 의회와 행정부 사이의 연성적 권력분립이 적용되고 권력 상호 간 균형이 유지될 수 있었다.

현행 헌법의 권력분립제는 대통령제 정부형태를 기반으로 하기 때문에 입법권, 행정권, 사법권의 엄격한 상호 독립과 함께 견제와 균형을 유지하고 있으며 권력에 대한 통제장치가 광범위하게 작동되도록 하고 있다. 그리하여 입법권은 국회에 속하며(제40조), 행정권은 대통령을 수반으로 하는 정부에 속하고(제66조 제4항), 사법권은 법관으로 구성된 법원에 속하도록 하여(제101조 제1항) 수평적 권력분할을 실현하고 있다. 권력의 수평적 분할은 겸직금지에 의해서도 뒷받침되고 있는데, 국회의원과 대통령의 겸직금지를 비롯하여 법관의 독립 등을 규정하고 있다. 또한 지방자치제의 채택으로 중앙정부와 지방정부 사이에 수직적 권력분할이 이루어지고 있다. 권력 상호 간의 견제기능으로는 대통령의 헌법기관구성에 관한 인사권 행사에 국회의 동의를 얻도록 하거나 대통령의 조약체결 등 외교에 관한 권한 행사와 정부의 예산안 등 재정행위 및 대통령의 사면권 행사에도 국회의 동의를 얻도록 하고 있다. 한편, 대통령은 임시국회소집요구권, 행정입법권 등을 통해 국회를 견제한다. 권력분립제의 핵심적 요소로서 권력에 대한 통제기능으로는 국회의 탄핵소추권, 국정감사·조사권, 긴급명령 등의 승인, 계엄해제요구권을 비롯하여 대통령의 법률안거부권, 국민투표부의권 등과 법원의 명령규칙심사권 및 헌법재판소의 위헌법률심판 등 헌법재판을 통해 국회, 대통령과 정부, 법원을 통제하게 된다.

입법부에 대한 행정부 우위형의 권력분립제인가?

그렇지만 입법부와 행정부의 관계에 있어서는 상대적으로 입법부에 대해 대통령과 행정부가 우월적 지위를 가질 수 있는 측면이 있음을 부정하기 어렵다. 예컨대 헌법상 대통령의 권한으로서 계엄선포권과 긴급명령권, 국민투표부의권, 헌법개정안 발의권 등은 미국과 같은 순수대통령제에서 인정될 수 없는 것으로서 입법부와 행정부 간의 권력적 균형을 유지하기 어려운 요인이 될 수 있다. 특히 계엄선포권이나 긴급명령권과 같은 대통령의 권한은 비상시에 있어서 헌법의 수호라는 대통령의 책무를 수행하는 데 필요한 최소한의 범위 내에서 행사되어야 하는 것이며, 결코 집권세력의 정권유지라는 목적을 위한 수단으로 이용되어서는 안 되는 헌법내재적 한계가 있는 것이다. 그러므로 국가위기 상황이 아닌 평상시에 있어서는 대통령에게 부여된 헌법상의 권한이라고 해서 이를 함부로 행사할 수 없다는 것이 권력분립제의 헌법정신인 것이다. 그렇다면 현행 헌법상의 권력분립제는 기본적으로 수평적 권력의 분할에 의한 권력적 균형을 유지하고 있는 것으로 볼 수 있으며, 국가위기 시에는 대통령의 우월적 지위가 인정된다고 할 수 있다. 이와 함께 현행 헌법의 권력분립원리는 권력에 대한 통제장치를 강화하기 위하여 헌법재판소제도를 도입한 것이 두드러진 특징이다.

정당제 민주주의와 권력분립원리의 변질

현대국가의 정당제 민주주의의 현실은 정당을 통한 권력의 집중과 통합현상에 의하여 헌법상 권력분립원리가 변질되는 문제상황이 보편적으로 나타나고 있지만, 우리나라의 경우에는 정당정치의 폐해로 인하여 권력분립의 이론과 현실의 괴리가 심각한 수준에 이르고 있다고 할 수 있다. 특히 한국의 정당은 소속의원에 대한 정당기율이 지나치게 강한 것이 문제점으로 지적되고 있다. 국회의원은 헌법상 국민의 대표자의 지위에서 그 양심에 따라 국가이익을 우선하는 의정활동을 자유롭게 수행하는 것이지만 현실적으로 의원은 소속정당의 당론이나 당지도부의 방침에 철저히 구속되는 것이 문제이다. 또한 집권당이 의회 의석의 과반수를 점하는 '여대야소'의 경우에는 의회권력과 대통령 권력이 통합되어 제왕적 대통령제가 출현하는 문제가 있다. 이와 반대로 헌정운용의 실제에 있어서 '여소야대'의 분점정부 내지 분열정부(divided government)가 출현하게 되면 국회가 정부를 실질적으로 통제할 수 있는 상황이 나타나기도 하며, 동시에 의회와 정부의 대립과 갈등으로 국정의 혼란과 교착상태를 초래하기도 한다.

우리나라 헌정사에 있어 1987년 헌법 이전의 경우에는 대통령 선거에서 승리한 집권당이 항상 국회의 다수당을 유지하였기 때문에 이러한 집권당에 의한 권력의 통합은 사실상 국회의 국정통제권한을 제대로 행사할 수 없도록 하였으며, 따라서 국회는 '행정부의 시녀'에서 벗어나지 못하였던 것이다. 그러나 이러한 집권당에 의한 권력의 통합현상이 예외 없이 모든 국가에 그대로 적용되는 것은 아니다. 미국의 정당정치를 보면, 대통령 선거에서 승리한 집권당이 의회의 다수당이 되는 통합정부(unified party government)의 현상이 나타나더라도 의회는 실질적으로 행정부를 통제하고 비판하는 기능을 제대로 수행하는 것이 특징적인 현상이다. 이러한 미국형의 정당정치와 의회주의의 운용은 의원들이 소속정당에 기속되지 않고 국민의 대표자로서 의원의 자유로운 의정활동이 보장되기 때문에 가능한 것이다.[1]

우리 헌법의 권력분립원리가 실질적으로 기능하기 위해서는 집권당이 의회의 과반수의석을 확보한 '여대야소'라 하더라도 여당소속 의원들은 정당기율에 철저하게 기속될 것이 아니라 국회의 의결 과정에 사안별로 자유투표가 실질적으로 보장되도록 하여야 하며, 헌법 제46조 제2항에 규정된 국회의원의 국가이익우선의 의무를 준수하면서 양심에 따라 직무를 수행해야 할 것이다. 「국회법」은 제114조의2에 "의원은 국민의 대표자로서 소속정당의 의사에 기속되지 아니하고 양심에 따라 투표한다"라고 하여 국회의원의 자유위임 내지 무기속위임의 원칙에 입각한 자유투표를 규정하고 있으나, 우리의 정당정치는 의원에 대한 정당기율이 강하기 때문에 이러한 자유투표를 기대하기 어려운 것이 문제이다. 물론 정당소속 의원에게 자유투표를 최대한 허용하게 되면 정당의 정체성과 결속력이 침해될 수 있다는 우려가 있을 수 있으나, 정당의 정체성은 정당조직이 국민 속에 뿌리를 내리고 일반 당원의 저변이 확대되어 국민의 신뢰를 받게 될 때 확고하게 정립되는 것이며, 소속의원이 기본적으로는 정당의 정강·정책을 존중하면서 양심에 따른 자유투표를 행하는 것이 곧 정당의 정체성을 침해하는 것이라 할 수 없다. 그리고 헌법상 정당제도에 있어서 당내민주주의의 요청은 정당의 의사결정 과정에 구성원의 다양한 의견이 반영되고 소수의견이 존중되어야 하는 것이므로 당지도부에 의한 일방적이고 하향적인 의사결정방식은 지양되어야 할 것이다.

'여소야대'의 순기능과 역기능

엄격한 권력분립원리에 입각한 대통령제의 핵심적 개념요소를 의미하는 의회와 행정부 간의 '견제와 균형'에 입각한 의회의 행정통제권한은, 정당을 통한 권력의 집중과 통합이 이루어지기 쉬운 오늘날 정당제민주주의의 현실에 있어 '여소야대'라는 분점정부의 경우에 보다 더 실질적으로 행사될 수 있으며, 그에 따라 대통령의 독재화나 제왕적 대통령제로의 변질을 막을 수 있는 긍정적인 측면을 부정할 수 없다. 우리나라 헌정사에 있어 1988년 제13대 총선 결과 최초로 여소야대가 등장한 이후의 빈번한 여소야대의 출현으로 말미암아 과거 권위주의시대의 제왕적 대통령제의 운용을 찾아보기 어렵게 된 것도 바로 그러한 이유 때문이라고 할 수 있다. 따라서 분점정부현상에 대해서는 그것이 대통령제의 운용에 있어 의회가 행정통제기능을 충실히 발휘할 수 있는 긍정적 요인이 되고 있음을 인식할 필요가 있다.[2)]

반면에 '여소야대'의 분점정부는 정부 여당과 야당 간 대화와 타협, 협치가 이루어지지 않고 첨예하게 대립·충돌로 이어지게 되는 경우에는 국정운영의 마비와 정국의 교착상태에 빠지게 되는 심각한 문제가 제기되기도 한다. 최근 윤석열 정부는 거대 야당과의 대립 구도 속에 출범하면서 여야 간 대화와 협력이 전혀 이루어지지 않았다. 이에 새 정부의 구성에 관한 인사문제를 비롯하여 국정 전반의 정책과제에 효율적으로 대처할 수 없는 상황에 처하게 됨으로써 여소야대의 역기능의 문제점이 노정되고 있다. 미국의 경우 대통령선거와 의회선거의 결과 우리의 여소야대와 같은 분점정부(divided government)현상은 보편적으로 빈번하게 일어나고 있지만 우리와 같은 심각한 국정의 마비와 교착상태에 빠지지 않으며, 여야 의원들은 당파적 이익 보다 국가이익을 우선하는 입장에서 대화와 타협과 양보를 통해 대립과 갈등을 극복하고 있음을 볼 수 있다. 우리나라의 정치도 이제는 여소야대가 출현하더라도 권력분립에 의한 의회의 실질적 행정통제기능을 유지하면서도 국정의 마비와 교착상태에 빠지지 않는 선진화된 정치문화가 정착될 수 있도록 노력해야 하며, 특히 의원들은 개개인이 국민을 대표하는 헌법기관으로서 당파적 이익보다 국가이익을 우선해야 하는 헌법적 의무를 자각하면서 양심에 따라 의정활동에 참여하는 것이 절실하게 요구된다.

대통령제에 있어서 국회의원의 장관겸직 허용 문제

우리나라의 권력분립원리는 정치 현실에 적용되는 데 있어서 그 헌법정신이 왜곡되거나 침해되는 경우들이 문제되고 있다. 먼저 입법부를 구성하는 국회의원이 행정부 각료를 겸직하는 문제를 생각해 볼 필요가 있다. 본래 대통령제의 원리는 의회와 행정부 간의 엄격한 상호독립을 원칙으로 하는 것이므로 의회 의원이 정부의 각료나 국무위원을 겸직하는 것이 허용되지 않아야 타당하다. 현행 헌법 제43조에서도 "국회의원은 법률이 정하는 직을 겸할 수 없다"고 규정하고 있지만, 국회법에 의하여 국회의원이 국무총리나 국무위원을 겸할 수 있도록 허용하는 것이 문제이다.

한국 헌법사에 있어 1962년 제3공화국헌법은 국회의원의 국무위원 겸직금지 조항을 명문화(제39조)한 바 있다. 그러나 얼마 되지 않은 1969년의 제6차 개헌에 의해 겸직금지조항이 삭제되어 현재에 이르고 있다. 이러한 국회의원의 각료겸직허용은 대통령제 정부형태의 헌법원리에 있어서 중대한 예외를 인정하는 것이므로 헌법에서 직접 의원의 겸직허용을 명문화했어야 하는데 겸직허용을 법률에 백지위임하는 것은 위헌성의 문제가 있다고 할 수 있다. 의원의 장관직 겸직허용은 대통령의 측근인 여당 의원을 장관에 임명함으로써 국회에 대한 대통령의 영향력을 강화하고 행정부에 대한 국회의 통제기능을 약화시키는 문제가 있다. 권력분립의 원리에 입각해 볼 때 입법부를 구성하는 국회의원은 대통령과 마찬가지로 국민의 대표자 지위를 가지는데, 국회의원이 행정각부의 장을 겸하게 되면 국회의원이 대통령에 종속되는 것이 된다. 이는 국회에 대한 대통령의 우월적 지위를 강화하는 데 일조하는 결과를 낳는다. 미국은 헌법상 연방의원에 대하여 임기 중 모든 공직의 겸직금지를 명문화(제1조 제6절 제6항)하고 있으며, 프랑스의 경우에도 헌법상 의원의 각료겸직금지를 규정하고 있다.

그리고 대통령의 헌법기관에 대한 인사권 행사에 관련된 문제가 있다. 대통령의 인사권은 헌법과 법률에 따라 합법적으로 이루어져야 할 뿐만 아니라 탈법과 편법에 의한 인사권 남용이 있어서는 안 된다. 우선 헌법기관으로서 정치적 중립성이 요구되는 감사원이나 중앙선거관리위원회의 인사에 있어서는 그 헌법기관들과 대통령의 임기차등제의 헌법정신이 훼손되지 않도록 하여야 할 것이다. 대통령의 임기가 5년인 데 비하여 감사원장과 감사위원의 임기는 4년이며, 중앙선거관리위원 위원의 임기를 6년으로 규정한 것은 그러한 임기차등제에 의한 국가기관 간의 견제와 균형을 유지하기 위한 기관 간의 통제기능을 확보하는 데에 그 목적이 있다. 따라서 대통령직의 교체와 헌법기관의 교체를 일치시키지 않는 것이 헌법상의 권력분립정신에 부합되는 것이므로, 새로 취임한 대통령이 임기가 보장되어 있는 감사원장과 감사위원 등에 대하여 자진사임을 유도하는 것은 허용될 수 없다. 또한 법률에 의해 임기가 보장되어 있는 행정부 고급공무원 내지 고위직 공직자의 경우 그러한 임기제에도 불구하고 인사개혁의 일환으로 사임이나 퇴직을 강요하는 것도 자제되어야 할 것이다. 따라서 검찰총장, 한국은행총재, 합동참모의장과 각군 참모총장, 방통위원회 위원장 및 위원 등의 경우에 당해 기관의 독립성 보장을 위해 임기제는 존중되어야 한다. 대통령직 교체 과정에서 대통령 및 새 정부와 정치철학과 정책상의 입장을 같이 하는 인물로써 그러한 정부기관들을 충원하려는 인사관행은 더 이상 허용되어서는 안 될 것이다.

권력분립의 정신에 반하는 대통령의 특별사면

그 밖에 권력분립의 헌법정신에 비추어 대통령의 헌법상 권한행사에 있어서 문제가 되는 것은 사면권의 행사에 관한 것이다. 대통령의 사면권은 법원의 판단을 변경하는 권한으로 권력분립원리에 대한 중대한 예외를 의미하는 것이다. 왜냐하면 형벌의 선고는 법원의 고유한 권한이지만 국가원수로서의 대통령이 사법권의 행사에 개입하여 그 효과에 변경을 가할 수 있기 때문이다. 그러므로 사면권의 행사는 엄격하게 법률로 그 요건을 규정해야 한다.

그러나 한국 헌정사에 있어 역대 대통령들이 형의 선고를 받은 고위직 공직자나 정치인 및 재벌 기업인에 대해 국민적 정서에 반하는 사면권을 행사해 온 것을 부정하기 어렵다. 대통령은 헌법 제79조에 따라 법률이 정하는 바에 의하여 사면, 감형, 복권을 명할 수 있는 사면권을 행사할 수 있지만 이러한 사면권행사는 권력분립에 대한 예외를 인정하는 것이므로 그 대상과 기준을 엄격하게 적용해야 한다. 현실적으로 대통령의 사면권이 문제되는 것은 국회의 동의를 얻지 않고 행사하는 특별사면의 경우이다. 국회의 동의를 얻어 행사하는 일반사면은 대통령령으로 정하는 특정한 죄를 범한 모든 사람을 대상으로 하는 것이지만, 특별사면은 대통령의 재량으로 형의 선고를 받은 특정인을 대상으로 그 형의 집행을 면제해 주거나 형의 선고의 효력을 소멸시키는 것이기 때문이다. 특별사면은 검찰총장이 상신 신청하고 법무부 장관이 상신하여 대통령이 사면장을 교부하는 방식으로 행하며, 법무부 장관이 특정인을 사면·복권 등을 상신하려면 법무부에 설치된 사면심사위원회의 심사를 거치도록 하고 있다(사면법 제10조, 제10조의2).

대통령은 국민의 의사에 반하는 특별사면권 행사를 자제하여야 할 것이며, 제도적으로도 사면권 행사에 대한 통제를 강화할 필요가 있다. 현행 사면법상 '사면심사위원회'의 구성과 기능에 있어서 정치적 중립성과 독립성이 제고될 수 있도록 그 개선방안을 강구할 필요가 있다고 본다.[3] 나아가 대통령의 특별사면 대상에서 제외되는 범죄행위를 규정하여 대통령의 사면권 행사를 제한할 필요가 있으며, 향후 헌법의 전면적 개정이 현실화되는 경우 헌법 제79조의 사면권조항을 개정하여 대통령의 특별사면은 '대법원의 자문을 얻어' 명할 수 있도록 규정하여 대통령의 사면권을 인정하되 사법부의 권한을 침해하지 않도록 제한할 필요가 있다.[4]

위헌법률심사제와 권력분립원리

헌법상 권력분립원리의 구체적 적용에 있어서 입법부와 사법부의 관계에서 문제가 되는 것은 의회가 제정한 법률에 대하여 사법부가 그 법률의 위헌여부를 심사할 수 있는 권한을 갖는가에 관한 것이다. 18세기 말 채택된 미국 헌법의 권력분립제는 의회의 법률에 대한 법원의 위헌심사권에 관한 명문 규정이 없음에도 위헌법률에 대한 법원의 심사권은 헌법의 해석에 의해 당연히 도출되는 헌법내재적 원리로 인정되어 왔다. 이와 같은 미국형 위헌법률심사제를 말하는 사법심사제(judicial review)는 입법·행정과 함께 사법권을 동격의 지위에 놓고 헌법수호의 중요한 임무를 수행해야 하는 사법부가 위헌적인 법률을 제정하는 의회를 통제해야 한다는 의회에 대한 불신의 사고와 함께 사법부의 존중을 그 사상적 배경으로 하고 있다.

반면에 유럽에서는 권력분립원리를 국민의 대표기관인 입법부의 우위를 중심으로 이해하여 왔기 때문에 의회가 제정한 법률에 대한 사법부의 위헌심사는 권력분립에 반하는 것으로 보았다. 따라서 미국형의 사법심사제는 입법권의 상위에 사법권이 자리잡게 되는 사법부의 우월을 의미하는 것이 되고, 사법부는 대의제에 의해 표명된 국민의 의사보다도 우월한 정치적 기관으로 될 위험성이 있다고 하여 반대하였던 것이다. 즉 미국형 사법심사제에 대해서는 권력분립과 민주주의원칙에 반하는 것으로 보았으며 유럽에서의 사법에 대한 전통적인 불신의 사고를 배경으로 하여 그 도입이 거부되었던 것이다. 이처럼 권력분립과 위헌심사제의 양립을 인정하지 않는 입장에서는 헌법이 정한 절차에 따라 유효하게 성립된 법률을 그 내용이 실질적으로 헌법과 모순된다고 판단하여 적용하지 않는 것은 법률 집행의 범위를 넘어 '소극적 입법'을 행하는 것이 되고 그것은 의회의 입법권을 부정하는 것을 의미하기 때문에 권력분립원리에 위배된다고 본 것이다.

그러나 오늘날 입법권과 행정권의 확대·강화에 대응하기 위하여 사법적 통제를 도모하는 것은 권력분립제의 취지에 비추어 시대적 상황적응성을 갖는 것이라 할 수 있으며, 따라서 사법부의 위헌법률심사권은 입법권의 남용에 대한 사법부의 억제책으로 인정될 수 있는 것이다. 제2차 대전 이후에는 사법심사제의 부존재를 전통으로 해온 유럽 각국에서도 헌법재판소(독일, 오스트리아)나 헌법평의회(프랑스) 등 일반법원과는 다른 특별한 국가기관에 의한 심사가 행해지게 되어 위헌심사제가 제도화되기에 이르렀다.

이와 같이 서구 각국의 헌법이 위헌심사제를 채택하게 된 것은 헌법이 국민의 자유와 권리를 모든 국가권력으로부터 수호하는 최고의 객관적 규범질서로서, 통상의 법률에 대한 우월성을 유지하기 위해서는 입법·행정기관으로부터 독립된 헌법보장기관의 존재가 필요하다는 것을 인정하게 된 것을 의미한다. 요컨대 권력분립의 제도적 목적이 개인의 자유·권리를 보장하는 데에 있는 것이므로 입법에 대한 사법적 통제를 의미하는 위헌법률심판이 권력분립의 원리를 부정하는 것이라 할 수 없다.[5]

권력분립의 관점에서 본 공무원제도와 지방자치제도

공무원제도의 권력분립적 기능

공무원제도는 전통적으로 국민의 공복(公僕)으로서 국민에 대한 책임과 정치적 중립성을 강조하는 입장에서 정권교체에 영향을 받지 않고 안정적이고 능률적으로 국가적 과제를 수행하는 도구로서의 직업공무원제를 중심으로 이해되고 있다. 우리 헌법 제7조 제1항은 공무원의 국민 전체에 대한 봉사자의 지위를 규정하고, 동조 제2항에 공무원의 신분과 정치적 중립성보장을 규정하고 있다. 그러나 현대의 민주국가의 통치구조에 있어 공무원제도는 위와 같은 전통적인 직업공무원제와 정치적 중립성 보장의 관점에서 이해하는 것에서 더 나아가 권력분립적 기능의 관점에서 새롭게 인식할 필요가 있다. 오늘날 국가의 행정업무가 정권교체 또는 정당제 민주주의에서의 권력통합에 영향을 받지 않고 계속적으로 동일한 기준과 방법에 의해 처리되기 위해서는 공무원의 정치적 중립성과 신분보장이 필요하다. 이러한 공무원의 정치적 중립성과 신분보장에 의해 정태적이고 계속적인 행정조직이 동태적이고 한시적인 정치세력을 견제하고 통제하게 된다는 중요한 권력분립적 기능을 인정할 수 있다. 즉 공무원의 정치적 중립성과 신분보장을 통한 관료조직으로 정치세력에 대한 견제기능을 기대할 수 있다는 점에서 공무원제도의 헌법적 의의는 크다고 할 수 있다.[6)]

또한 직업공무원제도는 위계적인 관료조직 형태를 벗어날 수 없지만 이 제도의 기본정신에 따라 공무원의 신분보장과 능력본위 승진제, 합리적인 상벌제, 경력직과 전문직주의 등이 엄격하게 지켜지면 행정조직 내부의 '수직적 권력분립'의 효과를 기대할 수 있게 된다. 이처럼 오늘날 직업공무원제도는 헌법상 통치기구의 구성원리로 간주될 뿐만 아니라 권력분립의 관점에서도 그 헌법적 의의가 강조되고 있다.[7)]

국가권력의 수직적 분립 기능으로서 지방자치제

헌법상 지방자치제도 역시 권력분립적 기능을 수행한다는 점에서 중요한 의미를 갖는다. 지방자치제는 '민주주의의 원천이며 교실'이라고 불리는 바와 같이 풀뿌리민주주의를 강화하는 데 기본이념이 있는 것이지만, 더 나아가 오늘날의 지방자치제는 중앙집권주의를 견제할 수 있는 지방분권주의의 실현에 또 하나의 중요한 이념이 있다고 할 수 있다. 이 점에서 오늘날의 지방자치제도는 민주주의의 기초를 다지고 단순히 주민근거리행정을 실현시키는 제도라는 전통적 인식 못지않게 헌법상 권력분립적 기능을 담당하고 있다는 점도 깊이 인식할 필요가 있다. 지방자치제는 국가권력의 '수직적 분립'을 의미하며 중앙정부의 통치권 행사에 대한 견제적 기능을 수행한다는 점에서 그

의의가 크다고 할 것이다. 지방자치를 통하여 지역의 고유한 사무를 지역적으로 근접한 지방행정이 수행하면서 중앙정부의 불합리한 정책결정과 집행을 통제할 수 있다.

주

1) 미국의 정당정치는 20세기에 접어들어 의원의 정당에 대한 충성과 결속력이 크게 약화된 것이 특징인데, 그 원인은 정치개혁에서 찾을 수 있다는 분석이 있다. 1913년 수정헌법 제17조에 의해 각 주의 연방상원의원을 주의회에서 선출해 온 것을 일반 유권자의 직선제로 선출하게 됨에 따라 정당의 결속에 타격을 가하였으며, 대통령 후보 지명에 있어 직접 예비선거의 도입은 정당의 보스와 조직이 정치과정을 지배할 수 없게 됨에 따라 헌법상 권력분립원리의 원심적 경향을 중화시켜 왔던 정당의 기능이 상실되었다는 것이다. 이에 관한 상세한 내용은 정만희, 『헌법과 통치구조』, 법문사, 2003, 122면 이하.

2) 정만희, '대통령제에 있어서 분열정부(divided government)의 헌법문제', 『헌법학연구』 제14권 제2호, 2008, 409면 이하.

3) 현행 사면법(2012. 2. 10 개정)은 사면심사위원회의 구성을 법무부 장관을 위원장으로 하는 9인의 위원으로 하고 위원은 법무부 장관이 임명하며 위원 중 4인 이상은 공무원이 아닌 자로 구성하도록 규정하고 있다(제10조의2 제2항, 제3항). 사면심사위원회가 법무부 장관 소속으로 구성되고 위원 전원을 법무부 장관이 임명하는 것은 위원회의 공정하고 중립적인 심사기능을 기대하기 어려운 측면이 있다고 할 것이다.

4) 참고로 프랑스의 사면법은 대통령의 사면권을 엄격히 제한하여 부정부패공직자, 선거법위반사범, 테러범, 15세 미만 미성년자에 대한 폭행범, 마약밀수사범, 불법낙태사범 등 국가와 사회의 기본가치와 법익을 침해한 범법자에 대해선 사면·복권을 원칙적으로 금지하고 있다. 특히 핀란드헌법은 대통령이 사면권을 행사하는 경우 대법원의 자문을 얻도록 규정하고 있는데, 이러한 입법례는 우리의 사면권제도에 시사하는 바가 크다.

5) 정만희, 『헌법과 통치구조』, 법문사, 2003, 15면.

6) 이러한 공무원조직의 정치세력에 대한 견제기능과 관련하여 문재인 정부에서의 구체적 사례 하나를 들어 본다. 최근 전 세계적으로 확산된 '코로나 팬데믹' 현상으로 인하여 국내에서도 감염병 확진자와 사망자의 수가 대폭 증가하게 됨에 따라 이에 대한 방역대책과 재난지원금 지급 및 경제적 위기상황 등에 대처하기 위해 2020년 한 해에 4차례에 걸쳐 66조 8천여억 원의 추가경정예산안을 편성하여 국회에 제출하는 과정에서 기획재정부 관료조직과 여당 정치세력 간의 미묘한 갈등과 마찰이 드러난 바 있다. 정부와 여당의 입장에서는 감염병의 확산에 따른 심각한 경제적 위기를 벗어나기 위해 막대한 재정지출이 필요하다고 판단하지만 행정부의 관련 공무원조직의 입장에서는 이러한 국가재정의 지출확대에 관한 중요한 사안에 대해서는 전문적 관료조직이 정부·여당에 대해 적극적으로 국가채무비율이나 재정건전성의 문제를 제기하고 추경 예산안 편성에 방어적 자세를 취하는 것은 당연하다고 볼 수 있다. 이러한 행정부 관료조직과 여당 정치세력 간의 대립과 갈등 상황에 대해서는 부정적 시각으로만 볼 것이 아니라 관료조직의 정치세력에 대한 견제기능의 관점에서 볼 필요가 있다.

7) 허영, 『한국헌법론』, 박영사, 2009, 684면.

제5장

법치주의

자유 보장을 위한 '법의 지배'의 원리

근대 입헌주의 시대가 전개된 이래 민주주의국가의 헌법은 그 기본원리로서 법치주의 내지 법치국가의 원리를 예외 없이 채택하고 있다. 법치주의는 모든 국가작용과 국가공동체 생활이 법에 근거를 두고 법에 의해 행해져야 한다는 '법의 지배'(rule of law)의 원리를 말한다. 법치주의는 모든 국가권력이 권력담당자의 주관적 의사에 따라 자의적으로 행사되거나 힘에 의해 지배되는 '사람의 지배'가 아니라 법에 의해 지배되는 것을 말한다. 법치주의는 인간의 존엄과 가치의 존중을 이념으로 하는 기본권 보장에 그 목적을 두는 통치의 기본원리를 의미한다. 여기서 '법'의 지배의 핵심적 의미는 국가작용이 국민의 대표기관인 의회가 제정한 법률에 근거하고 법률에 따라야 한다는 것을 뜻한다. 따라서 국가목적을 위하여 국민의 자유와 권리를 제한하고 의무를 부과하는 경우에는 국민의 대표기관인 의회가 제정한 법률에 의하도록 하며, 국가의 행정과 재판은 법률에 의거하여야 한다는 국가작용의 합법성을 요구하는 것이다. 다시 말하면 법치주의란 국민의 자유를 보장하기 위하여 국가권력을 제한하는 데 있어서 그 제한의 방법으로 채택된 헌법상의 원칙을 의미하는 것이며, 여기서 법치주의는 국가권력에게 법의 준수를 요구하는 원칙을 말하는 것이지 국민에게 요구하는 원칙이 아니다. 그리고 국가권력이 준수해야 하는 법이란 국민의 의사에 의해 선출된 대표기관인 의회가 제정한 법률을 의미하며, 법치주의 하에서 국민의 자유와 권리가 침해되는 경우에는 침해된 기본권을 구제하기 위한 사법 절차가 마련되어야 하고 사법권을 행사하는 법원은 정치권력으로부터 독립되어야 한다는 것 등이 법치주의를 구성하는 핵심적 요소가 된다.

법치주의는 기본적으로 법률에 의한 지배를 의미하지만 이는 국가의 최고규범인 헌법을 정점으로 하는 헌법과 법률에 의한 지배를 의미함은 당연한 것이다. 이 점에서 헌법에 의한 통치의 원리를 의미하는 '입헌주의'는 법치주의 원리의 전제가 되는 개념이다.

형식적 법치주의에서 실질적 법치주의로

초기의 법치주의는 개인의 자유를 보호하기 위하여 국가가 국가목적을 위하여 국민의 자유와 권리를 제한하고 국민에게 의무를 부과하는 경우에는 국민의 대표기관인 의회가 제정한 법률에 의하도록 하며, 행정과 재판도 법률에 의하도록 함으로써 국가작용의 '합법성'을 요구하는 것이었다. 그러나 입헌주의의 발달에 따라 법치주의의 개념도 변질하게 되어 국가작용은 법률에 따라야 할 뿐만 아니라 국가작용을 규율하는 그 법률의 내용이 헌법의 이념이나 기본원리에 합치하여야 하는 것이 되었으며, 따라서 국가작용의 합법성뿐만 아니라 '헌법적 합성' 내지 '합헌성'까지를 요구하게 되었다. 이러한 법치주의의 내용 변화는 곧 "형식적 법치주의에서 실질적 법치주의로의 이행"을 의미하는데, 이러한 변화는 나치즘과 전체주의의 출현으로 말미암아 형식적 법치주의를 통해 바이마르헌법이 붕괴되었던 독일의 역사적 경험에 대한 반성에서 비롯되었다.

이와 같은 국가작용의 합헌성 내지 헌법적합성을 요구하는 실질적 법치주의에 있어 헌법은, 인간의 존엄과 가치 존중의 이념과 기본권보장의 가치체계를 수용하고 있는 정당성을 가진 헌법을 말한다. 따라서 오늘날의 법치주의는 국가작용의 '합법성'과 함께 국가작용의 '정당성'의 확보를 요청하게 된다. 그리고 현대 산업사회에 있어 실질적 법치국가의 이념인 인간의 존엄성 보장을 위한 자유, 평등을 실현하는 데에는 경제적 약자의 보호가 필수적으로 요청되는 것이므로, 실질적 법치국가는 곧 경제적 약자 보호를 위한 '사회적 법치국가'를 의미할 수밖에 없다. 여기서 사회적 법치국가란 사회적 약자 보호를 위한 사회정의를 이념으로 하는 사회국가적 개념과 전통적인 자유주의적·시민적 법치국가의 이념이 결합된 개념을 의미한다.

법치주의 사상의 전개

영미의 법의 지배와 독일의 법치국가 원리

법치주의의 이론과 사상은 영국에서의 '법의 지배'(rule of law)의

원리로 전개되었으며 독일에서는 법치국가(Rechtsstaat)원리로 발전하였다. 영국의 헌정사를 보면 이미 13세기초부터 법치주의 사상의 뿌리가 발견된다. 당시 국왕 존(John)과 귀족 간의 투쟁 속에서 국왕의 권력을 제한하는 약속을 문서로써 확인한 대헌장(마그나 카르타)이 1215년에 제정되었는데, 이 대헌장의 내용으로는 귀족뿐만 아니라 평민들의 자유도 인정하며, 국왕이 국민의 자유를 제한하기 위해서는 국민의 동의를 얻도록 하고, 국왕이 약속을 지키지 않을 때에는 무력으로써 이를 준수하도록 한다는 경고도 담겨 있다. 대헌장의 선언은 인류역사상 최초의 자유선언이라는 의미를 갖는 것으로 간주된다.

영국은 중세 이래 전통적으로 판례법을 중심으로 하는 코먼 로(common law, 보통법)가 형성되어 왔으며, 17세기에 들어와 영국에서의 법의 지배는 곧 코먼 로의 지배를 의미하였다. 코먼 로란 대륙법계와 구별되는 영미법계의 법체계로서 판례법의 형태로 축적되어온 관습법체계를 의미한다. 법의 지배 원리의 사상적 선구자인 코크(E. Coke)는 1603년 왕위에 오른 제임스 1세와 재판권을 놓고 충돌하면서 법원의 법관만이 보통법에 의해 재판할 수 있으며, 국왕은 어떤 사람 아래에도 있지 않지만 신과 법 아래에 있는 것이기 때문에 코먼 로에 구속되어야 하며 의회의 제정법도 보통법에 위배되어서는 안 된다고 주장하였다. 보통법의 우위는 명예혁명 이후 국왕에 대한 의회의 우위와 함께 의회주권의 원칙이 확립됨에 따라 의회제정법의 우위로 발전하였다. 19세기 말 다이시(A. Dicey)에 의해 확립된 영국의 법의 지배 원리는 '법의 우위'와 '법 앞에 평등'을 중심으로 하며 왕권에 대한 법의 절대적 우위와 국가에 대한 소송에 있어서도 특별법원이 아닌 보통법원에 의한 심판을 그 내용으로 하게 되었다. 영국의 법의 지배 원리는 미국 헌법에서 더욱 발전하게 되는데, 미국의 법의 지배는 영국과 달리 성문헌법을 중심으로 하여 기본권보장과 적법절차를 강조하고 사법부의 위헌법률심사제가 확립됨으로써 '입법권에 대한 사법권의 우위'를 특징으로 하는 법의 지배로 발전하게 되었다.

독일의 법치국가(Rechtsstaat)이론은 19세기 후반 등장한 것으로 그 이전의 절대국가와 구별되는 개념이다. 법치국가의 원리는 국가권력을 의회가 제정한 형식적 법률에 기속시킴으로써 국민의 자유와 권리를 보호한다는 법률우위의 원칙을 의미한다. 즉 초기의 법치국가원리는 법률을 시민적 자유와 재산을 보장하기 위한 방법으로 이해하였기 때문에 법률 내용의 정당성은 문제되지 않았으며, 이러한 법치국가는 형식적 법치국가를 의미하였다. 그리고 형식적 법치국가는 입헌군주의 권력행사로부터 시민사회를 보호하기 위한 것이었으므로 '시민적 법치국가'로 불리게 되었다.

그러나 형식적 법률에 의한 시민적 자유와 권리의 보장은 결과적으로 나치즘과 전체주의의 출현으로 불법적 지배가 법치주의의 이름으로 합법화되는 것을 의미하게 되었다. 그러한 형식적 법치주의의 쓰라린 경험에 대한 반성으로 전후의 법치국가원리는 형식적 법치국가에서 더 나아가 법률의 내용이 정당하고 헌법의 기본이념과 원리에 반하지 않는 것을 요구하는 '실질적 법치국가'로 변질되었다. 이러한 실질적 법치국가는 통치권의 합법성뿐만 아니라 정당성 내지 합헌성을 요구하게 됨에 따라 법률에 대한 위헌심사기능이 필요하게 되었다. 그리하여 법률에 대한 위헌심사를 중심으로 하는 헌법재판제도가 제2차 세계대전 이후에 채택되었다.

우리나라 법치주의 사상의 연혁

우리나라 법치주의 사상의 연혁은 14세기 말 조선시대로 거슬러 올라가 조선 개국의 1등 공신인 정도전(鄭道傳)이 집필한 『조선경국전(朝鮮經國典)』의 역사적 의미에서 찾아볼 수 있다. 정도전이 1395년에 편찬하여 태조에게 바친 『조선경국전』은 새로운 왕조의 헌법적 이론서로서 이 『조선경국전』은 후에 성종 대에 이르러 제정된 『경국대전』의 모태가 되었으며, 이 『경국대전』은 조선왕조 오백 년을 지배하는 근본규범으로 자리잡게 되었다. 『조선경국전』의 내용을 보면, 비록 동양의 전통적 봉건제 사회의 전제군주정을 시대적 배경으로 하고 있지만, 정도전은 이 저술에서 민본정치(民本政治)를 기본으로 하여 나라의 주인은 임금이 아니라 백성이며 백성을 주인으로 섬기는 정치를 해야 하며, 인(仁)을 바탕으로 백성을 사랑하는 정치를 해야 왕위를 오래 지킬 수 있고, 힘에 의지하여 백성을 복종시키거나 백성을 얕잡아 보는 것은 왕위를 지키는 방법이 아니라고 주장한다. 당시의 이러한 사상은 17, 18세기 시민혁명 과정에서 형성된 서구의 국민주권 및 민주주의 원리와 맥을 같이 하는 것이다. 그리고 임금은 나라의 수반이지만 세습하는 임금이 반드시 현명하다고 보장할 수 없으므로 정치의 실권은 검증된 신하의 우두머리인 재상(宰相)에게 맡겨야 한다는 재상중심의 정치를 강조하고 있다. 재상중심의 관료제도를 운영하여 무능한 임금이 왕위를 세습하더라도 좋은 정치가 계속될 수 있도록 만들고자 하였다. 이러한 정도전의 정치사상은 전제적 권력에 대한 회의적 시각에서 요구되는 권력의 분산과 사람의 지배가 아닌 법과 제도의 지배를 통치의 기본원리로 삼아야 한다는 법치주의 사상과 일맥상통하는 것이라 할 수 있다.

1948년 입헌주의헌법의 채택과 법치주의의 제도화

1948년 건국헌법의 제정으로 서구형 입헌주의헌법을 채택한 이래 우리나라는 대체로 대륙법계의 법치주의 방식을 수용해 왔으나, 1987년 헌법에서는 신체의 자유보장 조항(제12조)에 '적법절차의 원칙'을 도입하여 영미법계의 법치주의 요소(due process of law)를 반영하고 있음을 볼 수 있다. 또한 1962년 제3공화국 헌법에서는 미국형의 사법심사제(judicial review)를 채택하여 헌법재판소가 아닌 대법원이 법률에 대한 최종적인 위헌심사권을 행사하도록 하였으나 이 제도는 1972년 헌법에 의해 폐지되었다.

현행 헌법상 법치주의에 관한 규정을 보면 직접 법치주의 원리를 명시적으로 규정하고 있지 않으나, 헌법 제37조 제2항의 '법률에 의한 기본권제한'을 비롯하여 제12조 제1항과 제3항의 '적법절차원칙' 조항이 그 핵심적 규정이며, 제13조 제1항 및 제2항의 '소급입법 금지', 제75조의 '위임입법의 제한', 제103조의 '헌법과 법률에 의한 법관의 심판의 독립', 제107조 제1항과 제2항의 '위헌법령심사제' 등은 법치주의 원리에 기초한 규정들에 해당한다.

국가권력의 법기속성

　법치주의는 국가권력 내지 국가작용의 법에 대한 기속성의 원리를 의미한다. 법에 기속되는 국가작용은 입법, 행정, 사법에 관한 모든 국가작용을 의미하며, 특히 국민의 생활에 직접 영향을 미치는 국가의 행정작용은 헌법과 법률에 근거를 두고 법률에 의해 행해져야 함을 요구한다. 이러한 '행정의 합법률성의 원칙'에 따라 법률의 행정에 대한 우위가 인정되며, 행정은 법률에 구속되고 법률에 근거해서만 행해지게 된다. 이러한 국가권력의 법기속성은 국민의 기본권제한과 관련하여 헌법상 법률유보의 원칙을 요청하게 된다.

법률유보에 의한 기본권제한의 원칙

　법률유보의 원칙이란 국가의 행정은 법률에 근거가 있어야 한다는 원칙으로, 특히 국가목적을 위하여 국민의 자유와 권리를 제한하는 경우에는 반드시 법률로써 하여야 한다는 것을 의미한다. 우리 헌법은 제37조 제2항에 "국민의 모든 자유와 권리는 국가안전보장 질서유지 또는 공공복리를 위하여 필요한 경우에 한하여 법률로써 제한할 수 있으며…"라고 규정하여 법률유보에 의한 기본권제한을 명문화하고 있다. 여기서 법률유보에 의한 기본권제한은 법률에 의해 직접 제한하는 경우와 함께 법률에서 구체적으로 범위를 정하여 대통령령 등 행정입법에 위임하는 경우가 있다(헌법 제75조, 제95조).

　그렇기 때문에 법률유보의 원칙은 행정작용이 법률에 근거를 두기만 하면 충분한 것이 아니고 국가공동체와 그 구성원에게 기본적이고도 중요한 의미를 갖는 영역, 특히 국민의 기본권실현에 관련된 영역에 있어서는 입법자 스스로 본질적 사항을 결정해야 한다는 것을 요구한다. 헌법재판소는 이를 '의회유보의 원칙'이라고 하여 법률유보의 원칙의 핵심 내용으로 인정하고 있다(헌재 1999. 5. 27. 98헌바70). 따라서 국민의 기본권을 제한하는 입법에 있어서는 입법자인 국회가 그 본질적 사항을 직접 법률로 규정해야 하며, 법률의 위임에 의해 대통령령이나 부령 등으로 기본권을 제한하는 것은 허용될 수 없다. 예컨대 직업의 자유 제한과 관련하여 안마사의 자격기준을 법률인 「의료법」에서 직접 규정하지 아니하고 보건복지부령에 위임하여 이 행정입법으로 안마사 자격요건을 제한하는 것은 법치주의와 법률유보의 원칙(의회유보의 원칙)에 위배되어 위헌이 된다(헌재 2006. 5. 25. 2003헌마715).

법치주의와 적법절차의 원칙

공권력 행사의 절차적 적법성과 정당성

법치주의는 국가작용의 결과뿐만 아니라 그 절차와 과정도 법에 적합할 것을 요구한다. 국가작용에서 절차가 무시되는 경우에 결과는 옳다고 하더라도 그 과정에서 국민의 자유와 권리가 침해되며, 권력의 남용이 발생할 수 있기 때문이다. 법치주의의 내용으로서 적법절차의 원칙이란 모든 국가작용 내지 공권력의 행사는 절차상의 적법성을 갖추어야 할 뿐만 아니라 그 공권력행사의 근거가 되는 법률의 실체적 내용도 정당성 내지 적정성을 가져야 한다는 헌법원리를 의미한다. 현행 헌법은 형사 절차에 있어서 신체의 자유를 제한하는 경우에 적법절차에 의할 것을 규정하고 있으나(제12조 제1항, 제3항), 적법절차의 원칙은 사법 절차뿐만 아니라 입법 절차, 행정 절차 등 모든 국가작용에서 적용되는 것으로 이해되고 있다.

적법절차원칙의 개념에 관하여 헌법재판소는 다음과 같이 판시하고 있다. "적법절차의 원칙은 영미법계의 국가에서 국민의 인권을 보호하기 위한 기본원리의 하나로 발전되어온 원칙으로, 미국의 수정헌법에서 명문화하기 시작하였으며, 대륙법계 국가에서도 이에 상응하여 법치국가원리 또는 기본권제한의 법률유보원리로 정립되어 있다. 여기서 적법절차라 함은 인신의 구속이나 처벌 등 형사 절차만이 아니라 국가작용으로서의 모든 입법작용과 행정작용에도 광범위하게 적용되는 독자적인 헌법원리의 하나로, 절차가 형식적 법률로 정하여지고 그 법률에 합치하여야 할 뿐만 아니라 적용되는 법률의 내용에 있어서도 합리성과 정당성을 갖춘 적정한 것이어야 하며, 특히 형사소송 절차와 관련시켜 적용함에 있어서는 형벌권의 실행 절차인 형사소송의 전반을 규율하는 기본원리로 이해하여야 하는 것이다."(헌재 1994. 4. 28. 93헌바26)

형사소송 절차의 기본원리로서 적법절차

위와 같이 적법절차의 원칙은 모든 국가작용에 적용되는 것이지만 공권력에 의한 인권침해가 특히 빈번하게 발생하게 되는 형사소추와 형사재판 절차에서 특별히 존중되어야 하는 것이다. 그리하여 헌법 제12조 제1항은 누구든지 법률과 적법절차에 의하지 아니하고는 처벌과 강제노역 등을 받지 아니한다고 규정하고, 동조 제3항에서는 "체포·구속·압수·수색을 할 때에는 적법한 절차에 따라 검사의 신청에 의하여 법관이 발부한 영장을 제시하여야 한다"고 규정하고 있다. 이와 같이 수사기관의 형사 절차로서 체포·구속 등의 경우에 요구되는 적법절차로는 영장주의가 채택되고 있으며, 여기서 영장발부의 실체적 정당성은 영장실질심사제가 보장되어야만 비로소 인정될 수 있는 것이다. 구속영장발부에 있어서 법관의 심사가 서류에 의한 형식적 심사에 그치는 것이 아니라 법관이 직접 면전에서 심문할 수 있는 절차가 보장될 때 영장주의의 적법절차는 실체적으로 정당성 내지 적정성을 갖게 된다. 우리 「형사소송법」에도 이러한 영장실질심사제를 명문화하고 있다(동법 제201조의2).

우리 헌법은 영장주의에 관한 적법절차조항 이외에도 헌법상 변호인의 조력을 받을 권리와 국선변호인제도(제12조 제4항), 체포·구속이유 고지 및 통지제도(제12조 제5항), 구속적부심사제도(제12조 제6항), 주거의 압수·수색에 대한 영장제도(제16조), 고문의 금지와 불리진술거부권(제12조 제2항), 소급처벌 및 이중처벌금지(제13조 제1항), 연좌제금지(제13조 제3항), 무죄추정의 원칙(제27조 제4항) 등은 형사 절차상의 내용적 적정성을 요구하는 개별적 적법절차조항을 의미한다.

구체적인 사건에서 헌법상 적법절차의 원칙에 위반되는지의 여부에 관하여 보면, 헌법재판소는 「소송촉진등에 관한 특례법」 제23조에 자기에게 아무런 책임 없는 사유로 출석하지 못한 피고인에 대하여 별다른 증거조사도 없이 곧바로 유죄판결을 선고할 수 있도록 한 것은 적법절차에 위배된다고 판시한 바 있다(헌재 1998. 7. 16. 97헌바22). 검사가 법원의 증인으로 채택된 수감자를 그 증언에 이르기까지 거의 매일 검사실로 하루 종일 소환하여 피고인 측 변호인이 접근하는 것을 차단하고, 검찰에서의 진술을 번복하는 증언을 하지 않도록 회유·압박하는 행위도 적법절차원칙에 위반하는 것이라고 하였다(헌재 2001. 8. 30. 99헌마496).

법치주의에서 요구되는 법의 형식성

법치주의의 실현을 위해서는 국가권력이 엄격히 법에 기속되는 것만으로 충분한 것이 아니며, 법의 정립에 있어서 일정한 형식적 요건을 구비하여 법을 제대로 만들어서 적용하는 것이 중요하다. 국가영역의 공권력작용뿐만 아니라 사회공동체의 사적 영역을 규율하는 법은 실정법(實定法)으로 명문화됨으로써 일정한 형식성을 갖추게 된다. 실정법이란 입법기관에 의해 실제로 제정된 법을 말한다. 법의 형식성이란 법의 내용이 명확하여 행위준칙으로 작용할 수 있어야 하며, 원칙적으로 같은 조건에 있는 행위 주체에 대하여 누구에게나 동일하게 적용되는 일반성을 갖추어야 한다.

법의 명확성 – 모호하기 때문에 무효의 원칙

법의 명확성은 실정법이 규율하고자 하는 내용이 명확하여야 하며 다의적으로 해석·적용되어서는 안 된다는 것을 말한다. 실정법의 문언에서 법을 지켜야 하는 수범자(受範者)에게 법이 규율하는 내용을 명확하게 알 수 없게 한다면 이는 법적 생활에서의 안정성과 예측가능성을 확보할 수 없을 뿐만 아니라 국가에 의한 자의적인 법집행을 가능하게 하는 문제가 있다. 따라서 명확성의 원칙은 법률이 규율하는 내용의 의미가 광범하고 모호하여 법의 다의적인 해석이 가능할 때에는 무효가 된다는 "모호하기 때문에 무효"의 원칙(void for vagueness)을 내포한다. 이는 일반인의 통상적인 언어생활상 법의 내용을 명확하게 알 수 있고, 법에서 규정하고 있는 문언상의 표현이 법집행자에게 자의적인 집행을 허용하지 않을 정도여야 할 것을 요구하는 것이다. 그러나 모든 법을 언어로 성문화하는 경우에 기술적이고 상황적인 이유로 인하여 항상 일의적(一義的)인 내용으로 정하기가 어렵기 때문에 해당 조문 자체로는 일의적으로 해석되지 않는 경우라 하더라도 입법목적과 취지, 입법연혁, 법의 체계적 구조 등을 고려하여 그 의미를 분명히 할 수 있으면 명확성의 원칙에 위배된다고 할 수 없다.

　　명확성의 원칙에서 명확성의 정도는 모든 법률에 있어서 동일한 정도로 요구되는 것은 아니고 개개의 법률이나 법조항의 성격에 따라 요구되는 정도에 차이가 있을 수 있다. 일반적으로 형사법이나 국민의 이해관계가 첨예하게 대립되는 법률에 있어서는 불명확한 내용의 법률용어가 허용되기 어렵다. 이처럼 죄형법정주의가 지배되는 형사 관련 법률에서는 명확성의 정도가 강화되어 더 엄격한 기준이 적용되지만, 그 밖의 일반적인 법률에서는 명확성의 정도가 강하게 요구되지 않기 때문에 상대적으로 완화된 기준이 적용된다.

　　명확성원칙의 위반여부에 관한 판례를 보면, 「경범죄 처벌법」상 과다노출 금지조항 중에서 "알몸을 지나치게 내놓는 것" 등의 표현에 대하여 헌법재판소는 위 조항의 구체적 의미가 분명하지 않아 수범자에게 처벌에 대한 예측을 불가능하게 하고 법집행자에게 위반여부 판단에 관한 과도한 재량을 부여하여 죄형법정주의의 명확성의 원칙에 위배된다고 판시하였다(헌재 2016. 11. 24. 2016헌가3). 헌법재판소는 「전기통신법」상 '공공의 안녕질서' 또는 '미풍양속'을 해하는 내용의 통신을 금하는 규정은 매우 추상적인 개념이어서 명확성의 원칙에 위배된다고 하였다. 즉 '공공의 안녕질서', '미풍양속'은 매우 추상적인 개념이어서 어떠한 표현행위가 과연 '공공의 안녕질서'나 '미풍양속'을 해하는 것인지, 아닌지에 관한 판단은 사람마다의 가치관, 윤리관에 따라 크게 달라질 수밖에 없고, 법집행자의 통상적 해석을 통하여 그 의미내용을 객관적으로 확정하기도 어렵다고 판시한 것이다(헌재 2002. 6. 27. 99헌마480). 그 밖에 '공익'을 해할 목적으로 공연히 허위의 통신을 한 자를 형사처벌하는 것에 대해서도 명확성의 원칙에 위배된다고 하였다(헌재 2010. 12. 28. 2008헌바157등).

법의 일반성과 추상성

　　법의 명확성과 함께 요구되는 법의 형식에는 법의 일반성과 추상성이 있다. 국가공동체의 생활을 규율하는 법은 모든 국민을 대상으로 동일한 사항에 대해 동일하게 적용될 때 객관적 규범으로 존재할 수 있기 때문에 특정인이나 특정 사항을 차별하여 처리하는 것을 금지하는 법의 일반성과 추상성을 원칙으로 한다. 따라서 법의 일반성을 부정하는 개별입법은 원칙적으로 금지된다. 특정 대상만을 규율의 대상으로 하는 법은 국가가 특정 대상에 대해 자의적으로 대우하는 결과를 초래하게 되고, 이는 법이 객관적 규범이 아니라 입법자의 주관적 의사에 지나지 않기 때문이다. 이러한 법의 일반성은 "모든 국민은 법 앞에 평등하다"는 헌법상의 평등원칙(제11조 제1항)에 의해서도 확인되고 있다.

그러나 법의 일반성에 반하는 특정 사안을 규율대상으로 하는 개별사건적 법률이나 행정부의 집행행위를 매개로 하지 않고 직접 법률에서 조치를 취하는 '처분적 법률'은 사실상 행정행위에 속하는 것으로 권력분립원리에 반하는 것이지만, 오늘날 국가기능의 전문화와 국가위기상황의 발생 등을 배경으로 예외적으로 입법부에 개별사건적 법률이나 처분적 법률의 제정을 인정하기에 이르렀다. 개별적 법률의 대표적 예로는 한국 헌정사에서 5·18사건이라는 개별사건에 관련된 사람들을 수사하기 위해 1995년 12월에 제정된「5·18민주화운동 등에 관한 특별법」이나 2014년의 세월호 참사 진상규명과 피해구제 및 지원 등에 관한 일련의 특별법 등을 들 수 있다. 헌법재판소는 이 5·18 특별법에 대하여 "개별사건법률의 위헌 여부는 그 형식만으로 가려지는 것이 아니라, 나아가 평등의 원칙이 추구하는 실질적 내용이 정당한지 아닌지를 따져야 비로소 가려진다. 이른바 12·12 및 5·18 사건의 경우 그 이전에 있었던 헌정질서파괴범과 비교해 보면, 공소시효의 완성여부에 관한 논의가 아직 진행 중이고, 집권 과정에서의 불법적 요소나 올바른 헌정사의 정립을 위한 과거청산의 요청에 미루어 볼 때 비록 특별법이 개별사건적 법률이라고 하더라도 입법을 정당화할 수 있는 공익이 인정될 수 있다"고 하여 헌법에 위반되지 아니한다고 판시하였다(헌재 1996. 2. 16. 96헌가2).

법치주의의 요소로서 법적 안정성과 신뢰보호의 원칙

법적 안정성이란 무엇인가?

법적 안정성은 법치주의의 구성요소이며, 현대 법치국가에 있어서 법의 이념의 하나이다. 법에 의하여 국가공동체와 국민생활의 질서에 안정성을 확보하기 위해서는 법을 통하여 미래를 예측할 수 있어야 하며, 법을 통해 국가에 대한 국민의 신뢰가 형성된 경우에는 그 신뢰가 존중되고 보호되어야 하고, 이미 완성된 법적 관계가 사후에 전복되지 않아야 하는 것 등이 요구된다. 다시 말하면 법적 안정성의 요청은 개인의 자유와 권리를 행사하기 위한 전제조건을 의미한다. 개인이 자유와 권리를 행사하기 위해서는 법질서가 충분히 명확하여 무엇이 허용되고 무엇이 금지되는 행위인지를 사전에 충분히 인식하고 예측할 수 있어야 하고, 나아가 개인은 자신의 결정과 행위의 근거가 되는 법질서의 존속을 신뢰할 수 있어야 하며, 법규범이 소급하여 적용되어서는 안 된다. 여기에서 예측가능성의 보장과 신뢰보호의 원칙, 소급입법의 금지는 개인의 자유 보장을 위한 전제조건으로서 법적 안정성의 핵심요소를 의미하게 된다.

법을 통해 미래를 예측할 수 있게 하기 위해서는 법이 정하는 내용과 의미가 명확해야 하므로 법의 명확성의 원칙은 예측가능성 보장의 필수적 요소이다. 법규범의 의미내용으로부터 무엇이 금지되는 행위이며 무엇이 허용되는 행위인지를 수범자가 알 수 없다면 예측가능성을 확보할 수 없게 되고, 법 집행 당국에 의한 자의적 집행을 가능하게 하므로 명확성의 원칙과 예측가능성의 보장은 법적 안정성을 위해 매우 중요한 요소가 된다.

법률에 대한 국민의 신뢰는 최대한 보호되어야 한다

법적 안정성 속에서 국민이 삶을 영위하기 위해서는 일반인의 합리적인 판단에 의할 때 국가행위에 의하여 시행된 법률이나 제도가 장래에도 그대로 존속될 것이라고 믿고 신뢰하여 이를 바탕으로 일정한 법적 지위를 형성한 경우, 국가는 그러한 국민의 신뢰를 최대한 보호하여야 한다. 이를 '신뢰보호의 원칙'이라고 한다. 따라서 새로운 법률의 제정이나 개정 시 구법질서에 대한 당사자의 신뢰가 합리적이고 정당하며 새로운 법률의 제정이나 개정으로 야기되는 당사자의 손해가 극심하여 새로운 입법으로 달성하고자 하는 공익적 목적이 그러한 당사자의 신뢰의 파괴를 정당화할 수 없다면, 그러한 새로운 입법은 허용되기 어렵다.

그런데 사회환경이나 경제여건의 변화에 따른 필요성에 의하여 법률은 신축적으로 변할 수밖에 없고, 변경된 새로운 법질서와 기존의 법질서 사이에는 이해관계의 상충이 불가피하다. 따라서 국민이 가지는 기존의 법질서에 대한 모든 기대 내지 신뢰가 헌법상 권리로서 보호될 것은 아니고, 기존의 법률·제도의 존속에 대한 개인의 신뢰가 합리적이어서 권리로서 보호할 필요성이 인정되는 경우라야 한다. 따라서 구법에 대한 신뢰이익을 보호받기 위해서는 그 신뢰이익이 신법으로 얻게 되는 공익보다 우위에 있는지에 관한 법익형량이 필요하게 되며, 특히 양 법익을 어떻게 조화적으로 실현시킬 수 있는지를 판단하는 것이 중요하다. 여기서 양 법익을 조화시키는 수단으로 요구되는 것이 '경과규정'이다. 경과규정이란 법률이 개정되는 경우 구법과 신법의 적용에 관한 시간적 한계라든지 종전 법률의 효력에 관한 조치, 종전 법률이 적용된 당시에 발생한 상태를 일정한 요건하에 또는 잠정적으로 승인하는 것 등을 내용으로 하는 규정을 말한다. 이러한 경과규정은 대립하는 양 법익을 이상적으로 조화시키는 기능을 수행한다.

새로운 법률의 제정이나 법률의 개정 등으로 신뢰보호원칙에 위반한다고 판단한 헌법재판소 판례 몇 개를 소개한다. 국세청 경력직공무원에 대해 세무사자격을 부여해 왔던 종전의 「세무사법」을 개정하여 더 이상 이들 경력직 공무원에 대하여 세무사자격을 부여하지 않도록 한 「세무사법」 부칙 제3항이 신뢰보호의 원칙에 위반한다고 하여 헌법불합치결정을 내린 바 있다(헌재 2001. 9. 27. 2000헌마152). 「택지소유상한에 관한 법률」에 대한 헌법소원사건에서는 택지소유의 경위나 그 목적에 관계 없이 법 시행 이전부터 택지를 소유하고 있는 개인에 대해 일률적으로 소유상한을 적용하는 것은 신뢰보호의 원칙에 위배된다고 하였다(헌재 1999. 4. 29. 94헌바37). 공무원채용시험 시행계획공고에 있어서도 지방고등고시 제2차 시험을 10월에 실시하던 것을 예년과 달리 12월로 연기함으로써 응시상한연령을 초과하게 된 경우 그러한 채용시험계획공고는 신뢰보호의 원칙에 위배된다고 판시하였다(헌재 2000. 1. 27. 99헌마113).

소급입법의 금지

공동체 생활의 법적 안정성을 확보하기 위해서는 신뢰보호의 원칙과 함께 소급입법금지의 원칙이 요구된다. 법률의 개정이나 새로운 입법에 의해 이미 종료된 과거의 법적 관계는 원칙적으로 변경되어서는 안 되며, 소급입법으로 개인의 법적 지위가 불이익하게 변경되어서는 아니 된다. 특히 형벌에 있어서는 과거의 행위에 대하여 사후 입법에 의해 소급하여 처벌할 수 없다. 따라서 과거의 사항을 규율대상으로 하는 소급입법은 금지되어야 한다. 다만, 국민에게 유리한 내용의 이른바 '시혜적 소급입법'에 대해서는 소급입법금지원칙의 적용 자체가 배제된다. 개인의 법적 지위를 규정한 구법에 비하여 불리하게 법적 지위를 변경한 것이 아니기 때문이다. 헌법재판소는 시혜적 소급입법을 할 것인가의 여부는 입법재량의 문제로서 시혜적 소급입법을 하지 아니한 것이 현저하게 불합리하고 불공정하지 않은 한 헌법에 위반되지 않는다고 판시하고 있다(헌재 1998. 11. 26. 97헌바65; 헌재 2002. 2. 28. 2000헌바69).

일반적 소급입법금지의 원칙은 법치주의원리에 의해 당연히 요청되는 것이며, 헌법 제37조 제2항의 기본권제한의 법률유보원칙에서도 그 근거를 찾을 수 있다. 법률유보의 원칙은 기본권을 제한하기 위하여 법률의 형식을 요구하고 있을 뿐만 아니라 여기서 법률은 '행위 시의 법률'이라는 시간적 요건을 동시에 요구하고 있기 때문이다. 형법영역에 있어서의 소급입법금지원칙은 헌법 제13조 제1항에 "모든 국민은 행위 시의 법률에 의하여 범죄를 구성하지 아니하는 행위로 소추되지 아니하며…"라고 규정하고 있다. 이 조항은 형사피의자나 피고인의 신체의 자유보장에 관한 규정이면서 동시에 법치주의원리의 요소로서 소급입법금지원칙을 확인하는 규정이다. 특히 헌법 제13조 제1항에 규정하고 있는 형법상 소급입법금지 원칙은 신체의 자유의 중요성에 비추어 '절대적 효력'을 갖는 것으로 해석되고 있다.

그리고 제13조 제2항은 "모든 국민은 소급입법에 의하여 참정권의 제한을 받거나 재산권을 박탈당하지 아니한다"라고 하여 소급입법금지의 원칙을 참정권과 재산권에 관하여 특별히 규정하고 있다. 이러한 참정권 제한과 재산권 박탈의 소급입법금지의 원칙은 1962년 헌법에서 채택된 것이다. 이는 4·19 혁명과 5·16 군사쿠데타에 의한 구정권의 부정행위자와 부패정치인에 대한 공민권제한과 재산환수가 소급입법으로 행해진 역사적 사실을 염두에 둔 것으로, 당시 새로운 법치국가질서의 확립을 위한 것이었다고 할 수 있다. 다만 현행 헌법 제13조 제2항의 소급입법금지의 효력에 대해서는 후술하는 바와 같이 제13조 제1항과는 달리 '절대적 금지'가 아니라 '원칙적 금지'라고 보는 것이 헌법재판소 판례의 태도이다.

진정소급입법의 원칙적 금지

이와 같이 형사법의 영역을 제외하고는 소급입법이 절대적으로 금지되는 것은 아니며 헌법적으로 허용되는 소급입법이 존재하게 된다. 그 판단기준으로 이른바 '진정소급입법'과 '부진정소급입법'이 있다. 진정소급입법은 현재를 기준으로 이미 종료된 과거의 사실 또는 법률관계에 대해 소급 적용하여 불이익의 법적 효과를 가져오는 입법을 말한다. 이러한 진정소급입법은 당사자의 구법에 대한 신뢰를 침해하는 정도가 지나치게 크기 때문에 원칙적으로 허용되지 아니한다. 다만 진정소급입법이 예외적으로 허용되는 경우가 있는데, 이에 관하여 헌법재판소는 1) 일반적으로 국민이 소급입법을 예상할 수 있었거나, 2) 법적 상태가 불확실하고 혼란스러웠거나 하여 보호할 만한 신뢰의 이익이 적은 경우와, 3) 소급입법에 의한 당사자의 손실이 없거나 아주 경미한 경우, 4) 그리고 신뢰보호의 요청에 우선하는 심히 중대한 공익상의 사유가 소급입법을 정당화하는 경우 등을 인정하고 있다(헌재 1998. 9. 30. 97헌바38; 헌재 2003. 9. 25. 2001헌마194).

친일반민족행위자 재산의 국가귀속은 합헌인가?

진정소급입법에 관한 법률로 2005년 12월에 제정된 「친일반민족행위자 재산의 국가귀속에 관한 특별법」이 문제된 바 있다. 이 소급입법에 대해 헌법재판소는 헌법 제13조 제2항에도 불구하고 허용되어야 한다고 판시하였다. 즉 친일반민족행위자 재산의 국가귀속에 관한 특별법은 이미 과거에 종료된 사실과 법률관계를 규율하는 것이므로 진정소급입법에 해당하지만 소급입법을 예상할 수 있었던 예외적인 사안이고 소급입법을 통해 침해되는 법적 신뢰는 심각하다고 볼 수 없는 데 반하여, 이를 통해 달성되는 공익적 중대성은 압도적이라고 할 수 있으므로 이러한 진정소급입법은 위헌이라고 할 수 없다고 하였다. 헌법재판소에 의하면, "이 사건 국가귀속조항은 민족의 정기를 바로 세우고 일본제국주의에 저항한 3·1운동의 헌법이념을 구현하기 위한 것이므로 입법목적이 정당하고, 민법 등 기존의 재산법 체계에 의

존하는 방법만으로는 친일재산의 처리에 난항을 겪지 않을 수 없으므로 이 사건 귀속조항은 위 입법목적을 달성하기 위한 적절한 수단이 된다"고 하고, 위 조항은 "친일반민족행위 중에서 사안이 중대하고 범위가 명백한 네 가지 행위를 한 자의 친일재산으로 귀속대상을 한정하고 있고, 이에 해당하는 자라 하더라도 후에 독립운동에 적극 참여한 자 등은 예외로 인정될 수 있도록 규정해 두었으며, 친일반민족행위자 측은 그 재산이 친일행위의 대가로 취득한 것이 아니라는 점을 입증하여 얼마든지 국가귀속을 막을 수 있고, 선의의 제3자에 대한 보호 규정도 마련되어 있으므로 이 사건 귀속조항은 피해의 최소성원칙에 반하지 않고, 과거사 청산의 정당성과 진정한 사회통합의 가치 등을 고려할 때 법익의 균형성 원칙에도 부합한다"고 판시하였다(헌재 2011. 3. 31. 2008헌바141등).

그러나 위 헌법재판소 결정에 대해서는 의문의 여지가 없지 않다. 헌법 제13조 제2항의 규정을 보면 소급입법에 의한 재산권박탈에 대해서 어떠한 예외를 인정하지 않는 절대적 금지명령의 형식을 취하고 있다. 즉 헌법상의 재산권으로 인정되면 예외 없이 헌법상 보장을 받아야 한다고 해석되는 것이 제13조 제2항의 의미라고 할 수 있다. 위의 헌법재판소의 판단은 헌법해석의 범위를 벗어나 새로운 헌법적 내용을 창설하는 것으로 볼 수 있는 측면이 있다. 이 점에서 이 사건의 법정의견에 대한 별개의견으로 제시된 내용을 주목할 필요가 있다. 별개의견은 이 사건 법률조항이 헌법에 위반되지 아니한다고 판단한 점에서는 법정의견과 같다고 하겠으나 그 합헌론의 논거는 법정의견과 달리한다. 즉 헌법 제13조 제2항의 "소급입법에 의한 재산권 박탈금지는 어떠한 예외적 상황도 없이 일률적이고 일의적으로 관철되어야 할 가치임을 의미하는 것이므로 헌법재판소가 이 조항을 해석하면서 특별한 사유가 있는 경우에는 소급입법에 의한 재산권 박탈도 허용될 수 있다고 해석한다면, 이는 헌법제정자들이 금지해 둔 내용을 번복하여 새로운 헌법적 내용을 형성해 내는 것에 다름 아니다. 이러한 태도는 국민들로부터 단지 헌법을 해석할 권한을 위임받았을 뿐인 헌법재판소가 그 위임의 취지를 벗어나 그와 대립되는 헌법적 내용을 창설한 것이므로 타당한 헌법해석이라고 보기 힘들고, 권력분립의 원칙에 비추어 보아도 바람직하다고 할 수 없다"는 것이다. 그리고 "친일이라는 반민족행위의 대가로 취득한 친일재산은 우리 헌법 전문의 의미와 헌법 제정사에 비추어 헌법상 재산권으로 보호되지 않는다"고 하여 재산권 제한에 관한 헌법상의 원칙을 적용하여 위헌여부를 판단할 필요가 없다는 것이다(재판관 김종대의 별개의견).

「택지소유상한제에 관한 법률」의 위헌성

소급입법의 성격을 갖는 것으로 위의 진정소급입법과 구별되는 부진정(不眞正)소급입법이 있다. 부진정소급입법이란 구법하에서 이미 발생하여 진행 중인 과거의 사실관계나 법률관계에 대해 새로운 법률의 시행일로부터 '장래를 향하여' 법적 효과를 불이익하게 변경하는 입법을 말한다. 부진정소급입법은 신법 시행 후의 사실관계나 법률관계뿐만 아니라 과거부터 진행되어 온 사실관계와 법률관계에도 적용되는 점에서 소급입법의 성격을 갖지만, 그 효력이 장래에 향하여 발생한다는 점에서 진정소급입법과 구별된다. 부진정소급입법은 일정한 생활영역을 규율하는 새로운 법률규정이 장래의 사실관계뿐만 아니라 기존의 사실관계에도 적용하는 것으로서, 종래의 법적 상태에서 새로운 법적 상태로 이행하는 과정에서 불가피하게 발생하는 문제에 관한 것이다. 오늘날 입법 과정에서 신뢰보호의 문제는 대부분 부진정소급입법에 관한 문제를 의미하게 된다. 부진정소급입법은 당사자의 신뢰보호보다도 공익상의 사유와 입법자의 입법형성권을 존중하여 원칙적으로 허용되고 예외적으로 금지된다.

부진정소급입법에 관한 구체적인 예로는 1999년 헌법재판소가 위헌결정한 「택지소유상한제에 관한 법률」 사건을 생각해 볼 수 있다. 이 법률은 적정한 택지공급의 목적으로 택지의 소유에 200평의 상한을 두고 허용된 소유상한을 넘은 택지에 대해서는 처분 또는 이용·개발의무를 부과하는 등의 제한 및 의무부과 규정을 내용으로 하는데, 이에 대하여 헌법재판소는 과잉금지원칙에 위반하여 재산권을 침해한다고 판단하였으며, 또한 이 법 시행 이전부터 소유하고 있는 택지까지 법의 적용대상으로 포함시킨 것에 대해서도 택지는 신뢰보호의 기능을 수행하는 재산권 보장의 원칙에 의하여 보다 더 강한 보호를 필요로 하는 것이므로, 택지를 소유하게 된 경위나 그 목적 여하에 관계없이 법 시행 이전부터 택지를 소유하고 있는 개인에 대하여 일률적으로 소유상한을 적용하도록 한 것은, 입법목적을 달성하고자 필요한 정도를 넘는 과도한 침해이자 신뢰보호의 원칙에 위반된다고 판시하였다(헌재 1999. 4. 29. 94헌바37).

이 법은 법 시행 이후 택지를 취득한 경우와 마찬가지로 법 시행 이전부터 이미 소유하고 있는 택지에 대하여도 장래에 있어서 처분 또는 이용·개발의무를 부과하고 있는 것으로서, 이러한 법의 규제는 과거에 시작하였으나 아직 완성되지 아니한 채 진행 과정에 있는 사실관계에도 적용되는 부진정소급입법에 해당하며, 이는 종래의 법적 상태를 신뢰한 기존의 택지소유자에 대한 신뢰보호의 문제에 관한 것이다. 입법자는 재산권의 내용을 새로이 규율할 수 있으나 법률개정으로 말미암아 과거에 이미 적법하게 취득한 권리가 장래에 있어서 허용되지 않게 된 사람들의 신뢰이익을 '경과규정'을 통하여 적절히 고려하여야 한다. 이 사건에서 헌법재판소는 기존의 택지소유자들이 입법목적에 부합하려고 성실하게 노력한다면 큰 재산적 손실 없이 택지를 처분 또는 이용·개발할 수 있는 시간적 여유가 주어져야 한다고 하면서, 이 법 시행 이전부터 택지를 소유하고 있는 경우에도 택지소유의 경위나 그 목적 여하를 불문하고 법 시행 이후 택지를 취득한 경우와 동일하게 처분 또는 이용·개발의무 기간을 부여하는 것은 유예기간이 상대적으로 지나치게 짧아 신뢰보호의 원칙에 위배되며 기존 택지소유자의 재산권을 과도하게 침해하는 것이 된다고 판단한 것이다.

제6장
국제평화주의와 평화통일주의

국제평화주의의 천명

우리 헌법은 국제평화주의를 헌법의 기본원리로 천명하고 있다. 헌법 전문에는 "항구적으로 세계평화에 이바지함으로써"라고 규정하여 세계평화주의를 선언하고, 제5조 제1항에 이를 구체화하여 "대한민국은 국제평화의 유지에 노력하고 침략적 전쟁을 부인한다"라고 하여 국제평화유지의 노력과 침략전쟁의 금지를 명문화하고 있다. 또한 헌법은 통일정책에 있어서도 평화주의를 채택하고 있다. 전문에 "평화적 통일의 사명에 입각하여"라고 규정하고 있으며, 제4조에서 "자유민주적 기본질서에 입각한 평화적 통일정책의 수립과 추진"을 규정하여 통일정책에 있어서 평화주의를 채택하고 있다.

세계 각국의 헌법에 국제평화주의와 침략적 전쟁 부인조항을 두기 시작한 것은 제2차 세계대전 이후의 일이다. 세계대전의 참혹함을 경험한 각국은 세계평화 구현의 정신을 천명하게 된 것이다. 특히 제2차 대전의 패전국가들의 경우 평화주의를 헌법에 수용하여 구속력 있는 원칙으로 규정하고 있다. 독일 기본법은 제4조 제3항에 양심적 집총병역거부권을 규정하여 평화주의자를 강하게 보호하고 있으며, 제26조 제1항은 "국가 간의 평화적 공동생활을 교란하게 할 우려가 있고 또한 그 의도로써 행해지는 행동, 특히 침략전쟁의 수행을 준비하는 행동은 위헌이다. 그러한 행동은 처벌되어야 한다"고 규정하고 있다. 일본은 헌법 제9조 제1항에 "일본 국민은 정의의 질서를 기조로 하는 국제평화를 성실히 희구하며, 국권의 발동인 전쟁과 무력에 의한 위협 또는 무력의 행사는 국제분쟁을 해결하는 수단으로서 영구히 이를 방기(放棄)한다"라고 하고, 제2항에는 "전항의 목적을 달성하기 위하여 육해공군 기타의 전력은 보유하지 않는다. 국가의 교전권은 인정하지 아니한다"라고 규정하여 국제평화주의를 적극적으로 표명하고 있다. 그러나 일본의 경우 헌법 제9조의 평화조항에 따라 일체의 전쟁과 무력행사를 포기하고 모든 전력을 갖지 않는다고 선언하고 있지만, 사실상 '자위대'(自衛隊)라는 이름으로 막강한 군사력을 보유하고 있으며 최근에는 정치권의 극우세력을 중심으로 헌법 제9조의 개정필요성에 관한 목소리를 높이고 있다.

국제법질서 존중주의

헌법상 국제평화주의는 당연히 국제법질서 존중주의를 요청하게 된다. 국제법질서를 존중하지 않고서는 세계평화를 유지할 수 없기 때문이다. 우리 헌법은 제6조 제1항에 "헌법에 의하여 체결·공포된 조약과 일반적으로 승인된 국제법규는 국내법과 같은 효력을 가진다"라고 하여 국제법질서 존중주의를 선언하고 있으며, 제2항에서 "외국인은 국제법과 조약이 정하는 바에 의하여 그 지위가 보장된다"라고 하여 상호주의원칙에 입각한 외국인의 법적 지위를 보장하고 있다.

국제법과 국내법의 관계에 관해서는 양자가 별개의 법체계에 속한다고 보는 이원론과 동일한 법체계에 속한다는 일원론의 대립이 있으나, 오늘날 일원론이 지배적 견해이다. 헌법재판소도 같은 입장을 취하고 있다. 일원론에 의하면 조약의 국내적 효력의 발생은 체결된 조약 그 자체로 국내법질서에 수용되는 방식을 취하게 된다. 헌법재판소는 국제통화기금(IMF)협정 조항에 대하여 조약의 직접적용성을 인정하여 위헌법률심판의 대상이 된다고 판단한 바 있다(헌재 2001. 4. 26. 99헌가13). 그리고 헌법에 의하여 체결·공포된 조약과 일반적으로 승인된 국제법규가 국내법과 동일한 효력을 가진다는 의미는 국내의 최고규범인 헌법과 동일한 효력을 가지는 것이 아니라 '법률'과 동일한 효력을 갖는 것으로 이해하는 것이 통설이다. 조약의 효력의 근거를 부여한 것이 최고규범인 헌법이므로 그 조약이 헌법과 동일한 효력을 가질 수 없는 것이다. 다만 헌법에서 직접 조약의 효력을 정하여 법률보다 우월하도록 규정하는 것은 별개의 문제이다. 독일 기본법은 국제법의 일반원칙에 대해 국내 법률보다 우위의 효력을 인정하고 있으며, 프랑스 헌법도 조약이 의회의 법률에 우선한다고 규정하고 있다. 한편 동일한 형식적 효력을 갖는 조약이나 국제법규와 법률이 충돌하는 경우에는 국내법률 상호 간에 충돌하는 경우처럼 신법(新法)이 우선하고 특별법이 우선한다고 볼 수 있다.

조약(treaty)이란 국제법률관계를 설정하기 위하여 국제법 주체 사이에 행해지는, 문서에 의한 합의를 의미한다. 본래 조약은 국가 간의 문서에 의한 합의를 의미하였으나, 오늘날에는 국가 외의 국제기구도 국제법의 주체로 인정됨에 따라 국가와 국제기구 간의 또는 국제기구 상호 간의 문서에 의한 합의도 조약에 포함된다. 여기서 조약은 그 명칭에 있어서 조약 외에도 협약, 협정, 규약 등의 명칭으로 체결되기도 한다. 헌법재판소는 '한미주둔군지위협정', '한일어업협정' 등을 조약이라고 판단하였으나, '남북합의서', '일본군 위안부문제 합의'에 대해서는 조약의 성격을 부정하였다.[1]

조약의 '체결'이란 조약을 국내적으로 최종 성립시키는 절차를 말하며, '비준'이란 조약을 체결하는 해당 국가기관(국왕 또는 대통령)이 조약의 성립을 확인하는 절차를 의미한다. 모든 조약의 체결에 비준 절차를 거치는 것은 아니며 비준 절차의 유무는 조약체결당사국에 의해 결정된다. 조약에 관련된 헌법조항을 보면 제73조는 조약의 체결·비준권을 대통령의 권한으로 규정하고 있다. 그리고 조약의 체결·비준에 국회의 동의를 필요로 하는 경우를 헌법 제60조 제1항에 따로 규정하고 있다. 따라서 헌법에 의해 체결·공포되는 조약에는 국회의 동의를 필요로 하는 것과 국회의 동의가 필요 없는 조약으로 구분되고 있다. 국회의 동의를 받아야 하는 조약은 1) 상호 원조 또는 안전보장에 관한 조약, 2) 중요한 국제조직에 관한 조약, 3) 우호통상항해조약, 4) 주권의 제약에 관한 조약, 5) 강화조약, 6) 국가나 국민에게 중대한 재정적 부담을 지우는 조약, 7) 입법사항에 관한 조약 등이다. 위와 같은 국회의 동의를 얻어 체결·비준된 조약은 법률과 동일한 효력을 갖는다.

다만 국회의 동의 없이 체결되는 조약은 행정협정(executive agreement)의 성격을 갖는 것으로 명령과 같은 효력을 가진다고 보는 것이 일반적이다.

조약뿐만 아니라 일반적으로 승인된 국제법규도 국내법과 같은 효력을 갖게 되는데, 여기서 '일반적으로 승인된 국제법규'란 국제사회의 보편적 규범으로서 세계 대부분의 국가가 승인하고 있는 법규를 말하며, 여기에는 우리나라가 체결당사국이 아닌 조약으로서 일반적으로 국제사회에서 규범성이 승인된 일반조약뿐만 아니라 국제관습법도 포함된다. 일반적으로 승인된 국제조약으로는 UN헌장, 포로에 관한 제네바협정, 집단학살금지협정, 부전조약 등이 있으며 국제관습법에 해당하는 것으로는 포로의 살해금지와 그 인도적 처우에 관한 전시국제법상의 기본원칙, 외교관의 예우에 관한 국제법상의 원칙, 국내문제 불간섭의 원칙, 민족자결의 원칙, 조약준수의 원칙 등이 있다.

외국인의 법적 지위 보장

국제법질서 존중주의에 따라 외국인의 법적 지위가 보장된다. 외국인은 국제법과 조약이 정하는 바에 의하여 그 지위가 보장된다는 헌법 제6조 제2항의 내용은 먼저, 조약에 의해 외국인의 지위가 보장되므로 이는 조약 체결 당사국 사이의 상호주의 원칙의 채택을 의미한다. 이러한 상호주의 원칙에 따라 조약 체결 당사국이 아닌 외국인을 포함한 모든 외국인을 동일하게 대우해 주어야 한다는 논리는 성립하지 않는다. 그리고 외국인은 국제법이 정한 바에 따라 그 지위가 보장된다는 것은 국제법이 요구하는 정도로 외국인의 법적 지위를 보장한다는 의미이다. 이에 관해서는 '국제연합의 인종차별금지에 관한 규약'(1966)과 '이주노동자와 그 가족의 권리보호에 관한 국제협약'(1990) 등이 적용될 수 있다. 그러나 외국인과 내국인 사이에는 평등원칙의 적용이 아직 일반적인 국제법 원칙으로 확립된 것은 아니므로 외국인의 법적 지위보장은 조약에 의해 실질적으로 정해지게 된다.

헌법상 국민의 권리로 보장되는 것으로서 선거권과 사회적 기본권 등은 국민이 아닌 외국인에게는 인정되지 않는다. 다만 우리의 공직선거법은 외국인에 대해 일정한 거주조건하에서 지방자치단체의 선거권을 인정하고 있으며, 주민투표법에 의해 조례로써 일정한 외국인에 대해 주민투표권을 부여함으로써 외국인의 법적 지위 보장이 확대되고 있다. 그 밖에 외국인의 보호에 관한 국내법으로 2007년 제정된 「재한외국인 처우 기본법」에 의해 재한외국인이 우리 사회에 적응하고 조기 통합될 수 있도록 지원하고 있다. 그 밖에 결혼이민자인 외국인을 위한 「다문화가족지원법」이 제정·시행되고 있다.

평화통일의 원칙

우리 헌법은 국제평화주의 정신에 입각하여 통일정책에 있어서도 평화통일주의를 원칙으로 하고 있다. 1987년 헌법에 의해 채택된 평화통일조항(제4조)은 "대한민국은 통일을 지향하며, 자유민주적 기본질서에 입각한 평화적 통일정책을 수립하며 이를 추진한다"고 규정하여 대한민국의 통일지향의지를 천명하고 그 통일은 자유민주적 기본질서에 입각한 평화적 통일이라는 점을 분명히 밝히고 있다. 평화통일조항은 헌법의 기본원리인 동시에 국가목표조항으로서의 성격을 가진다. 국가목표조항이란 국가에 대해 특정 과제를 이행하도록 지속적으로 노력해야 할 법적 의무를 부과하는 조항을 말한다. 이러한 국가목표조항은 국가권력에 대한 구속력을 갖기 때문에 모든 국가기관은 통일을 위해 노력해야 한다. 다만 국가목표조항의 헌법적 구속력은 국가목표의 제시에 따른 특정 과제의 지속적 이행에 있으며, 이를 이행하는 데 있어 목표의 구체화, 수단과 방법의 선택 등의 결정은 국가기관에 위임되는 것이므로 입법기관은 국가과제 이행에 관한 광범위한 형성의 자유를 가진다. 그리고 국가목표조항은 기본권조항과 구별되므로 이 국가목표조항에서 국민이 국가에 대해 통일을 위한 구체적 내용의 국가행위를 청구할 권리를 갖는 것은 아니다.

평화통일조항의 내용으로는 첫째, 남북한의 통일은 평화주의에 기초한 평화통일의 원칙을 의미한다. 따라서 무력에 의한 통일이나 합의에 의하지 않은 흡수통일을 배제한다는 의미를 가진다. 무력에 의한 통일은 헌법 제5조 제1항에서 규정하고 있는 '국제평화주의원칙' 및 '침략적 전쟁의 부인'과 조화될 수 없다. 그러나 북한이 남한을 상대로 전쟁을 개시하거나 무력으로 침략하는 경우 남한은 무력을 행사하지 않을 수 없으며, 그러한 쌍방의 무력행사 또는 전쟁의 상황에서 통일이 이루어지는 것은 평화통일원칙에 저촉되지 않는다.

헌법 제4조에 따라 남북한의 평화통일정책은 자유민주적 기본질서에 입각해야 하므로 자유민주주의의 이념적 기초인 국민주권의 이념을 존중하는 입장에서 통일의 내용과 방향이 국민적 합의를 바탕으로 해야 하는 것이 요청된다. 자유민주적 기본질서에 입각한 통일은 북한이 지향하는 인민민주주의에 기초한 통일이 아니라 우리 헌법의 핵심적 가치질서로서 자유민주주의에 기초한 통일을 의미한다. 통일정책의 수립과 추진이 자유민주적 기본질서에 입각하기 위해서는 대통령의 통일정책추진에 관한 권한과 책무도 대통령에게 배타적으로 독점되어서는 안 되며, 전체 국민의 의사를 수렴하여 민주적이고 공개적으로 통일정책을 수립하여야 하는 것이 요구된다.[2]

평화통일조항과 영토조항의 상충문제

헌법 제4조의 평화통일조항을 근거로 1990년 노태우 정부 당시에는 「남북교류협력에 관한 법률」이 제정되었고, 1991년에는 「남북기본합의서」가 교환됨으로써 남북 간에 화해 분위기가 조성되었다. 평화통일조항은 남북분단의 현실에서 북한을 사실상의 정부로 그 실체를 인정하는 것을 전제로 하고 있다. 그러나 이러한 평화통일조항의 등장은 헌법 제3조의 영토조항의 규범적 의미(북한의 반국가단체성)와 양립될 수 없는 것이므로 양 조항의 상충관계에 관한 헌법문제가 심각하게 제기되어 왔다.

영토조항의 규범적 의미

우리 헌법 제3조의 영토조항은 1948년 건국헌법에서부터 규정되어 온 것이다. 건국헌법은 통일에 관한 명문규정을 두지 않았으나 영토조항(제4조)을 규정하며 "대한민국의 영토는 한반도와 그 부속도서로 한다"라고 하여 북한지역도 대한민국 영토의 일부임을 선언하였다. 이 영토조항에 관하여 건국헌법의 기초자인 유진오 박사는 "헌법에 영토에 관한 규정을 설치하는 것은 다수국가가 결합하여 일국가를 형성한 연방국가에서 특히 필요한 것인데 우리나라는 연방국가도 아니고 또 우리나라의 영토는 역사상 명료함으로 헌법에 그에 관한 규정을 설치할 필요가 없다는 주장도 일리가 있다고 할 수 있다. 그러나 대한민국의 헌법은 결코 남한에서만 시행되는 것이 아니라 우리나라 고유의 영토 전체에 시행되는 것이라는 것을 명시하기 위하여 특히 본조를 설치한 것"이라고 기술하였다.3) 이러한 영토조항은 남한의 대한민국이 한반도의 유일한 합법정부이고 북한은 불법적으로 대한민국 영토의 일부를 점령하고 있는 불법단체로 보는 것을 전제로 한 것이었기 때문에 남북관계에 대한 이러한 현실 인식에 기초하여 이승만 정부는 무력·북진통일을 주장하였으며, 6·25전쟁 이후 승공통일론(勝共統一論)을 통일정책으로 채택하였던 것이다. 그 후 1960년 4·19혁명으로 집권한 민주당 정부는 승공통일론을 폐기하고 유엔 감시하의 인구비례에 의한 남북한 총선거를 통한 통일방안을 제시하기도 하였다.

영토조항의 의미에 관해 학자들에 따라 다양한 해석들이 제시되고 있으나, 통설적 입장의 해석론에 의하면 영토조항은 다음과 같은 의미를 갖는다. 첫째, 우리나라의 영역은 구한말(舊韓末)시대의 국가영역을 기초로 한다는 역사성을 반영한 것이다. 둘째, 우리나라의 영토의 범위를 명백히 함으로써 타국의 영토에 대한 야심이 없음을 선언하는 것이다. 셋째, 한반도에서의 유일한 합법정부는 대한민국뿐이고 휴전선 이

북지역은 조선민주주의인민공화국이 불법적으로 점령한 미수복지역이라는 것이다. 대법원 판례도 "북한지역 역시 대한민국의 영토에 속하는 한반도의 일부를 이루는 것이어서 대한민국의 주권이 미칠 뿐이고, 대한민국의 주권과 부딪치는 어떠한 국가단체나 주권을 법리상 인정할 수 없다"고 판시하여 북한지역이 대한민국의 영토임을 확인하고 북한의 반국가단체성을 분명히 밝힌 바 있다(대판 1996. 11. 12. 96누1221). 이러한 영토조항을 근거로 북한은 반국가단체 내지 불법단체가 되는 것이며, 우리의 「국가보안법」에 의해 북한의 지배체제를 찬양·고무·선전하는 등의 행위를 처벌하는 것이 정당화되고 있다.

헌법 제3조는 현실의 상황이나 그 변화에 관계 없이 대한민국의 영토를 규범적으로 확정하고 있는 것이므로 북한지역도 우리의 영토로서 대한민국의 국가권력이 미치는 공간적 범위에 해당한다. 그러나 북한지역에 대해서는 대한민국의 지배권이 사실상 미치지 못하고 헌법의 규범력이 제한받고 있기 때문에 영토조항의 해석에 어려운 문제가 있는 것이다. 더욱이 1987년 헌법은 제4조에 평화통일조항을 신설함으로써 이 조항은 영토조항과의 관계에서 해석상 서로 충돌하는 문제가 제기되었다. 이와 같은 상호 충돌하는 양 조항의 헌법해석론에 관해서는 학설상 여러 견해들이 나뉘고 있으나[4], 판례의 입장과 학계의 다수설은 아래와 같은 양 조항의 규범조화적 해석을 통하여 북한정권의 '이중적 지위'를 인정하는 것이다.

양 조항의 규범조화적 해석론

헌법 제3조의 영토조항과 제4조의 통화통일조항의 규범조화적 해석론은 영토조항을 근거로 북한을 '반국가단체'로 규정하면서도, 평화통일조항을 근거로 하여 북한을 '대화와 협력의 동반자'로 규정하는 것이다. 헌법재판소는 "현 단계에 있어서의 북한은 조국의 평화적 통일을 위한 대화와 협력의 동반자임과 동시에 대남적화노선을 고수하면서 우리 자유민주체제의 전복을 획책하고 있는 반국가단체라는 성격도 함께 갖고 있음이 엄연한 현실인 점에 비추어, 헌법 제4조가 천명하는 자유민주적 기본질서에 입각한 평화적 통일정책을 수립하고 이를 추진하는 한편 국가의 안전을 위태롭게 하는 반국가활동을 규제하기 위한 법적 장치로서, 전자를 위하여는 남북교류협력에관한법률 등의 시행으로써 이에 대처하고 후자를 위하여는 국가보안법의 시행으로써 이에 대처하고 있는 것이다"라고 판시함으로써 북한의 이중적 지위론에 입각한 양조항의 규범조화적 해석을 시도하고 있다(헌재 1993. 7. 29. 92헌바48). 대법원 판례도 이와 같은 입장에서 북한은 조국의 평화적 통일을 위한 대화와 협력의 동반자임과 동시에 적화통일노선을 고수하면서 우리의 자유민주주의 체제를 전복하고자 획책하는 반국가단체라는 성격도 아울러 가지고 있다고 판시하고 있다(대판 2004. 8. 30. 2004도3212).

생각건대 영토조항과 평화통일조항의 충돌문제에 관한 헌법해석에 있어서 개별적 헌법조항 상호 간에 효력상의 차등을 인정하기 어려우며, 영토조항을 헌법변천으로 보는 견해도 그 헌법조항의 의미의 변질에 대한 국민적 합의가 형성된 것이 아니어서 설득력이 없다고 할 것이다. 따라서 헌법재판소 판례의 입장인 양조항등가론 내지 북한의 '이중적 지위론'이 타당하다고 본다. 헌법 제3조의 영토조항은 대한민국의 영토를 구한말의 국가영역을 기초로 한다는 역사성을 선언하고 있으며, 현실적인 장애로 인하여 대한민국의 실질적인 통치권이 반국가단체의 북한지역에 미치지 못하지만, 그 장애요인이 소멸할 경우 당연히 대한민국의 통치권이 북한지역에도 효력을 갖게 된다는 것으로 해석될 수 있다. 그러므로 영토조항은 통일에의 의지와 염원을 담은 것으로서 통일에 장애가 되는 것이 아니라 오히려 통일을 촉진시키는 조항으로 보는 것이 타당하다. 따라서 영토조항이 헌법 제4조의 평화통일조항과의 관계에서 규범조화적 해석방법에 의할 때 논리적으로 모순된다고 할 수 없다.

바꾸어 말하면 영토조항은 대한민국의 오늘의 현실을 규율하는 조항이 아니라 미래에 실현되어야 하는 통일의 과제에 관한 조항이라고 해석할 수 있다. 이러한 통일과제조항으로 보는 해석론은 헌법 제4조의 평화통일조항과 관련하여 설득력이 있다고 할 것이다. 즉 대한민국의 헌법이 영토의 범위를 북한지역까지 포함하는 것으로 규정한 것은 통일에 대한 염원과 의지를 선언적으로 확인하면서 장래에 북한지역까지 대한민국의 국가권력이 미치도록 노력해야 할 통일의 목표와 과제를 부여한 것으로 해석할 수 있는 것이다.[5]

통일에 대비하여 평화통일조항을 보완할 필요는 없는가?

　　현행 헌법상 평화통일조항을 비롯한 일련의 통일 관련 조항에 비추어 보면 우리 헌법은 민족의 지상과제이며 국가적 목표로서 남북한의 평화통일지향의 의지를 천명하고 있음을 알 수 있다. 그러나 우리 헌법은 이러한 평화통일에의 강한 의지에도 불구하고 통일의 실현이 현실로 다가오는 경우 그 통일의 과정과 절차에 관하여 아무런 규정을 두고 있지 않다는 것이 문제로 지적될 수 있다. 현시점에서 전격적으로 통일의 기회가 오게 되면 어떠한 법적 절차에 의하여 통일 과정을 구체적으로 진행해 나갈 것인지에 대해 헌법적 근거가 마련되어 있지 않은 것이 문제이다. 헌법상 평화통일의 원칙에 의해 통일은 남북 간의 합의에 의해 이루어져야 하며 그 합의의 법적 절차로 남북 당국 간의 '통일합의서'의 체결과 인준을 통해 통일이 실현된다고 할 때 그 통일합의서에는 새로운 통일국가의 창설과 조직에 관한 기본원리 등을 규정하게 되므로 그 내용은 곧 헌법사항을 의미하게 된다. 그러므로 헌법사항을 내용으로 하는 통일합의서의 체결 절차에 관해 미리 우리 헌법에 명문규정을 두는 것을 생각해 볼 필요가 있다. 왜냐하면 새로운 통일국가의 창설을 위한 남북 간의 통일합의서의 체결이 국제조약의 성격을 갖는다고 보기 어려우며, 설사 그것이 헌법 제6조에 의해 체결되는 조약의 성격을 갖는다고 하더라도 조약의 규범적 효력은 법률과 동일한 효력을 인정할 수밖에 없기 때문이다.[6] 실질적인 헌법사항을 내용으로 하는 통일합의서가 법률적 효력을 갖는다는 것은 문제가 있으므로, 헌법사항을 규정하고 헌법에 준하는 효력을 갖게 되는 통일합의서의 기본사항과 통일의 절차를 현행 헌법상 평화통일조항 속에 규정해 놓는 것이 바람직하다고 할 것이다.[7]

그러나 이러한 방안은 헌법개정을 전제로 해야 하므로 통일합의서의 헌법적 근거조항을 두지 않은 채 통일 과정에서 남북 간의 통일합의서를 체결하는 방법도 가능할 것이다. 통일의 기회가 오는 경우에 평화통일의 방식으로 통일합의서를 체결하면서 그 효력발생 절차를 그 합의서에 직접 규정하고 그 통일합의서에 근거하여 통일헌법을 제정할 수도 있을 것이다. 그렇지만 이러한 방법은 통일 과정에서 예상되는 정치적·사회적 불안정성이나 혼란을 막기 위한 신속한 통일실현 절차의 요청 때문에 국민적 합의에 바탕을 둔 통일합의서의 내용과 효력발생 절차를 규정하는 것이 용이하지 않을 수도 있다. 이렇게 볼 때 현행 헌법의 통일조항은 통일지향의지를 실현하기 위한 통일의 절차에 관한 규정이 전혀 없다는 점에서 그 통일조항의 한계 내지 미비점이 지적될 수 있다.

독일 통일 과정의 시사점

이와 관련하여 독일의 통일 과정은 우리에게 시사하는 바가 크다고 하겠다. 독일 통일 이전의 구 서독기본법에는 향후 동서독의 재통일을 전제로 하여 두 가지 방법을 정해 놓았다. 하나는 서독 이외의 다른 지역의 서독연방으로의 가입조항(제23조)이고 또 하나는 새로운 통일헌법의 제정에 관한 규정(제146조)이다. 그중에서 서독기본법 제23조는 독일통일을 신속하게 이룩할 수 있었던 결정적 조항이 되었다고 할 수 있다. 한마디로 동서독의 통일은 서독 기본법 제23조의 가입조항에 따라 동독이 서독에 가입하는 방식에 의해 이루어지게 된 것이다. 이러한 가입에 의한 통일방법은 가장 신속하고 절차에 있어서 간단한 방안이기 때문에 동독주민의 '하나의 민족'(Wir sind ein Volk!)에 대한 요구를 충족시키는 최선의 방법이었던 것이다. 그리고 서독 기본법 제23조를 적용함으로써 서독 기본법의 동질성을 그대로 유지하면서 통일을 실현하게 된 것도 커다란 장점으로 평가되었던 것이다.

우리 헌법은 구 서독기본법 제23조와 같은 가입조항이 없기 때문에 통일이 실현되는 과정에서 독일 통일의 경우와 같은 신속한 절차에 의한 통일의 완성은 기대하기 어려울 것이다. 우리 헌법은 영토조항에서 대한민국의 영토를 한반도 전체로 규정하고 있기 때문에 통일에 대비하여 서독기본법 제23조와 같은 조항을 규정할 수 없기 때문이다. 더욱이 우리 헌법은 연방제원리를 채택하고 있지 않으므로 북한지역의 남한에의 가입에 의한 통일방식을 규정할 수 없다. 오랜 기간 이데올로기적 대결에 의한 남북분단으로 민족적 동질성이 상실되었음을 이유로 통일한국의 국가형태를 연방국가로 가야 한다는 논리에 대해서는 상당한 반론이 있을 뿐만 아니라, 통일의 기반 조성을 위해 미리 연방제를 도입하자는 주장에 대해서도 국민적 공감대가 형성되기 어렵다고 본다.

그렇지만 적어도 통일을 위한 남북 간의 통일합의서 체결 절차를 미리 헌법에 규정하는 헌법개정은 필요하다고 본다. 헌법개정에 의해 통일합의서 체결방법을 규정한다는 것은 국민적 합의를 바탕으로 통일 과정의 방법과 절차를 정하는 것이므로, 통일 현실에서 안정적이고 신속하게 통일을 완성할 수 있을 것으로 기대할 수 있다.

주

1) 헌법재판소는 2019. 12. 27. '일본군 위안부문제 합의 발표 사건'에서 재판관 전원일치 의견으로, '대한민국 외교부 장관과 일본국 외무대신이 2015. 12. 28. 공동발표한 일본군 위안부 피해자 문제 관련 합의'는 절차와 형식 및 실질에 있어서 구체적 권리·의무의 창설이 인정되지 않고, 이를 통해 일본군 위안부 피해자들의 권리가 처분되었다거나 대한민국 정부의 외교적 보호권한이 소멸하였다고 볼 수 없으므로 헌법소원심판청구의 대상이 되지 않는다고 하여 심판청구를 각하하였다. 즉 이 사건 합의는 구두 형식의 합의이고, 표제로 대한민국은 '기자회견', 일본은 '기자발표'라는 용어를 사용하여 일반적 조약의 표제와는 다른 명칭을 붙였으며, 이 사건 합의는 국무회의 심의나 국회의 동의 등 헌법상의 조약체결 절차를 거치지 않은 것으로 헌법상 조약으로 볼 수 없다고 판시하였다(헌재 2019. 12. 27. 2016헌마253).

2) 대통령의 통일정책 추진에 있어서 국민적 합의를 요하는 중요한 사항은 헌법 제72조에 의한 국민투표를 거쳐 결정하는 것을 고려할 수 있다. 우리 헌법은 외교·국방·통일 기타 국가안위에 관한 중요정책에 관하여 국민투표에 붙일 수 있는 제도를 두고 있는데, 통일에 관한 중요정책의 수립 및 추진에 있어서는 민주적 정당성을 확보할 수 있도록 국민투표 과정에서 통일정책에 관한 국민의 자유로운 의견 개진과 토론을 통해 최종적인 정책결정이 이루어지는 것이 필요하다고 할 것이다. 이 점에서 통일정책을 수립하는 데 있어서 정부의 독단은 한계를 가질 수밖에 없으며, 국민의 통일정책에 대한 적극적 참여는 정당성을 갖는 것이다.

3) 유진오, 『헌법해의』 명세당, 1949, 22~23면 이하.

4) 양 조항의 해석론에 관한 견해 중 제1설은 영토조항을 우선하는 입장에서 대한민국이 한반도의 유일한 합법정부이며 북한은 반국가단체이지만 대한민국의 국토수복을 위한 북한지역의 흡수통일은 헌법 제4조에 충돌되지 않는다는 것이다. 제2설은 평화통일조항을 우선하는 입장에서 영토조항과의 관계에서 평화통일조항은 일반법에 대한 특별법 또는 구법에 대한 신법의 지위에 있으며, 평화통일은 우리 헌법이 지향하는 이념이므로 평화통일조항이 영토조항보다 우월한 효력을 가진다는 것이다. 그러나 이 견해는 헌법규범 상호 간에 특별법과 일반법, 구법과 신법의 관계에 따른 규범적 효력의 우열을 인정할 수 있는 헌법적 근거가 없으므로 설득력이 약하다. 제3설은 영토조항은 시대상황과 통일정책의 변화에 따라 북한을 더 이상 불법단체로 볼 수 없게 됨에 따라 영토조항의 본래 의미가 실질적으로 변질되었다는 헌법변천론에 근거하여 평화통일조항이 우월한 효력을 가진다는 것이다. 제4설은 제3설과 같은 맥락에서 영토조항의 개헌론의 입장이다. 2000년의 김대중 대통령과 김정일 국방위원장의 6·15선언 이후에는 남북화해 분위기의 고조와 함께 영토조항이 통일에 걸림돌이 되기 때문에 영토조항의 개정이 필요하다는 것이다. 그 논거로는 이미 남북이 동시에 UN에 가입함으로써 국제적으로 독립된 국가로 인정되고 있는 북한을 남한이 국가로 인정하지 않는다는 것은 현실관계와 부합되지 않

으며, 영토조항은 북한체제를 부정하는 것으로 북한 입장에서는 남한이 북한을 흡수통일하겠다는 의미로 해석될 수밖에 없으므로 남북 간의 교류협력과 통일논의에 걸림돌이 된다는 것이다.

5) 이러한 통일과제조항으로 보는 해석론의 입장은 한수웅, 『헌법학』 법문사, 2016, 102면.

6) 헌법 제6조 제1항의 "헌법에 의해 체결·공포된 조약과 국제법규는 국내법과 같은 효력을 가진다"는 규정의 해석상 국내법과 같은 효력의 의미는 국내의 헌법과 동일한 효력을 가지는 것이 아니라 법률과 동일한 효력을 가지는 것으로 보는 것이 통설이며, 헌법재판소 판례의 입장이기도 하다. 헌재 1999. 4. 29. 97헌가4; 2001. 9. 27. 2000헌바20.

7) 통일합의서의 헌법적 근거의 필요성을 강조하는 입장에 관해서는 김승대, '헌법개정과 남북한 통일', 「공법연구」 제39집 제2호, 2010 참조.

제7장
사회국가원리

사회국가원리의 개념

　　서구의 입헌주의헌법은 20세기에 들어와 사회적·경제적 영역에서 제기된 문제점을 극복하기 위하여 새로운 헌법질서를 요구하게 됨에 따라 헌법의 기본원리로서 사회국가원리 또는 복지국가원리를 일반적으로 채택하게 되었다. 우리 헌법도 건국헌법 이래 사회적·경제적 영역에서 사회국가원리를 추구하고 있다. 사회국가(Sozialstaat)의 원리란 독일을 중심으로 하여 전개된 이론으로 19세기 정치적 민주주의의 한계와 산업화 등의 사회문제에 대한 반작용으로 등장하게 된 것이다. 이 원리는 사회적 약자의 실질적 자유와 평등을 실현하기 위하여 사회에 대한 간섭·계획과 분배를 통해 정의로운 사회질서를 형성하는 국가의 원리를 의미한다. 사회국가의 개념과 유사한 것으로 복지국가의 개념이 있다. 복지국가(welfare state)란 영국을 비롯한 북유럽 등에서 발전한 개념으로 국가가 국민의 복지에 관한 서비스를 제공하는 데에 적극적인 태도를 취하는 국가를 말한다. 즉 복지국가란 시장경제를 기본으로 하면서 실업과 분배 문제를 해결하기 위해서 사회보장제도를 확립하고, 빈곤을 예방하고 사회적 약자를 보호하며, 산업재해로부터 안전을 보장하고 시장과 별도로 국가가 국민에게 일정한 공공복지를 제공하는 국가를 의미한다. 사회국가와 복지국가를 구별하는 입장에서는 사회국가란 국민 스스로의 생활설계에 의한 실질적인 자유와 평등의 실현이 가능하도록 사회구조의 골격적인 테두리를 형성하는 것이라면, 복지국가는 국민의 일상생활이 전적으로 국가의 철저한 사회보장제도에 의해서 규율되는 것을 내용으로 하는 점에서 차이가 있다고 한다.[1] 이러한 차이점에서 복지국가의 원리와 사회국가의 원리의 개념을 구별하기도 하지만, 복지국가와 사회국가의 원리는 그 이념이나 내용 등이 유사하기 때문에 동일한 의미로 사용하는 것이 학계나 판례의 일반적인 경향이라고 할 수 있다.

우리 헌법재판소의 판례도 헌법의 사회적·경제적 영역에 있어서의 헌법원리로 사회국가원리를 인정하고 있으며, 사회국가의 개념을 다음과 같이 정의하고 있다. "사회국가란 한마디로, 사회정의의 이념을 헌법에 수용한 국가, 사회현상에 대하여 방관적인 국가가 아니라 경제·사회·문화의 모든 영역에서 정의로운 사회질서의 형성을 위하여 사회현상에 관여하고 간섭하고 분배하고 조정하는 국가이며, 궁극적으로는 국민 각자가 실제로 자유를 행사할 수 있는 그 실질적 조건을 마련해 줄 의무가 있는 국가이다."(헌재 2002. 12. 18. 2002헌마52)

사회국가원리의 성립 배경과 이념

　18, 19세기의 입헌주의헌법 하에서 자유권적 기본권을 중심으로 민주주의와 자본주의경제가 발전했으나, 자본주의의 고도 발달은 그 분배체계의 문제로 인하여 부의 편재와 빈곤의 확대 등 사회적 모순을 초래하게 되었고, 생존 자체에 위협을 받는 일반 대중에게 자유권은 공허한 구호에 그치게 되었으며, 이는 곧 '빈곤의 자유' 내지 '공복(空腹)의 자유'를 의미하게 되었다. 그리하여 모든 사회구성원의 최저한의 인간적인 생활의 조건을 확보하고 실질적인 평등이라는 사회정의를 구현하기 위하여 사회국가 이론이 대두하게 되었다.

　여기서 사회국가의 원리는 공산국가의 사회주의원리와 구별되는 개념이다. 사회주의국가는 19세기 말에서 20세기 초에 걸쳐 드러난 자본주의체제의 사회적 모순을 해결하기 위한 방안으로 기존의 자본주의 경제질서를 부정하는 급진적인 사회혁명의 방법으로 사회주의적 계획경제질서를 도입한 국가를 의미하지만, 사회국가원리는 자본주의적 경제질서를 유지하면서 점진적인 사회개량적 방법으로 사회적 문제를 해결하기 위한 국가적 원리를 의미하는 점에서 본질적으로 구별된다.

　사회국가원리를 최초로 도입한 헌법은 1919년의 바이마르헌법이다. 바이마르헌법은 법치국가원리를 기반으로 하면서 사회적 기본권을 신설하고 헌법상 경제질서에 관하여 새로운 '사회적 시장경제질서'를 채택한 것이 특징이다. 그리하여 헌법 제151조 제1항은 "경제생활의 질서는 모든 국민에게 인간다운 생활을 보장해 주기 위해 정의의 원칙에 합치하여야 한다. 이 한계 내에서 개인의 경제적 자유는 보장된다"라고 규정함으로써 헌법적 차원에서 사회국가원리와 사회적 기본권의 이념을 강조하였다. 제2차 대전 이후에는 유럽 각국의 헌법과 세계인권선언 등에 사회적 기본권조항이 계승되었다. 우리의 건국헌법도 바이마르헌법의 영향을 받아 사회적 기본권과 경제헌법 조항을 두었는데 이는 헌법제정 당시의 사회주의 세력에 대응하기 위한 체제방어적 고려에서 나온 것이라 할 수 있다.

사회국가의 이념으로서 사회정의의 실현

사회국가의 원리가 지향하는 이념은 한마디로 말해서 '사회정의의 실현'에 있다. 사회정의의 실현이란 사회공동체의 구성원인 모든 국민의 인간다운 생활을 보장하는 것을 의미한다. 즉 사회정의의 실현이란 정의로운 사회질서의 형성을 말하며, 이를 위해서는 사회공동체 모든 구성원의 인간다운 삶을 위한 적정수준의 경제적·문화적 생활이 보장되고 사회구성원에 대한 공평한 분배가 이루어져야 한다. 여기서 사회구성원에 대한 공평분배의 원리는 자본주의의 발전 과정에서 형식적 자유와 평등이 가져온 사회적 모순을 해결하기 위하여 요구되는 사회적 약자의 실질적 자유와 평등의 실현을 의미하는 것이다. 다시 말하면 사회정의의 실현이라는 사회국가의 이념은 곧 실질적 자유와 평등의 실현이며, 그것은 "모든 국민에게 생활의 기본적 수요를 충족시켜 주는 것"이라 할 수 있다. 이를 통하여 건강하고 문화적인 생활을 영위할 수 있도록 하는 것이 국가의 책임이면서 그것에 대한 요구가 국민의 권리로서 인정되는 국가를 사회국가라고 지칭하는 것이다.

사회국가의 이념을 사회정의의 실현으로 보고 그 구체적 내용을 모든 국민에게 생활의 기본적 수요를 충족할 수 있게 하는 것으로 규정한 것은 이미 1948년 건국헌법에서부터 찾아볼 수 있다. 건국헌법은 경제질서의 기본원칙에 관한 조항인 제84조에 "대한민국의 경제질서는 모든 국민에게 생활의 기본적 수요를 충족할 수 있게 하는 사회정의의 실현과 균형있는 국민경제의 발전을 기함을 기본으로 삼는다. 각인의 경제상의 자유는 이 한도 내에서 보장된다"라고 하여 사회정의의 실현을 "모든 국민에게 생활의 기본적 수요를 충족할 수 있게 하는 것"으로 규정했음을 볼 수 있다. 그 후 1962년 제3공화국헌법은 경제헌법의 기본원칙조항인 제111조 제1항에 "대한민국의 경제질서는 개인의 경제상의 자유와 창의를 존중함을 기본으로 한다"라고 규정하면서, 제2항에 "국가는 모든 국민에게 생활의 기본적 수요를 충족시키는 사회정의의 실현과 균형있는 국민경제의 발전을 위하여 필요한 범위 안에서 경제에 관한 규제와 조정을 한다"고 규정하였으며 이러한 규정은 1980년 헌법까지 그대로 유지되었다. 그 후 1987년 현행 헌법에서 위의 "모든 국민에게 생활의 기본적 수요를 충족할 수 있게 하는 사회정의의 실현"이라는 표현이 사라지고 그 대신에 제119조 제2항에 "국가는 균형있는 국민경제의 성장 및 안정과 적정한 소득의 분배를 유지하고, 시장의 지배와 경제력 남용을 방지하며, 경제주체간의 조화를 통한 경제의 민주화를 위하여"라는 표현으로 바뀌게 되었다. 이는 현행 헌법이 사회국가의 이념으로서 사회정의를 균형있는 국민경제의 성장과 적정한 소득의 분배, 경제력의 남용방지, 경제의 민주화 등의 실현에 있음을 말해주는 것이라 할 수 있다.

국가목표조항으로서의 사회국가원리

사회국가의 원리는 국가가 국민의 자유와 권리를 소극적으로 보장하는 데에 그치지 아니하고, 사회공동체의 정의로운 사회질서 형성을 위해 모든 사회현상에 적극적으로 개입하고 관여할 것을 요청하는 원리이므로 사회국가원리는 형식적인 자유와 평등을 넘어서 실질적인 자유와 평등의 실현을 내용으로 하게 된다. 이러한 사회국가원리는 전술한 권력분립원리나 법치주의원리와 같은 입헌주의헌법의 핵심원리와는 달리 '국가목표조항'으로서의 성격이 강하다고 할 수 있다.

국가목표조항이란 국가에 대하여 특정 과제를 지속적으로 이행해야 할 의무를 부과하는 헌법규범을 말한다. 국가목표조항으로서의 성격을 갖는다고 하더라도 사회국가원리는 헌법규범으로서 모든 국가기관에 대하여 법적 구속력을 가지므로 입법기관뿐만 아니라 행정기관과 사법기관에도 구속력이 미친다. 다만 국가목표조항의 헌법적 구속력은 국가목표의 제시에 따른 특정 과제의 지속적 이행에 있으며, 이를 이행하는 데 있어 목표의 구체화, 수단과 방법의 선택 등의 결정은 국가기관에 위임되는 것이므로 입법기관은 국가과제 이행에 관한 광범위한 형성의 자유를 가진다. 따라서 입헌주의헌법의 기본원리로서 핵심을 이루는 기본권보장의 원리와 권력분립원리, 법치주의원리 등은 모든 국가권력에 대한 강한 법적 구속력을 가지는 것이지만 사회국가원리는 국가목표조항으로서의 성격을 동시에 갖는 것으로 이들 핵심적 헌법원리에 비해 법적 구속력의 정도에 차이가 있게 된다.[2] 특히 사회국가원리의 구현은 국가의 재정이나 경제력이 뒷받침될 때 비로소 가능한 것이므로, 이 점에서도 사회국가원리의 법적 구속력은 그 밖의 입헌주의헌법의 핵심적 원리들과 동일한 효력을 갖는다고 보기 어려운 것이다.

사회국가원리 구현을 위한 사회적 기본권 보장

사회국가원리가 구현되기 위해서는 헌법상 기본권보장에 있어서 전통적인 자유권과 함께 사회적 기본권이 보장되어야 한다. 사회적 기본권이란 20세기 이후의 복지국가 내지 사회국가의 이념에 따라 사회적·경제적 약자를 보호하기 위하여 보장되는 기본권으로서, 모든 국민의 인간다운 생활을 확보하기 위하여 일정한 국가적 급부와 배려를 국가에 요구할 수 있는 권리를 말한다. 사회적 기본권에 해당하는 것으로는 근로의 권리, 노동3권, 사회보장을 받을 권리, 교육을 받을 권리 등이 있다. 사회적 기본권은 국가권력의 적극적 관여를 요구할 수 있는 권리이므로 이는 국민의 자유를 확보하기 위하여 국가권력의 불간섭을 요구할 수 있는 소극적 성격의 자유권적 기본권과는 본질적으로 구별된다.

자유 행사의 실질적 조건으로서 사회적 기본권

사회적 기본권은 오늘날 사회국가의 목표로서 사회정의의 이념을 실현하기 위한 구체적 수단을 의미한다. 사회국가에서 사회정의의 실현을 위해서는 국민 개개인이 그들의 자유권을 실질적으로 행사할 수 있는 '사회적 조건'을 확보하는 것이 무엇보다도 중요하다. 사회적 기본권은 개인의 법적 자유를 행사할 수 있는 사실상의 조건을 형성하고 자유행사에 있어서 실질적인 기회균등을 확보함으로써 자유를 실현한다는 데 그 의의가 있는 것이다. 따라서 국가는 국민의 자유 실현의 사회적 조건을 형성해야 할 책임과 의무를 지게 되며, 사회적 기본권은 자유권을 실질적으로 행사하는 데 필요한 사회적 조건을 형성해야 할 국가의 의무를 기본권의 형태로 헌법이 수용한 것을 의미한다.

예를 들면 자유권으로서 직업선택의 자유를 모든 국민이 실질적으로 행사할 수 있기 위해서는 그 사회적·경제적 조건으로서 대량실업의 방지와 고용능력의 제고 등이 요청되며, 대량실업을 방지하고 국민에게 일자리를 제공해야 하는 사회국가의 목표는 헌법상 사회적 기본권인 근로의 권리 보장으로 나타나게 된다. 즉 개인의 직업선택의 자유는 근로의 기회를 갖지 못한다면 무의미한 것이기 때문에 근로의 권리는 직업의 자유를 실질적으로 보장하기 위한 전제조건이 된다. 또한 직업의 자유나 자유로운 인격발현을 실현하기 위한 사회적 조건으로 누구나 능력에 따라 균등하게 교육을 받을 수 있도록 교육을 받을 권리를 요청하게 된다. 이와 같이 사회적 기본권은 국민이 그들에게 법적으로 보장된 자유를 제대로 행사할 수 있도록 그 사회적 조건을 형성하는 적극적 행위 또는 급부를 국가에 요구할 수 있는 권리인 것이다.

우리 헌법은 사회적 기본권에 관한 조항으로 인간다운 생활을 할 권리와 사회보장수급권(제34조), 교육을 받을 권리(제31조), 근로의 권리(제32조), 노동3권(제33조), 환경권(제35조), 보건권(제36조) 등을 규정하고 있다.

사회국가의 경제질서

경제질서의 기본원리로서 사회적 시장경제질서

사회국가원리의 구현을 위해서는 경제질서에 있어서도 고전적인 자본주의 시장경제질서를 고집하는 것이 아니고 수정자본주의 내지 혼합형의 경제질서로서 이른바 '사회적 시장경제질서'를 채택하는 것이 중요한 의미를 갖는다. 우리 헌법상의 경제질서는 기본적으로 사유재산제를 바탕으로 경제활동의 자유와 자유경쟁을 존중하는 자본주의 자유시장경제를 근간으로 한다. 다만 여기에다 자본주의 시장경제 자체의 문제점을 극복하고 균형있는 국민경제의 성장과 적정한 소득의 분배 등을 실현하기 위하여 경제에 대한 국가의 규제와 조정을 광범위하게 인정하고 있다. 이러한 경제질서는 자본주의 시장경제질서와 사회주의 계획경제질서를 혼합한 것으로서 '사회적 시장경제질서'라고 지칭되고 있다.[3] 헌법재판소도 우리 헌법의 경제질서는 "사유재산제를 바탕으로 하고 자유경쟁을 존중하는 자유시장 경제질서를 기본으로 하면서도 이에 수반되는 갖가지 모순을 제거하고 사회복지·사회정의를 실현하기 위하여 국가적 규제와 조정을 용인하는 사회적 시장경제질서로서의 성격을 띠고 있다"고 판시하고 있다(헌재 2001. 6. 28. 2001헌마132).

현행 헌법의 경제질서에 관한 제119조 제1항은 "대한민국의 경제질서는 개인과 기업의 경제상의 자유와 창의를 존중함을 기본으로 한다"라고 하고, 제2항은 "국가는 균형있는 국민경제의 성장 및 안정과 적정한 소득의 분배를 유지하고, 시장의 지배와 경제력의 남용을 방지하며, 경제주체간의 조화를 통한 경제의 민주화를 위하여 경제에 관한 규제와 조정을 할 수 있다"라고 규정하고 있다. 이 헌법 제119조는 경제헌법의 핵심조항에 해당하며, 특히 동조 제2항은 사회국가원리를 구현하기 위해 채택된 조항으로서 중요한 의미를 갖는다.

제119조 제1항은 경제질서의 기본원칙이 개인과 기업의 경제적 자유의 보장에 있다는 경제적 자유주의에 입각하고 있음을 밝힌 것이다. 이것은 기본권조항에서 규정한 재산권, 직업선택의 자유 등의 경제적 자유를 재확인한 것을 의미한다. 경제적 자유의 보장을 통해 자유시장경제질서가 형성되므로 헌법 제119조 제1항은 자유시장경제질서를 보장하는 것이다.

동조 제2항은 경제에 대한 국가 개입의 목표와 근거를 밝히고 있다. 즉 "국가는 균형있는 국민경제의 성장 및 안정과 적정한 소득의 분배를 유지하고 시장의 지배와 경제력의 남용을 방지하며, 경제주체간의 조화를 통한 경제의 민주화를 위하여 경제에 관한 규제와 조정을 할 수 있다"라는 규정은, 우리 헌법의 경제에 관한 국가목표는 사회국가 내지 복지국가이며 경제질서는 사회적 시장경제질서임을 밝히고 있는 것이다.

여기서 헌법 제119조 제1항과 제2항의 해석을 둘러싸고 견해가 대립하고 있다. 다수적 견해는 제1항이 우리 헌법의 경제질서에 관한 원칙조항이고, 제2항은 그 예외조항으로서 제2항의 경제에 대한 국가의 규제와 조정은 제1항의 자유시장경제질서에 대한 보충성의 원칙에 따라 적용된다고 보는 것이다. 이러한 입장에 대한 반론으로는 제2항은 제1항의 경제질서를 유지하기 위한 '조건'으로 제시된 것이라는 견해가 있다. 즉 제2항의 시장의 지배와 경제력의 남용 등을 방지하기 위한 국가의 규제와 조정은 이미 제1항의 자본주의 시장경제질서에 내포되어 있는 국가적 과제라는 것이다.

　　헌법 제119조 제2항을 제1항의 예외조항으로 보는 보수적 입장은 국가의 경제에 대한 규제와 조정을 제한적인 범위에서 부분적으로 허용하게 되고, 반면에 제2항을 제1항의 조건으로 보는 입장에 의하면 경제에 대한 국가의 규제와 조정을 광범위하게 인정하여 자본주의 경제질서가 위축될 수 있는 우려가 없지 않다고 할 수 있다. 생각건대 우리 헌법상의 경제질서의 기본조항인 제119조 제1항의 해석상 분명한 것은 우리의 경제질서는 자본주의 자유시장경제질서를 기본으로 한다는 것이며, 동조 제2항에 의해 경제에 대한 규제와 조정을 할 수 있는데 그 경우에는 시장경제질서와 사회국가원리가 조화적으로 실현될 수 있는 선에서 국가적 규제와 조정이 이루어져야 한다는 것이다. 결국 제119조 제2항의 해석에 있어서는 경제에 대한 국가적 개입의 헌법적 한계가 중요한 문제가 된다.

　　그리고 헌법 제119조에 근거하여 우리 헌법의 경제질서를 사회적 시장경제질서라고 하더라도 그것은 자본주의 경제질서와 사회주의 경제질서 사이의 다양한 경제질서의 유형 중 어느 정도의 혼합형 경제질서인가에 관해서는 헌법이 특정한 유형을 제시한 것이라 할 수 없으므로 결국 국가의 경제에 대한 규제와 조정에 있어서는 그때그때의 시대적 상황에 따라 광범위한 입법형성의 자유가 인정된다고 할 것이다.

'경제의 민주화'의 의미

　　헌법 제119조 제2항의 해석에 있어서 국가 경제정책의 목표로서 새롭게 규정된 '경제의 민주화'의 의미가 무엇인지에 관하여 학계의 견해가 나뉘고 있다. 다수적 견해는 경제의 민주화란 정치영역에서의 민주주의원리를 경제영역에 적용하는 것이 아니라, 경제영역에서의 사회정의의 실현을 의미하는 것으로 이해하고 있다. 즉 구헌법상의 경제의 기본원리조항에서 언급된 '사회정의의 실현'이 '경제의 민주화'라는 개념으로 대체된 것으로 보고 있다. 따라서 경제주체간의 조화를 통한 경제의 민주화란 경제활동에 관한 의사결정권이 한 곳에 집중되지 아니하고 분산됨으로써 경제주체간에 견제와 균형이 이루어지는 것을 말하며, 여기에다 그 밖의 국가 경제목표로서 균형있는 국민경제의 성장 및 안정, 적정한 소득의 분배, 시장의 지배와 경제력 남용의 방지 등을 모두 포함하는 것으로 이해하는 것이 통설이다. 헌법재판소 판례도 헌법 제119조 제2항에 규정된 경제주체간의 조화를 통한 경제민주화의 이념에 대해 "경제영역에서 정의로운 사회질서를 형성하기 위하여 추구할 수 있는 국가목표로서 개인의 기본권을 제한하는 국가행위를 정당화하는 헌법규범"이라고 판시하고 있다(헌재 2004. 10. 28. 99헌바91).

헌법 제119조 제2항의 '경제의 민주화'는 그 표현의 추상성과 모호성 때문에 해석상 어려운 문제가 있다고 할 것이다. 민주주의의 개념은 본래 국가와 정치적 영역에 있어서 국민주권원리의 구현방법으로서 국가의사의 결정에 관한 원리를 의미하며, 이는 국가의 정치적 의사형성을 위해 선거에 참여하는 국민 개개인의 형식적·절대적 평등을 전제로 하는 것이기 때문에 이러한 정치적 민주주의원리를 사회적·경제적 영역에 확대하는 것은 국가와 시장의 구별을 전제로 하는 우리의 헌법구조와 조화되기 어려운 것이다.[4] 학계의 다수적 견해에 의하면 경제의 민주화는 정치의 민주화를 경제영역에 적용을 의미하는 것이 아님을 전제로 하면서, 그것은 경제영역에 있어서 사회정의의 실현이라는 국가적 과제를 의미한다고 한다. 그것은 제119조 제2항에 규정된 균형 있는 국민경제의 성장, 적정한 소득의 분배, 시장의 지배와 경제력남용의 방지 등의 국가목표와 중복되며, 그 밖의 개별적 경제헌법조항에 언급된 경제정책적 목표를 포괄하는 '상위개념'으로 이해한다.[5]

생각건대 헌법 제119조 제2항의 해석에 있어서 '경제의 민주화'의 개념은 정치영역에 있어서의 국민주권원리의 구현을 위한 정치적 의사결정 과정에의 개인의 균등한 참여와 형식적 평등, 다수결 원리 등을 내용으로 하는 민주주의를 사회 구성원의 고유성과 다양성, 사적 자치의 원칙을 기초로 하는 경제적 영역에까지 요구하는 것은 아니다. 그러므로 경제의 민주화는 경제영역에 있어서 사회정의와 실질적 평등의 실현으로 이해하고, 그 구체적 내용으로는 경제 주체 간의 조화뿐만 아니라 균형있는 국민경제의 성장, 적정한 소득분배, 시장지배와 경제력남용 방지 등을 포함하는 광의의 개념으로 이해하는 것이 타당하다고 본다. 즉 국가가 경제에 관한 규제와 조정을 할 수 있는 헌법상의 경제정책적 목표를 모두 포괄하여 경제의 민주화라고 할 수 있으며, 그것이 곧 경제영역에 있어서 사회정의의 실현을 의미한다고 볼 수 있다. 그러나 경제의 민주화는 그 개념의 추상성으로 인하여 그 범위가 지나치게 확대될 가능성이 있으며 경제의 민주화를 위한 국가 개입의 한계가 애매하여 시장경제에 대한 위협이 될 수도 있기 때문에 그 의미내용을 가능한 한 명확히 한정하는 것이 필요하다고 보며, 경제의 민주화의 개념을 자의적으로 확대해석하여서는 안 될 것이다.

경제에 대한 국가적 개입의 한계는?

　　사회국가원리와 사회적 시장경제질서의 채택으로 인한 경제영역에 있어서의 국가적 개입을 인정한다고 하더라도 거기에는 일정한 한계가 있음을 부정할 수 없다. 왜냐하면 사회적 시장경제질서도 민주국가적 헌법원리인 의회제민주주의와 법치국가원리를 기반으로 하는 것이므로 그러한 민주주의와 법치국가원리 위배되어서는 안 된다. 또한 경제에 대한 국가의 규제와 조정은 자유시장경제질서의 근간을 이루는 자유경쟁과 계약의 자유 등 사적 자치의 원칙을 유지해야 하는 것이 중요하다. 그리고 개인의 재산권을 제한하는 경우에는 사회적 이익과 조화를 이룰 수 있도록 필요한 한도 내에서 해야 하며 재산권의 본질적 내용을 침해할 수 없다. 나아가 자본주의를 부정하는 사회주의적 계획경제 내지 전면적 국가관리경제는 허용될 수 없는 것이다.

　　이러한 입장에서 우리 헌법의 경제질서를 해석할 때 헌법 제119조 제1항에 따라 자유주의적 시장경제를 기본으로 하되, 고전적 자유방임주의가 아니라 제119조 제2항에 따라 사회정의 내지 경제의 민주화 등을 위한 국가개입을 보충적으로 인정하는 것이므로 경제에 대한 국가의 개입에는 '보충성의 원칙'에 의한 일정한 한계가 있음을 이해해야 할 것이다.

　　경제에 대한 국가적 개입의 한계에 관해서는 헌법재판소의 주요 판례를 통해 쉽게 이해할 수 있다. 1993년 헌법재판소는 '국제그룹' 사건에서 전두환 정부 당시 헌법적 근거 없는 공권력행사에 의한 기업의 강제해체 지시는 기업의 경제상의 자유와 창의의 존중을 기본으로 하는 헌법 제119조 제1항에 위배된다고 판시한 바 있다(헌재 1993. 7. 29. 89헌마31). 2005년 '의료광고금지' 사건에서는 의료광고의 금지가 기존의 의료인과의 경쟁에서 불리한 결과를 초래할 수 있는 것이므로 이러한 광고금지는 자유롭고 공정한 경쟁을 추구하는 헌법상의 시장경제질서에 부합되지 않는다고 판시하였다(헌재 2005. 10. 27. 2003헌가3). 그러나 2009년 판례에서는 구 농지법상 규정에 의해 농업진흥지역 밖의 농지를 전용하기 위해서는 관할 행정관청의 허가를 받도록 한 것은 헌법상의 자유시장경제질서에 위배되지 않는다고 하였다(헌재 2009. 9. 24. 2007헌바108).

국가의 경제에 대한 규제의 한계와 관련하여 문재인 정부(2017.5~2022.5)의 경제정책으로 추진된 부동산정책이라든지 최저임금제, 비정규직폐지 등의 문제도 헌법적 시각에서 다시 생각해 볼 필요가 있다. 부동산 가격의 폭등을 막기 위해 국가가 과도하게 부동산시장에 개입하여 규제함으로써 오히려 역효과를 초래하게 됨에 따라 시장경제에 대한 국가적 개입의 범위를 새롭게 검토할 것을 요구받게 된다. 최저임금제의 경우 우리 헌법은 "국가는 사회적·경제적 방법으로 노동자의 고용증진과 적정임금의 보장에 노력하여야 하며, 법률이 정하는 바에 의하여 최저임금제를 시행하여야 한다"고 규정하고 있다(제32조 제1항). 그러나 최저임금제의 임금인상액 산정방식에 있어서 기업이나 고용주의 입장보다는 지나치게 노동자의 입장만을 고려하는 정책은 오히려 일자리가 줄어들고 경기침체 등의 부작용이 크다는 지적이 있다. 이러한 경제정책은 헌법상 경제질서의 기본원칙과 조화될 수 있어야 하므로 헌법 제119조 제2항에만 초점을 맞출 것이 아니라 제

119조 제1항의 "개인과 기업의 경제상의 자유와 창의를 존중함을 기본으로 한다"는 조항과 균형을 이루어야 할 것이다. 그리고 제119조 제2항을 적용함에 있어서도 "경제주체간의 조화를 통한" 경제의 민주화를 위하여 경제정책에 관한 의사결정은 각 경제주체의 참여가 실질적으로 보장되고 경제주체간에 견제와 균형이 이루어져야 하는 것이 중요하다.

이러한 점에서 볼 때 국가의 경제·노동정책이나 부동산정책 등은 헌법 전반에 관통하는 헌법원리와 가치질서에 반하지 않으면서 양자가 조화적으로 실현될 수 있어야만 사회공동체의 통합과 발전을 기대할 수 있다고 할 것이다.

주

1) 허영, 『한국헌법론』 박영사, 2009, 156면.

2) 국가목표조항의 성격에 관해서는 한수웅, 『헌법학』 법문사, 2016, 26~27면.

3) 사회적 시장경제질서(soziale Marktwirtschaft)란 용어는 1950년대 독일의 경제이념 중 신자유주의의 영향하에 형성된 경제질서를 표현한 것이다. 이 경제질서는 기본적으로 자본주의 시장경제질서와 개인의 경제적 자유를 보호하는 것을 중요한 내용으로 하면서 국가의 경제에 대한 책임과 부담을 인정하는 개념이다.

4) 그렇기 때문에 경제의 민주화는 그 규범적 의미를 갖기 어려운 본질적인 문제가 있으므로 경제의 민주화란 단지 '수사적 의미'로서 경제주체간의 참여와 상호 의사소통을 통한 경제 운영에 있어서 투명성과 공개성이 증진되어야 한다는 정도로 이해할 수 있다는 견해가 있다. 전광석, 『한국헌법론』 집현재, 2015, 885면 이하.

5) 한수웅, 앞의 책, 327면 이하; 정호열, 『한국의 시장경제 다시 생각한다』 박영사, 2019, 269면.

제8장
문화국가원리

헌법의 기본원리로서 문화국가

헌법은 제9조에 "국가는 전통문화의 계승·발전과 민족문화의 창달에 노력하여야 한다"고 명문화하여 우리의 전통문화와 민족문화의 계승·발전과 창달에 관하여 특별한 관심을 보이고 있는 것이 특징적이다. 헌법은 제9조 외에도 문화와 관련하여 제69조의 대통령의 취임선서조항에서도 "민족문화의 창달에 노력"할 것을 대통령의 책무의 하나로 규정하고 있다. 그 밖에 헌법 전문에 "정치·경제·사회·문화의 모든 영역에 있어서 각인의 기회를 균등히 하고…"라고 규정하고 있다. 이러한 문화에 관한 규정들을 근거로 우리 헌법은 문화국가원리를 헌법의 기본원리의 하나로 채택하고 있다고 보는 것이 학계의 일반적인 태도이다.

헌법 제9조의 문화국가 조항은 1980년 헌법(제5공화국헌법) 제8조에 의해 처음 신설된 이후 그대로 현행 헌법에 유지되고 있다. 이 문화국가 조항은 일반적인 문화영역을 대상으로 하지 않고 전통문화와 민족문화에 관해서만 언급하고 있지만, 이는 전통문화와 민족문화를 특별히 강조한 것이며, 국가의 문화 보호·육성의 대상에는 원칙적으로 모든 문화가 포함되는 것으로 해석되고 있다.[1]

문화국가란 문화활동의 자유를 보장하고 문화를 적극적으로 지원하고 육성하는 국가를 말한다. 즉 문화의 자율성이 보장되면서 동시에 문화에 대한 국가적 보호·육성·진흥·전수 등이 이루어지는 국가를 광의의 개념의 문화국가라 할 수 있다. 법적 개념으로서 협의의 문화국가란 인간의 정신적·창조적 활동영역인 교육·학문·예술·종교 등의 영역에 있어서 책임과 의무를 다하는 국가로 이해한다.[2]

우리 헌법은 제9조의 문화국가원리 조항뿐만 아니라 문화와 관련하여 학문, 교육, 예술, 가족제도, 종교 등의 영역에서 기본권(학문과 예술의 자유, 양심과 종교의 자유, 언론·출판의 자유 등)과 제도(가족제도, 교육제도)를 보장하고 있어서 문화를 헌법규범 안으로 포섭하고 있다. 헌법재판소 판례도 문화국가원리를 헌법의 기본원리로 인정하고 있으며, 문화국가원리의 조건으로 정신적 자유권의 보장을 강조하고 있다. 즉 "헌법은 문화국가를 실현하기 위하여 보장되어야 할 정신적 기본권으로 양심과 사상의 자유, 종교의 자유, 언론·출판의 자유, 학문과 예술의 자유 등을 규정하고 있는바, 개별성·고유성·다양성으로 표현되는 문화는 사회의 자율영역을 바탕으로 한다고 할 것이고, 이들 기본권은 견해와 사상의 다양성을 그 본질로 하는 문화국가원리의 불가결의 조건"이라고 판시하고 있다(헌재 2000. 4. 27. 98헌가16등).

국가는 헌법 제9조에 근거하여 전통문화의 계승발전과 전통문화의 창달에 노력하여야 하는데, 여기서 전통문화와 민족문화의 보호·

육성 등을 위한 국가의 태도는 외국문화를 배척하는 폐쇄적이고 배타적인 입장이 아니라 문화의 다양성을 존중하는 개방적인 태도에 입각해야 한다. 문화국가원리에 따라 전통문화의 계승·발전을 위한 법률로 「문화유산의 보존 및 활용에 관한 법률」, 「전통사찰의 보존 및 지원에 관한 법률」, 「고도보존 및 육성에 관한 특별법」, 「박물관 및 미술관 진흥법」 등이 제정·시행되고 있다.

문화국가의 실현을 위한 문화정책

문화국가원리는 국가의 문화정책에 의해 실현되는데, 그 문화정책에 있어서는 국가의 세계관적 중립의무가 준수되어야 한다. 문화를 구성하는 본질적 요소는 자율성·개방성·다양성과 관용이므로 문화에 대한 국가 지원에 있어서도 중립성이 요청되며, 국가가 평론가나 심판자의 입장에서 문화와 예술의 방향이나 양식을 차별하여 지원하는 것은 금지되어야 한다.[3] 그리고 국가는 문화정책에 있어서 문화를 적극적으로 육성해야 할 과제와 책임을 져야 한다. 국가와 문화의 관계에 있어서 국가는 사회의 문화영역의 자율성을 존중하여 문화에 대한 간섭을 배제해야 하지만, 다른 한편 문화에 대한 적극적인 지원을 해야 하는 것이 문화국가원리의 요청이다.

헌법재판소는 2004년, 「학교보건법」상 학교정화구역 내에서의 극장시설 및 영업을 일반적으로 금지하는 조항에 대한 위헌제청사건에서, 이 금지조항은 극장 운영자의 직업수행의 자유를 과도하게 침해하며, 영화상영관이 담당하는 문화국가 형성 기능의 중요성을 간과하여 표현의 자유와 예술의 자유를 침해할 뿐만 아니라, 대학생과 아동·청소년의 자유로운 문화향유에 관한 권리 등 행복추구권을 침해하는 위헌적인 규정이라고 판단하면서, 문화국가원리와 국가의 문화정책에 관하여 다음과 같이 판시한 바 있다. "문화국가원리는 국가의 문화국가 실현에 관한 과제 또는 책임을 통하여 실현되는바, 국가의 문화정책과 밀접 불가분의 관계를 맺고 있다. 과거 국가절대주의사상의 국가관이 지배하던 시대에는 국가의 적극적인 문화간섭정책이 당연한 것으로 여겨졌으나, 오늘날에 와서는 국가가 어떤 문화현상에 대하여도 이를 선호하거나 우대하는 경향을 보이지 않는 불편부당의 원칙이 가장 바람직한 정책으로 평가받고 있다. 오늘날 문화국가에서의 문화정책은 그 초점이 문화 그 자체에 있는 것이 아니라 문화가 생겨날 수 있는 문화풍토를 조성하는 데 두어야 한다. 문화국가원리의 이러한 특성은 문화의 개방성 내지 다원성의 표지와 연결되는데, 국가의 문화육성 대상에는 원칙적으로 모든 사람에게 문화창조의 기회를 부여한다는 의미에서 모든 문화가 포함된다. 따라서 엘리트문화뿐만 아니라 서민문화, 대중문화도 그 가치를 인정하고 정책적인 배려의 대상으로 하여야 한다."(헌재 2004. 5. 27. 2003헌가1등)

주

1) 헌법 제9조의 문화국가 조항의 표현 형식이 '전통문화'와 '민족문화'에 한정하고 있기 때문에 헌법해석에 있어서 문화의 의미를 지나치게 협의로 해석할 수 있다는 문제점이 지적되고 있으므로 헌법개정 시에는 이 조항의 개정이 필요하다고 할 것이다.

2) 문화국가의 이해에 있어서 먼저 문화(culture, Kultur)의 개념정의가 필요하다. 이에 관한 다양한 견해가 있으나, 광의의 개념으로서 문화란 '인간집단의 생활양식의 총체'라고 정의하기도 하고, 또는 '사회구성원들의 생활양식이 기초하고 있는 관념체계'로 보거나 그 사회구성원들을 구체적인 행동에 이르게 만드는 기준, 표준, 규칙을 문화라고 정의하기도 한다. 한마디로 문화란 사회 내의 전형적인 생활양식, 행동양식 및 가치관을 총칭하는 개념이라 할 수 있다. 그러나 이러한 포괄적인 개념을 가지고는 문화의 보호·육성·진흥·전수라는 특수한 국가적 과제를 그 밖의 공공 과제들과 구별하기 어렵게 되므로 법적인 개념으로서의 문화란 "국가와 특별한 관계를 가지고 있는 인간의 정신적·창조적 활동영역"으로 정의될 수 있으며, 이러한 문화의 개념으로서 전통적 영역은 교육, 학문, 예술, 종교 등을 들 수 있다. 헌법과 문화의 관계에 관해서는 홍성방, 『헌법학』 현암사, 2009, 184면; 전광석, 앞의 책, 147면 이하.

3) 한수웅, 앞의 책, 364면.

시민 교양 강좌 헌법 I

헌법의 기본원리

정만희 지음

1판 1쇄 2024년 10월 31일

펴낸이 박미화·박수정 | **펴낸곳** 미디어줌
등록 2011년 11월 18일 제 338-251002009000003호
주소 부산광역시 수영구 수영로 440, 부산경우회관 6층
전화 051-623-1906
이메일 mediazoom@naver.com
홈페이지 www.mediazoom.co.kr

진행 책임 안서현 | 북디자인 박희정 | 교정·교열 임정서
ⓒ정만희, 2024 ISBN 978-89-94489-76-6 (03360)

이 책은 저작권법에 따라 보호받는 저작물이므로 무단전재와 무단복제를 금하며,
이 책 내용의 전부 또는 일부를 이용하려면
반드시 저작권자와 도서출판 미디어줌의 서면 동의를 받아야 합니다.
책값은 뒤표지에 있습니다.
파본이나 잘못 만들어진 책은 구입한 곳에서 교환해 드립니다.

* 이 책은 부산광역시문화상 수상 창작활동 지원금에 의해 제작되었습니다.

도서출판 미디어줌은 기록물편찬전문회사 mediazoom의 출판 브랜드입니다.

시민 교양 강좌

헌법 I

―― 헌법의 기본원리 ――